Herzlichst

Barbara Kösling
und
Christian Till

৵২

Christian Hill · Barbara Kösling

Mahlzeit!

Berühmte Thüringer bitten zu Tisch

mit Illustrationen von
Julia Tripke

Verlag Bussert & Stadeler
Jena · Quedlinburg

*In Dankbarkeit meinen Eltern Achim und Marika Hill gewidmet,
die mich mit Liebe und Thüringer Kost großgezogen haben.*
Christian Hill

Für meine Kinder Christoph, Anne und Paul.
Barbara Kösling

Bibliografische Information der Deutschen Nationalbibliothek
Die Deutsche Nationalbibliothek verzeichnet diese Publikation in der Deutschen National-
bibliografie; detaillierte bibliografische Daten sind im Internet über http://dnb.d-nb.de
abrufbar.

Das Werk einschließlich aller seiner Teile ist urheberrechtlich geschützt. Jede Verwertung
außerhalb der Grenzen des Urheberrechts ohne die Zustimmung des Verlages ist unzulässig.
© by Verlag Bussert & Stadeler

Illustrationen: Julia Tripke
ISBN 978-3-942115-98-8

Inhalt

Zum Geleit — 9

Von der Martinsgans zum Reformationsbrötchen
MARTIN LUTHER (1483–1546) — 11

Vom Sängerknaben zum Urkantor
JOHANN WALTER (1496–1570) — 19

Die Heilkräuter des Medizinmannes
WERNER ROLFINCK (1599–1673) — 25

Bierernst? Lammfromm!
ERNST I. (DER FROMME) VON SACHSEN-GOTHA-ALTENBURG (1601–1675) — 31

Erfinder, Lebenskünstler, Hasardeur
JOHANN FRIEDRICH BÖTTGER (1682–1719) — 37

Herrin der Tafelrunde
ANNA AMALIA VON SACHSEN-WEIMAR-EISENACH (1739–1807) — 43

Zwischen Frankfurter Brenten und Weimarer Zwiebelmarkt
JOHANN WOLFGANG VON GOETHE (1749–1832) — 51

Heißgeliebter Punschlied-Dichter
FRIEDRICH VON SCHILLER (1759–1805) — 59

Pionier des deutschen Volkssportes
JOHANN CHRISTOPH GUTSMUTHS (1759–1839) — 67

Letzter Versuch: Lexikon
CARL JOSEPH MEYER (1796–1856) — 73

Von der Unstrut an den East River
JOHANN AUGUST RÖBLING (1806–1869) — 81

Gerüchteküche um eine Bestsellerautorin
EUGENIE JOHN – MARLITT (1825–1887) — 87

Fürstlicher Regisseur und Herrscher von Kloßheim
Georg II. von Sachsen-Meiningen (1826–1914)   93

Brehms Tischleben
Alfred Edmund Brehm (1829–1884)   101

Linsen extra scharf
Ernst Abbe (1840–1905)   107

Bauhäusler mit Vorbehalten
Gerhard Marcks (1889–1981)   115

Berühmt oder berüchtigt?
Otto Dix (1891–1969)   121

Hoch drohm, auf dem Berg …
Herbert Roth (1926–1983)   127

Adler der Lüfte
Helmut Recknagel (geb. 1937)   133

Hinterm Horizont geht's weiter …
Ulf Merbold (geb. 1941)   139

Nachwort   145

Danksagung   147

Verwendete Quellen und Literatur   149

Alphabetisches Rezeptregister   155

Zum Geleit

Für mich als Thüringerin ist es sehr erfreulich, das vorliegende Buch begleiten zu dürfen. Barbara Kösling und Christian Hill haben umfangreiche Studien in Thüringer Archiven und Bibliotheken betrieben, sie haben neben verschiedenen Rezeptbüchern auch Quellen gefunden, die einen besonderen Blick auf die beschriebenen historischen Persönlichkeiten Thüringens erlauben, sozusagen einen »kulinarischen«. Und gemäß des Zitats des im Buch natürlich auch beschriebenen Geheimrats Goethe: »Grau, teurer Freund, ist alle Theorie. Und grün des Lebens goldner Baum«, haben sie sich an den Herd gestellt und haben das Gefundene nachgekocht, probiert und das Beste für uns Leser aufbereitet. Dafür Dank und Anerkennung.

Sehr gefällt mir, daß es den beiden gelungen ist, das umfangreiche Wissen, das sie in der gründlichen Vorarbeit gesammelt haben, unterhaltsam an den Leser weiterzugeben. Vor uns entstehen so »kulinarische Lebensbilder« von berühmten Thüringern und »Zugereisten«, die uns die beschriebenen wirklich nahebringen.

Als Sportlerin bin ich viel in der Welt herumgekommen. So kann ich gut nachvollziehen, daß die eigene regionale Küche durch die vielen Impulse, die man von außen mitbringt, nur gewinnen kann, solange man die eigene Herkunft nicht vergißt. So freue ich mich, daß neben Thüringer Klößen, Weimarer Zwiebelkuchen, Meininger Linsensuppe, Mühlhäuser Süßkuchen und Geraer Brot- und Greizer Semmelpudding auch Wiener Mohnnudeln oder Feiner amerikanischer Toddy Eingang in die Rezeptliste gefunden haben.

Als Gastronomin werde ich sehen, ob das eine oder andere Rezept auch Einzug auf die Speisekarte meines Lokals »Heimatlon« in Steinbach-Hallenberg finden wird. Schauen Sie doch einfach mal vorbei und lassen sich überraschen!

Dem Buch wünsche ich aufmerksame Leser und natürlich viele »Nachkocher«.

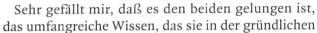

Kati Wilhelm
Olympiasiegerin und Weltmeisterin im Biathlon

Von der Martinsgans zum Reformationsbrötchen
Martin Luther (1483–1546)

Bei den Katholiken galt er bis in das 18. Jahrhundert als Sohn des Teufels, dabei gab der Heilige Martin ihm höchstselbst den Rufnamen. Der Sproß Mansfelder Bauern wurde nämlich an dessen Namenstag am 11. November 1483 getauft. Vielleicht ließen die stolzen Eltern zur Feier der Geburt sogar eine Martinsgans servieren, begann doch traditionell an diesem Datum die Schlachtzeit. Der Familie, die im Berg- und Hüttenwesen involviert war, ging es insgesamt nicht schlecht. Ausgrabungen der Abfallgrube berichten noch heute von deren Wohlstand und förderten Feigen, Gräten von Aal und Scholle, oder Knochen von Gänsen und Buchfinken ans Tageslicht. Ob die ebenfalls gefundene Lockpfeife für Singvögel von Martin und seinem Bruder Jakob zur Jagd genutzt wurde? Jedenfalls heißt es, daß die beiden derart verbunden waren, daß keinem Spiel und Essen ohne den anderen Freude bereitete. Gelegentlich dezimierten die Buben die (über-)lebenswichtigen Vorräte und veranlaßten Luther zum Altersgeständnis: »Mein Mutter stäupte mich um einer ein[zi]gen Nuß willen bis aufs Blut.«

Zur ersten Ausbildung schickten die Eltern den Jungen nach Magdeburg, sowie zu Verwandten nach Eisenach. Allerdings mußte er sich dort Geld durch Singen erbetteln, um beispielsweise in den Genuß der begehrten Fastnachtswürste zu gelangen. Schließlich fand sich im Jahr 1501 in den Matrikeln der Erfurter Universität der Eintrag »Martinus Ludher ex Mansfelt«. Der Vater hatte das Studium der Rechtswissenschaften befohlen, welches ein Blitzschlag bei Stotternheim 1505 jäh beendet haben soll. Von Todesangst und Gottesfurcht gepeinigt, markierte dieser »Fingerzeig Gottes« den ersten Wendepunkt im bisher vorbestimmten Lebenslauf und führte den Studenten hinter Erfurter Klostermauern. Auch wenn die Stadt aufgrund ihrer vielen Kirchen und Klöster als Thüringisches Rom galt, hatten die Mönche einen schlechten Ruf. Später resümierte Martin Luther seine Klosterzeit mit dem Satz: »Ich ward nicht gern Mönch, von der Mästung und des Bauches willen schon gar nicht [...]«. Seinen Lebensmittelpunkt bei den Augustinern stellte eine gerade einmal 3,10 x 2,40 Meter kleine Zelle dar. Die Nächte waren kurz, die Tage mit Gebeten, Bibelstudium und Liturgien lang. Selbst die starren Essenszeiten boten keine Abwechslung. Diese wiederum schwankten zwischen schwelgerischer Fülle und karger Kost in den Fastenzeiten. Oft wurde Bruder Martin von Zweifeln durchdrungen, ob dies der richtige Weg sei. Noch in die Erfurter Zeit fielen seine Priesterweihe und der Beginn des Theologiestudiums. Der Scharfsinn des Mönches war dem Generalvisitator der sächsischen Klöster aufgefallen, denn kurz darauf war Martin Luther Dozent für Moralphilosophie an der Universität Wittenberg. Doch 1510 sollten ihn Angelegenheiten des Ordens noch nach Rom führen. Zu Fuß über die Alpen, zudem in der Winterszeit, dauerte die Reise gut zweieinhalb Monate. Verständlich, daß er beim Anblick der Peterskirche auf die Knie sank und ehrfürchtig seufzte: »Sei gegrüßt, du heiliges Rom.« Allerdings hinterließ die heilige Stadt einen Stachel in seiner gläubigen Brust. Bereits auf seiner Reise war ihm aufgefallen, wie das religiöse Leben mit Nichtbeachtung gestraft wurde, begegnete er doch Mönchen, die an Fastentagen Fleisch aßen und in den Tag hineinlebten. Darum schloß er seine Pilgerfahrt mit den Worten ab: »Ich als ein Narr trug Zwiebeln nach Rom und brachte Knoblauch wieder.«

Über die Jahre hatte sich in Deutschland Unbehagen zusammengebraut. Mit dem Ablaßhandel finanzierte die römische Kurie ihre aufwendigen Projekte, wie beispielsweise den Bau der Peterskirche. Selbst vom Totschlag konnte man sich mit den Ablaßbriefen frei kaufen. Mittlerweile zum Theologieprofessor aufgestiegen, veröffentlichte Luther 1517 seine reformatorischen Thesen, die gleichzeitig den zweiten Wendepunkt seines Lebens darstellten. Der Griff an die Krone des Papstes und an die dicken Bäuche der Mönche war getan. Noch glaubte er an den Reformwillen des Kirchenoberhauptes, doch dessen Kardinal Cajetan orderte Luther wegen sechs Buchstaben nach Augsburg: Revoco! – Ich widerrufe! Das Verhör endete und Luther hatte sich behauptet: Non Revoco! – Ich widerrufe nicht! Auf der Leipziger Disputation 1519 ging der Reformator noch weiter und bestritt die Unfehlbarkeit des Papstes. Der Vatikan war außer sich und verhängte den Kirchenbann. Der ketzerische Mönch wurde abermals geladen, diesmal 1521 vor den Reichstag zu Worms. Die Reise dorthin geriet zum Siegeszug, allerorts von Jubel begleitet, bedeutete die Fahrt doch seine persönliche Hölle. Zahlreich waren dort seine Gegner versammelt und der Ausgang der Verhandlungen ungewiß. Eine zeitgenössische Beschreibung der Stadt Worms gab jedoch Gewißheit, daß es der richtige Weg war: »Es geht ganz römisch hier zu mit dem Morden und Stehlen. Es ist kein Fasten bei uns, man ißt Fleisch, Tauben, Eier, Milch und Käse, und es ist ein solches Wesen wie in Frau Venus Berg. Auch wisset, daß viele Herren und fremde Leute hier sterben, die sich alle zu Tod trinken an dem starken Weine.«

Wieder blieb Luther im Verhör standhaft und seinen Ideen treu. Kaiser Karl V. konnte nur eine Konsequenz ziehen, die Reichsacht. Luther war vogelfrei. Argwöhnisch beobachtete ein päpstlicher Botschafter den Abschied des Gegners aus der Stadt: »So ist denn der ehrwürdige Schurke gestern bei drei Stunden vor Mittag mit zwei Wagen abgereist, nachdem er sich eigenhändig, in Gegenwart vieler Personen viele Brotschnitten geröstet und manches Glas Malvasier, den er außerordentlich liebt, getrunken.« – Der Proviant reichte bis zum Glasbachgrund beim Bergdorf Steinbach im Thüringer Wald, wo bezahlte Entführer ihn vor den Augen der Öffentlichkeit verschwinden ließen.

Kurze Zeit später machte ein Gerücht die Runde, daß Luther tot in einer Silbermine gefunden worden sei. Albrecht Dürer trauerte bereits in seinem Tagebuch: »O, ihr alle frommen Christenmenschen, helft mir fleißig beweinen diesen gottgeistigen Menschen und Gott bitten, daß er uns einen neuen erleuchteten Mann sende!« Dies war nicht nötig, denn seine Entführer hatten Luther in einem Meer von Wäldern, sicher auf der Wartburg versteckt. Haar und Bart wuchsen, die Mönchstonsur verschwand, und als Junker Jörg tauschte er die Kutte gegen das Rittergewand. Die Burg indessen machte der Theologe zu seiner einsamen Kanzel. Hier übertrug er das Neue Testament ins Deutsche, immer wieder von Zweifeln, dem Teufel selbst und dem fetten Essen der Rittersleute geplagt. Verstopfung und Bauchkrämpfe sind die Folge, so daß er Philipp Melanchthon klagte: »Der Herr hat mich im Hintern mit großem Schmerz geschlagen.« Hingegen mit großem Erfolg geschlagen ist der Verkauf seiner Bibelübersetzung ab 1522. Als er später die Aufforderung zur Herausgabe seiner Gesamtwerke erhielt, entgegnete er: »Lieber würde ich alle auffressen, wie der Saturn seine Kinder, denn keines meiner Bücher findet bei mir Gnade, höchstens das vom freien Willen und der Katechismus.«

Doch seine Gegner haben harte Köpfe, so daß Martin Luther mit noch härterem Schädel ihnen und den Veränderungen der Zeit entgegentreten musste. Bereits nach Wittenberg zurückgekehrt, eskalierte 1525 der Bauernkrieg. Luther ermahnte noch die Aufständischen zum Frieden, empfahl gleichzeitig den Fürsten ein Handeln gegen die »mörderischen und räuberischen Rotten«. Was auch geschah. Der Krieg wurde blutig niedergeschlagen. Luther hatte inzwischen seine Mönchskutte abgelegt und einen einfachen schwarzen Rock angezogen. Das Tuch dafür hatte ihm der Kurfürst von Sachsen zum Geschenk gemacht. Ebenso die ehemalige Augustinerstätte, das Schwarze Kloster, welches fortan seine steuerfreie Wohnung war. Daß es darin wie in einer Junggesellenbude zuging, mit dreckigem Geschirr, verdorbenen Speiseresten und einer Schlafkammer, die wie eine Hundehütte stank, störte den eifrigen Kopfmenschen nicht. Erst der Einzug einer Frau sollte dies ändern.

Die Legende erzählt, daß in der Nacht zum Ostersonntag 1523 die Nonne Katharina von Bora mit elf Mitschwestern in leeren Heringsfässern aus dem Kloster Nimbschen herausgeschmuggelt worden sei. Eine gründete eine Mädchenschule, eine andere heiratete ihren »Entführer« und Katharina von Bora Martin Luther. Als Ehefrau, Mutter und Hausverwalterin versorgte sie ab 1525 ihren Mann und den umfangreichen Haushalt. Manchmal waren bis zu 40 Mäuler zu stopfen. Luther hielt von der Ehe viel, bezeichnete seine dominante Frau liebevoll als »mein Herr Käthe« oder im Wortspiel gelegentlich auch »meine Kette«. Katharina braute selbst Bier, bewirtschaftete die Gärten, konnte in Haus und Garten anpacken und verköstigte ihren Mann mit guter Hausmannskost. Wenn er jedoch an einer Sache eifrig arbeitete, genügten Salz und Brot und wenig Bier, manchmal gar keine Nahrung. So maßvoll im Essen, so reichlich floß der Wein. Im Alter suchte er bei Schlaflosigkeit »im Kännlein sein Kissen und Polster«. Voller Lob war Luther für den Franken- und Rheinwein, aber auch für das Torgauer und Naumburger Bier und hauptsächlich für das Schwarze Klosterbräu seiner Käthe.

»In häuslichen Dingen füge ich mich Käthe, im Übrigen regiert mich der heilige Geist.«
(Martin Luther)

Mit den Schmalkaldischen Artikeln wurde Luthers Lehre 1537 erstmals als selbstständige Kirche aufgefaßt. So glanzvoll der Kongreß in Schmalkalden war, so elend ging es dem Verfasser. Luther kränkelte. Ihm bekamen das dortige Brot und die zugewiesene feuchte Stube nicht. Akute Nierenbeschwerden gesellten sich hinzu. Die herbeigerufene ärztliche Hilfe bestand aus Ratlosigkeit und Mandelbrühe, vermengt mit Knoblauchtunke und Pferdemist. Seine Freunde bangten um den Reformator und Luther betete. Erst der holprige Abtransport in Richtung Gotha brachte die Befreiung, der Stein löste sich. Noch gut zehn Jahre sollten ihm bleiben, bis er während einer Visitation, ausgerechnet im Geburtsort Eisleben, auf dem Sterbebett lag. Ärzte und die Gräfin von Mansfeld versuchten den leblosen Körper mit starkem Branntwein abzureiben, um den Kreislauf wieder in Schwung zu bringen, doch Luther antwortete nur noch schwach auf Fragen. »Ich esse, was ich mag und sterbe, wann Gott will!« soll er einmal gesagt haben. Und Gott wollte den 18. Februar 1546.

Ein Wegbegleiter Luthers, der Gothaer Theologe Friedrich Mykonius, schrieb an den Kurfürsten von Sachsen: »Dieser Doktor Luther ist gar nicht gestorben, wird und kann nicht sterben, sondern wird nun allererst recht leben!«

Aufgelesenes und Auserlesenes

Fischkur

Als Lieblingsessen des Reformators wird oft (Brat)Hering mit Erbsen genannt. Denn es sind die einfachen Gerichte, die Martin Luther schätzte und Delikatessen vorzog. Seine Worte: »Ich lob eyne, reyne, gutte, gemeyne hausspeis« unterstreichen den Hang zur deftigen Hausmannskost, welche für ihn manchmal sogar Medizin sein konnte. Als wieder einmal ein Nierenstein höllische Schmerzen bereitete, verordnete er sich sein Lieblingsessen und erfuhr himmlische Erleichterung, als der Stein sich löste. Fisch und Hülsenfrüchte aus Gottes Apotheke sollen dazu beigetragen haben.

Gans schön dreist

Luthers Ruf als exzellenter Pädagoge war bis nach Hamburg geeilt. So kam ein Vater mit seinem Sohn nach Wittenberg, um ihn dem bekannten Professor vorzustellen. Bei einer geselligen Abendtafel unterhielten sich Luther und der Vater angeregt in einer Ecke des Zimmers, während am anderen Ende eine gebratene Gans aufgetragen wurde. Dem Sohn indessen war nicht nach Bildungshunger, sondern der herrlich duftende Braten ließ ihm das Wasser im Munde zusammenlaufen. Und schwups, verschwand genau dort die knusprige Gänsehaut. Doch Luther hatte es im Augenwinkel beobachtet und wendete sich erneut dem Vater zu: »Euer Sohn soll also zum Studium? Was wäre wohl die Wahl gewesen, wenn er dazu nicht Lust und Geschick gezeigt hätte?« »Die Kaufmannschaft!«, lautete spontan die Antwort des stolzen Vaters. »Mein Vorschlag wäre das Gerberhandwerk gewesen«, entgegnete Luther, »denn er hat soeben das Gänseleder ganz vortrefflich bearbeitet.«

Glaube und Aberglaube

Weit über die Augsburger Grenzen hinaus erzählte man sich wundertätige Geschichten von der Jungfer Ursel. Die selbsternannte Heilige gab sogar vor, ohne Essen und Trinken zu leben. Auf der Rückreise von Rom machte Martin Luther in Augsburg Rast und stattete der Jungfer einen Besuch ab. Skeptisch meinte er nach einer Weile zu ihr: »Ursel, schau nur, daß es recht zugeht!« Generell galten dem Bauernsohn Aberglaube und Astrologie wenig. Ein Zeitgenosse, der als Anhänger der Chiromantie – dem Wahrsagen aus der Hand – galt, meinte, man könne es einem sogleich aus der Hand lesen, ob er freigiebig sei oder nicht. Spottend antwortete Luther: »Freilich muß man es an den Händen sehen, denn es gibt ja keiner mit den Füßen.«

Menschenskinder

Als im Winter 1527 Käthe den zehn Monate alten Johannes stillte, war sie bereits wieder schwanger. Ihr Mann kommentierte dies kopfschüttelnd: »Es ist schwer, zwei Gäste zu ernähren, den einen im Hause und den anderen vor der Tür.« Insgesamt sollten im Verlauf ihrer zwanzigjährigen Ehe dem »ketzerischen« Mönch und der entlaufenen Nonne sechs Kinder geschenkt werden. Derzeit gibt es etwa 2.800 Luther-Nachfahren, die ihre Linie direkt auf Luther oder seine Geschwister beziehen.

Erfurter Brunnenkressesuppe

45 min

4	Zwiebeln
5 EL	Butter
7 EL	Mehl
1,5 l	Hühnerbrühe
4 Bund	Brunnenkresse
	Salz
	Pfeffer
250 ml	Sahne

Die Zwiebeln schälen und fein hacken. In einem Topf die Butter heiß werden lassen, die Zwiebeln darin kurz goldgelb andünsten und das Mehl darübersieben. Langsam unter kräftigem Schlagen 750 ml Brühe einrühren und das Ganze aufkochen. Die Sträußchen Brunnenkresse waschen, schneiden und mit dem Rest der Brühe in den Topf geben. Nochmals aufkochen und mit Salz und Pfeffer gehaltvoll abschmecken. Die Sahne kurz vor dem Servieren einrühren.

Brunnenkresse welkt sehr schnell. Daher möglichst schnittfrisch verarbeiten, nur so behält sie ihre in Schwefelverbindungen angelegte, meerrettichgleiche Schärfe. Kresse ist nicht nur Dekoration, sondern kann als delikate Beilage mit frisch gemahlenem Pfeffer und ein wenig Zitrone manches gebratene Fleisch oder pikanten Salat aufwerten.

Gefüllte Martinsgans

3 h

1	küchenfertige Gans (etwa 2,5 kg)
	Salz
	weißer Pfeffer
6	Zwiebeln
500 g	Äpfel
300 g	Birnen
1 TL	Zimt
1 Msp.	Muskatnußpulver
	getrockneter Majoran
	getrockneter Thymian
	Honigwasser (1:1)
1 EL	Mehl
200 ml	süße Sahne
1 kg	Apfelrotkraut
1	Roggenbrot

Gans waschen, trocken tupfen und innen salzen sowie pfeffern. Zwiebeln schälen, Suppengrün waschen und beides grob zerkleinern. Äpfel und Birnen waschen, schälen, entkernen und in Würfel schneiden. Zwei Zwiebeln mit dem Obst mischen. Mit Zimt, Salz und Pfeffer, sowie Muskat kräftig würzen. Die Gans damit füllen, die Öffnung mit Küchengarn verschließen und Flügel und Keulen eng an den Körper binden. Erneut die so vorbereitete Martinsgans mit Salz und frisch gemahlenem Pfeffer und dem im Mörser fein gemahlenen Majoran und Thymian kräftig einreiben. Sogleich im zugedeckten Bräter und vorgeheizten Backofen bei 200 Grad garen. Nach 15 Minuten zweifingerhoch kochendes Wasser zugießen. Die restlichen beiden halbierten Zwiebeln und Suppengrün hinzufügen. Dabei die Gans an den Seiten, Hüften, am Rücken und oberhalb der Flügel mit einer Nadel einstechen, damit sie Fett verliert. Mehrmals das Fett während der Bratzeit über die Gans gießen. Nach einer Stunde die Gans umdrehen und nach 2–2 ¼ Stunden auf starke Oberhitze schalten. Zwischendurch bei Bedarf Wasser nachgießen. Den Braten dann mit kaltem Honig-Wassergemisch überstreichen und noch etwa fünf Minuten knusprig-goldbraun werden lassen. Danach noch etwa zehn Minuten im ausgeschalteten Backofen ruhen lassen. Vom Bratenfond im Bräter das Fett abschöpfen und die Sauce durch ein Sieb in einen Topf umgießen. Das Mehl in der Sahne glattrühren und die Sauce damit binden. Die Martinsgans tranchieren und mit der Füllung sowie Apfelrotkraut und mit einem ordentlichen Kanten Roggenbrot auf den Tisch bringen.

»Darf unser Herrgott gute, große Hechte, auch guten Rheinwein schaffen, so darf ich wohl auch essen und trinken.«
(Martin Luther)

Luthers Lieblingsschmaus

Im Topf Butter zerlassen, die gewaschenen und abgetropften Erbsen darin schwenken und kurz andünsten. Brühe angießen, Salz und 1 EL Honig zugeben und die Kräuter vorsichtig unterheben. Weitere zehn Minuten dünsten und die Erbsen mit dem verquirlten Eigelb und der Sahne mischen. Heiß werden, aber nicht wieder kochen lassen.

Hering gründlich waschen, trocken tupfen, innen und außen salzen und gute zwei Stunden liegen lassen, bis er gut durchzogen und angetrocknet ist. Dann von innen und außen mit im Mörser zerstoßenem Thymian einreiben. Butter in einer Pfanne erhitzen, den Hering darin goldbraun braten. Kräutererbsen und Fisch heiß aus Topf und Pfanne servieren. Dazu den Honigsenf reichen.

500 g	junge Erbsen	2 ½ h
100 g	Butter	
1/8 l	Brühe	
1 EL	gehackter Kerbel	
	Petersilie	
1 EL	gehackte Zwiebel	
etwas	Minze	
	Thymian	
1	Eigelb	
5 EL	saure Sahne	
1 kg	küchenfertiger Hering	
	Salz	
3 EL	mittelscharfer Senf	
3 EL	Honig	

»Wein für die Toten, Wasser für die Lebenden. Das ist die Richtschnur für gekochte und lebende Fische.« (Martin Luther)

Reformationsbrötchen

Hefe in wenig warmem Wasser auflösen. Mehl in eine Schüssel sieben, in die Mitte Hefewasser, Zucker und 8 EL von der Milch geben, vermischen und mit etwas Mehl bestreuen. Daraufhin warm stellen, bis der Vorteig deutlich aufgegangen ist. Mit der weichen Butter, Mandeln, Rosinen, Zitronenschale und Zitronat vermengen, die warme Milch zugeben und alles zu einem Teig verarbeiten. Erneut gehen lassen, bis der Teig doppelt so groß ist. Dieser wird abermals geknetet, dann ausgerollt und in 16 Portionen geteilt. Davon gleichgroße Quadrate formen, fünfmal mit Platz zur Mitte hin einschneiden und fünf Blütenblätter daraus formen und fest drücken. In die Mitte je einen Klecks Marmelade setzen, nochmals gehen lassen und im vorgeheizten Backofen bei 200 Grad etwa 20–25 Minuten backen lassen. Leicht abgekühlt mit Puderzucker bestreuen und noch warm genießen.

Das süße Gebäckstück mit Marmeladenklecks soll das Siegel Martin Luthers symbolisieren. Manche deuten sogar noch die Ecken als die Mitstreiter des Reformators. Tatsächlich zeigt die fünfblättrige weiße Lutherrose zentral ein rotes Herz mit einem schwarzen Kreuz. Luther sieht darin ein »Merkzeichen« seiner Theologie: »Denn so man von Herzen glaubt, wird man gerecht.« Vorwiegend im Stammgebiet der Reformation gebacken, erinnert die Leckerei kulinarisch an den Thesenanschlag am 31. Oktober.

500 g	Mehl	2 h
1 Würfel	Hefe	
30 g	Zucker	
250 ml	Milch	
50 g	Butter	
50 g	süße gehackte Mandeln	
100 g	Rosinen	
	Schale einer ½ Zitrone	
1 EL	gehacktes Orangeat	
200 g	rote Marmelade	
	Puderzucker	

Mönch und Nonne

30 min

1	altes Kastenweißbrot
200 ml	Rotwein
200 ml	Milch
2 EL	Zucker
2	Eier
	Semmelbrösel
2 EL	Butter
	Zucker
	Zimt
	Staubzucker
1 kg	entsteinte Süßkirschen
500 ml	Kirschsaft
1–2 EL	Mehl

Vom Weißbrot 1–2 Zentimeter gleichstarke Scheiben abschneiden. Die Rinde entfernen und die Scheiben in fingerlange und zwei Finger breite Stücke teilen. Rotwein und Milch mit je einem 1 EL Zucker süßen. Die eine Hälfte der Streifen im Wein (Mönche), die anderen (Nonnen) in der gesüßten Milch ein- aber nicht durchweichen lassen. In der Zwischenzeit einen Teller mit verquirlten Eiern und einen mit Semmelbrösel vorbereiten. Anschließend die Streifen erst in den Eiern und dann in den Semmelbröseln wenden. In einer Pfanne »Mönche« und »Nonnen« goldbraun ausbacken. Anschließend die »Mönche« mit Zucker und Zimt bestreuen und die »Nonnen« mit Staubzucker. Abwechselnd auf Tellern angerichtet, schmeckt eine heiße, angedickte Kirschsoße dazu. Dazu kommen die Süßkirschen samt Saft in einen Topf. Darin kurz aufkochen lassen und mit Mehl andicken.

Met – Honigwein

einige Wochen

4 kg	Honig
5 l	Wasser
	zerstoßene Nelken
	Ingwerpulver
	Anispulver
400 g	Weinhefe

Den Honig mit dem Wasser in einem Topf gut vermischen und unter rühren aufkochen. Dabei mit Nelken-Ingwer-Anispulver leicht würzen. Den Schaum mit einer Kelle entfernen und die Flüssigkeit abkühlen lassen. Eventuell restliche Schaumreste mit Küchenkrepp beseitigen. Einen kleinen Teil der Flüssigkeit abnehmen, solange diese noch lauwarm ist, Hefe darin auflösen und in das Honigwasser einrühren. Abgekühlte Flüssigkeit in einen Weinballon (10 Liter) füllen, mit einem Gärrohr mit Verschlußkorken abdichten und warm stellen. Nach 2–3 Tagen bilden sich Bläschen im Röhrchen, – der Gärvorgang ist in Gang. Dieser dauert 8–12 Tage und ist beendet, wenn keine Blasen mehr im Röhrchen aufsteigen. Nun kann der Honigwein auf Flaschen gezogen und sauber verschlossen werden.

»Papst«

24 h

1 große	halbreife Pomeranze
1 Flasche	Tokajer
200 g	Zucker

Die Schale einer Pomeranze mit einem scharfen Messer sehr dünn abschälen. Diese auf eine Flasche guten Tokajer geben und fest verkorkt 12–24 Stunden ziehen lassen, danach die Essenz durch ein Sieb geben und mit dem Zucker oder nach Belieben süßen.

Soll es nur ein »Bischof« oder »Kardinal« sein, verwendet man einfach Rot- beziehungsweise Weißwein. Statt der Pomeranze kann auch eine Apfelsine verwendet werden. Fruchtiger wird es, wenn der Saft der Apfelsine hinzugegeben wird. Alle Getränke gelten als magenstärkendes Mittel.

Vom Sängerknaben zum Urkantor
Johann Walter (1496–1570)

Die Kirchenmusik war in der Krise, als Luther 1521 auf der Wartburg untergetaucht war. Karlstadt vertrat die radikale Reformbewegung und wollte das »Chorgeplärr« und Orgelspielen abschaffen. Wenn überhaupt, dann sollte nur noch einstimmig gesungen werden. Es war Johann Walter aus Kahla, der vor 500 Jahren als Freund und musikalischer Berater Luthers mit Liedern in deutscher Sprache die evangelische Kirchenmusik begründete.

Als Johann Blankenmüller wurde er 1496 in Kahla geboren. Das Ackerbürgerstädtchen am Fuße der Leuchtenburg, an der fischreichen Saale gelegen, mit fruchtbaren Tälern links und rechts, wird von Berghängen schützend umfangen. Wildreiche Wälder und Weinberge, Baumaterial wie Holz, Sand und Steine in Hülle und Fülle vorhanden, trugen bereits seit Jahrhunderten zum Gedeihen Kahlas bei. Die Eltern des Knaben Johann hatten keine besonders glückliche Hand bei der Nutzung der naturgegebenen Möglichkeiten. Die Blankenmühle brachte als einfache Mahlmühle kaum Gewinn und war schon bald nicht mehr in ihrem Besitz. Mit fünf Kindern war das Leben der Familie nicht üppig. Schon früh fiel Johann durch Freude am Lernen und musikalische Begabung auf. Der wohlhabende Kahlaer Landwirt Johann Walter, weitläufig verwandt mit Familie Blankenmüller, fand Gefallen an dem aufgeweckten Knaben, erbot sich, ihn an Kindes statt anzunehmen und ihm eine gute Ausbildung zu ermöglichen. Aus Liebe zu ihrem Sohn stimmten die Eltern zu. So wurde aus dem 10-jährigen Johann Blankenmüller Johann Walter, und es geriet zu seinem Guten. Mit allem versorgt lebte er in seiner Adoptivfamilie und wurde zu Fleiß in der Schule angehalten. Die Kahlaer Schule hatte einen guten Ruf. Kantor Schmitzerling, der beim Besuch Kaiser Karl V. in Kahla aus dem Stegreif eine Rede in lateinischer Sprache hielt, war Johanns Lehrer. Das im Gesangsunterricht Erlernte wurde im Gottesdienst erprobt und gefestigt. 1517 berief der Kapellmeister Konrad Rupsch den jungen Mann als Bassist in die ernestinische Hofkapelle nach Altenburg. Übrigens stammte Rupsch ebenfalls aus Kahla und besaß ein Pfarrlehen an der Margarethenkirche, das er später in seinem Testament Johann Walter vererbte. Die Kapelle war von Friedrich dem Weisen gewünscht worden und bestand aus einer erlesenen Gesellschaft von Musikern aus mehreren Ländern. Inzwischen komponierte und dichtete Johann Walter und die Musik war sein Lebensinhalt geworden. 1524 erschien sein epochemachendes »Geistliches Gesangbüchlein« mit einem Vorwort von Martin Luther. Dort heißt es u.a. daß »die Jugend, die doch sonst soll und muß in der Musica und anderen rechten Künsten erzogen werden, etwas hätte, damit sie der Buhllieder und fleischlichen Gesänge los würde«. Als Friedrich der Weise starb, löste sein Nachfolger, Johann der Beständige, die Hofkapelle auf. Johann Walter war ohne Anstellung. Sein hohes Ansehen veranlaßte Luther und Melanchthon zu schriftlicher Fürsprache beim neuen Landesherrn. Walter hatte geheiratet und wollte mit seiner jungen Frau in Torgau leben. Zu seiner Hochzeit hatte er vom kursächsischen Hof 70 Liter Wein, 180 Liter Bier und einen Scheffel (ca.30 kg) Weißmehl bekommen. Genehmigt wurden lebenslang 25 Gulden vierteljährlich und er war Kantor an der Städtischen Lateinschule Torgau geworden. Nun widmete er sich der musischen Erziehung von etwa 170 Kindern und baute einen Chor auf, in dem mehrstimmig Lieder in deutscher Sprache gesungen wurden. Johann der Beständige förderte die durch Walters Wirken inzwischen renommierte Torgauer Kantorei und Schule und lieh sich den Chor für höfische Veranstaltungen aus. Im Schwung der Reformation verlief Walters Lebensweg nach oben. Sein Gehalt wurde erhöht und zusätzlich bekam er im Jahr einen Malter (knapp 100 kg) Korn. 1532 kaufte er sich ein Haus für 154 Gulden und erhielt das Bürger- und Braurecht. Das Torgauer Starkbier soll einen erlesenen Geschmack gehabt haben, der auf das gute Wasser im »Schwarzen Graben« zurück geführt wurde. Wie damals noch üblich, war das Bierbrauen Aufgabe der Frau und bestand nicht einfach nur aus Mälzen, Maischen, Gären, entscheidend war das Würzen. In vielen Orten wurden die Brauhöfe gemeinschaftlich genutzt, nicht so in Torgau. Wer brauen wollte, mußte sich selbst mit den nötigen Gerätschaften einrichten. Ein Braukessel gehörte üblicherweise zur Mitgift der Frau. Das Bier war nicht lange haltbar, galt als Grundnahrungsmittel und wurde ständig gebraucht. Deshalb war das Brauen ein fortlaufender Vorgang. Die Würze, auch Grut genannt, war Geheimnis der Hausfrau und konnte Kräuter wie Beifuß, Salbei, Heidekraut, Anis, Lorbeer, Schafgarbe, Kümmel und vieles mehr enthalten. Hopfen setzte sich nur langsam durch, weil sein bitterer Geschmack nicht beliebt war. Aber man erkannte, daß er das Bier haltbarer machte. Gerüchte, daß Hopfen zu Impotenz führe, konnten sich nicht lange halten. Der Verkaufserfolg hing am Geschick der Hausfrau, an ihrer Reinlichkeit und einem Gespür für gute Würze. Das Bier hat den Wohlstand Johann Walters befördert. Indessen komponierte er unermüdlich, erweiterte und verbesserte sein Wittenberger Gesangbuch, das immer wieder neu aufgelegt wurde. Der gute Ruf der Torgauer Lateinschule hatte inzwischen 400 Schüler angezogen. Auch Luthers ältester Sohn Johannes gehörte dazu. Walter war von schulischen Aufgaben befreit und konnte sich einzig der musikalischen Bildung der Zöglinge widmen.

»Wach auf, wach auf, du deutsches Land«

Dieses Lied war Johann Walters Aufschrei gegen den Verfall der Sitten und für die Festigung der Lutherischen Kirche. Von 26 Strophen wurden bald nur noch zehn verbreitet, allzu kraß waren die aufrüttelnden Worte.

Vers 12
Der Wucher, Geiz, Betrügerei wird itzt für Kunst gelobet.
Ehebruch, Unzucht, Füllerei wird auch noch wohl begabet.
Falsch Tück und List, Verräterei, Untreu, Falschheit, Büberei
Ihr itzt viel hoch erhebet.

Vers 18
Die Wahrheit wird jetzt unterdrückt, will niemand Wahrheit hören.
Die Lüge wird gar fein geschmückt, man hilft ihr oft mit Schwören.
Dadurch wird Gottes Wort veracht', die Wahrheit hönisch auch verlacht,
die Lüge tut man ehren.

Schon zwanzig Jahre hatte Johann Walter segensreich in Torgau unter den Ernestinern gewirkt, als ihn sein neuer albertinischer Landesherr und Kurfürst Moritz an den Dresdner Hof rief. Sein Auftrag war, eine fürstliche Hofkapelle aufzubauen. Damit legte Johann Walter den Grundstein für die heutige Sächsische Staatskapelle. Moritz starb jedoch nach fünf Jahren und sein Nachfolger August wollte Veränderungen, die Walter gar nicht gefielen. Es wurden mehr ausländische Musiker aufgenommen und ein zusätzlicher Kapellmeister eingestellt. Das führte zu Streitigkeiten unter den Mitgliedern der Hofkapelle. Der lutherische Kantor Walter sehnte sich nach Torgau zurück. Endlich wurde seinem Rücktrittsgesuch stattgegeben. Mit gebührender Würdigung seines Wirkens und 60 Gulden Jahrespension verbrachte er seinen Ruhestand in Torgau, wo auch sein Sohn Johann als Kornschreiber, Hausbesitzer und Bürger lebte. Nun war genug Zeit zum Komponieren und Dichten.

Immer noch beschäftigen sich Historiker mit dem Leben und Schaffen dieses bedeutenden Thüringers. Noch sind nicht alle Daten und Zusammenhänge lückenlos aufgeklärt. Fest steht jedoch, daß Johann Walter aus Kahla ein großes musikalisches Werk hinterlassen hat und sein Wirken zu den Sternstunden europäischer Musikgeschichte zählt. Mögen die Bemühungen der Kirchgemeinde seiner Heimatstadt Kahla um den Ehrennamen Johann-Walter-Stadt erfolgreich sein.

Aufgelesenes und Auserlesenes

Phantom   Ein Bild von Johann Walter ist nicht überliefert. Das offenbar einzige, von Lucas Cranach d. J. gemalte, hat der Jenaer Erich Siptitz als Schüler in Torgau mit eigenen Augen gesehen, als 1906 beim Aufräumen der Bibliothek des Gymnasiums ein altes Gemälde gefunden wurde. Der Direktor war überzeugt, den hochverehrten Kantor auf dem Bild zu erkennen. Zunächst versteckten sie das Bild und vereinbarten, darüber zu schweigen. Es sollte in Halle begutachtet werden. Siptitz beschreibt das Bild: »Es war ein Mann von vielleicht 60 Jahren mit einem kräftigen Bauernschädel abgebildet. Er hatte nur noch wenig Haare auf dem Kopf. Er trug das Hofkleid eines Gelehrten am kurfürstlichen Hofe mit einem Spitzen-Umlegekragen. [...] Der Gesichtsausdruck ließ darauf schließen, daß er stark kurzsichtig gewesen sein muß. [...] Die Papierrolle in der rechten Hand war vielleicht Großfolio-Format und die Notenlinien waren deutlich zu erkennen. [...] es war vielleicht 35 x 45 cm groß.«

Plötzlich war das Bild verschwunden. Danach erschien der unmotivierte Aufenthalt eines ehemaligen Schülers im Schulgebäude in neuem Licht. Er hatte dort nichts zu suchen, verließ die Schule aber mit einem verschnürten Päckchen unterm Arm. Der bereits übel beleumundete junge Mann soll wenig später nach einer Unterschlagung aus der Kasse einer feudalen Studentenverbindung in Berlin in die USA abgeschoben worden sein. In den 1920er Jahren las Erich Siptitz im Feuilleton einer Zeitung: »Im Kunsthandel der USA ist neuerdings ein bisher unbekanntes Bild des jüngeren Cranach aufgetaucht. Es stellt einen Mann in der Tracht eines Gelehrten der Reformationszeit dar, der eine Papierrolle in der Hand hält. Wen das Bild darstellen soll, ist unbekannt.«

Möglicherweise war das einzige Bild von Johann Walter für den unlauteren Studenten das Startkapital in den USA.

Testament   Bereits 1562 machte Johann Walter sein Testament und vergaß dabei auch sein »liebes Vaterland Kahla in Doringen« nicht. Beim Stadtrat hinterlegte er 100 Gulden und verfügte, daß nach seinem Ableben 40 Gulden unter seinen Geschwistern aufgeteilt werden sollten und die restlichen 60 Gulden den Kindern seiner Geschwister für Ausbildung vorbehalten sein sollen.

Der bekannteste Kahlaer Heimatforscher Richard Denner fand 1933 zufällig das zusammengefaltete Originaltestament Johann Walters in den Akten des Kahlaer Geschichtsvereins. Wie es da hinein kam, ist bis heute ungeklärt. Die Kirchgemeinde Kahla ließ das Dokument auf eigene Kosten restaurieren und hat es seitdem unter Verschluß. Die Transkription des Textes und eine Fotografie des Originals sind in der Kahlaer Stadtkirche ausgestellt.

Genießer   Für üppiges Essen ist Walters Heimatstadt Kahla seit jeher weithin bekannt. Der Karnevalschlachtruf heißt »Schwartenwurscht – Gurke«.

Ab und zu wird der »Kloßfreßkönig« ermittelt. Etwa 20 Klöße mit Soße zu verspeisen, sind für einen Sieg nötig. Seit 150 Jahren gibt es einen Wiegeverein, nur für Männer, der alljährlich ein Wiegefest feiert.

Holundermus

Die Milch mit den Blüten aufkochen lassen und durch ein feines Sieb geben, die Eier schlagen und mit der geriebenen Semmel und dem Honig untermischen.

Kann so als Mus gegessen werden, aber auch im Wasserbad zu einer festeren Masse gestockt werden. Wer will, streut noch etwas Zimt darüber.

10	Holunderblütendolden	15 min
½ l	Milch	
4	Eier	
250 g	geriebene Semmel	
2 EL	Honig	

Dem Holunder wird seit Jahrhunderten Wirkung auf Leben, Liebe, Krankheit und Tod nachgesagt. Vorm Haus gepflanzt hält er böse Geister und Blitzschlag ab. Heimlich in die Taschen des Mannes gesteckt, verhindert er ehebrecherische Gelüste.

Die besten Hexenbesen werden aus Holunderholz gemacht.

Feines Extra

Die Äpfel in kleine Würfel schneiden und in der Butter kräftig anbraten, etwa wie Speck, mit etwas Zimt bestäuben.

Damit können sowohl herzhafte als auch süße Speisen verfeinert werden.

4	Äpfel	15 min
50 g	Butter	
1 Prise	Zimt	

Lauchgemüse

Nur das Weiße vom Porree nehmen, die äußere Schale entfernen und fingerlange Stücke schneiden. Den Porree in der Butter gut anbraten, die Gewürze und das in Milch aufgeweichte Weißbrot darüber verteilen und 30 min bei 150° überbacken.

Dazu eignen sich auch junge Möhren, Spargel oder Mangoldstiele. Statt Kümmel nimmt man eine Prise Zucker.

8	Stangen Porree	50 min
80 g	Butter	
150 ml	Milch	
2	Scheiben Weißbrot	
	Salz	
	Kümmel gemahlen	

Schmackhafte Soße

Brot mit der Brühe aufkochen, etwas Essig hinzugeben und fein gehackte Petersilie darüber streuen.

Petersilie wächst sofort, wenn man die Samen für drei Tage in Branntwein legt und dann in heiße Asche oder fetten Boden aussät.

500 ml	Bratenfond oder Brühe	10 min
1	dicke Scheibe Roggenbrot	
etwas	Essig	

Spanferkel am Spieß

4 h

1	kleines Spanferkel (12 kg)	
2 EL	Schmalz	
10	Eier	
10	Wacholderbeeren	
5	große Zwiebeln	
2	Knoblauchzehen	
1	große Semmel	
	Milch, Salz, Pfeffer	

Die hartgekochten Eier, die Innereien des Ferkels, Knoblauch und Zwiebeln klein hacken, mit dem Schmalz, den Gewürzen und der in Milch eingeweichten Semmel eine Paste kneten und das Spanferkel damit füllen. In einem Kessel mit leicht gesalzenem Wasser ca. 1 h kochen. Das Spanferkel auf einen Spieß stecken und knusprig grillen.

»Vom Spanfercklein

Setze daßelbe, daß der Kopff gegen deiner lincken Seite stehet, imbrochier eine Spitze der Gabel in das rechte Nasen-Loch, heb es mit dem Messer unten bey dem Hals ein wenig auff und haue den Hals entzwey, behalt den abgehauenen Kopff auff der Gabel und schneide die Haut an den Wangen entzwey, wiege die untern Kinnbacken mit dem Messer ab.«

Andreas Klett (Student in Jena), 1660

Gefüllte Äpfel

35 min

4	Äpfel	
1 Msp.	Kardamom	
40 g	Rosinen	
1 EL	Honig	
	Wein nach Bedarf	

Die Äpfel vorsichtig aushöhlen, das Fruchtfleisch ohne Kerngehäuse mit den übrigen Zutaten klein hacken, die Masse gut mischen und in die Äpfel füllen. In einem nicht zu breiten Topf mit süßem Wein bedeckt 10 min köcheln und noch 10 min zugedeckt ziehen lassen.

Frischkäsegebäck

35 min

500 g	Mehl	
500 g	Frischkäse	
5	Eier	
100 g	Zucker	
50 g	geh. Mandeln	
80 g	Butter	
1 Pck.	Vanillezucker	
etwas	Zitrone	

Mehl und Frischkäse zu einem Teig verarbeiten, Eier hinzufügen, daß ein zähflüssiger Teig daraus wird, auf ein sehr gut gefettetes Backblech geben, höchstens fingerdick, sehr heiß ca. 20 min goldgelb backen. Den noch heißen Kuchen mit zerlassener Butter bestreichen, mit Zucker, Vanillezucker und gerösteten gehackten Mandeln bestreuen. Zuletzt mit etwas Zitronensaft beträufeln.

Schmeckt warm gegessen am besten!

Die Heilkräuter des Medizinmannes
WERNER ROLFINCK (1599–1673)

Unsägliche Schmerzen müssen 1640 des Seilmachers Frau geplagt haben, als man Werner Rolfinck bat, ihren Unterleib zu öffnen. Zwei tote Mädchen entnahm der Medizinprofessor seiner Patientin und rettete damit der Mutter das Leben. Diese geglückte Operation preist der Stadtchronist Adrian Beier noch ein Vierteljahrhundert später mit dem Vermerk, daß die Frau »lebt u. eine last tragen kann als eine starke viehemagd.« Was befähigte den Wunderdoktor zu dieser Leistung, so daß man ihn sogar mit dem berühmten antiken Arzt Hippokrates verglich?

Werner Rolfinck wurde als Sohn eines Gymnasialprofessors in Hamburg geboren, studierte ab 1617 in Wittenberg Philosophie, wechselte jedoch zum medizinischen Fach. Die Kunst am menschlichen Körper vertiefte er fortan im holländischen Leiden und an den Universitäten von Oxford, Paris sowie Padua. Zurückgekehrt nach Wittenberg war es die renommierte italienische Hochschule, die den jungen, aufstrebenden

Arzt langfristig mit einer Berufung binden wollte. Die Überraschung: der Kosmopolit lehnte zu Gunsten der rund 1000 Kilometer näher gelegenen Universität Jena ab.

Als Professor für Anatomie und Chirurgie fühlte er sich seit 1629 der kleinen thüringischen Hochschule verpflichtet und stellte sein gesammeltes Wissen in den Dienst der Alma mater Jenensis. Wenn auch nicht als Erster, aber fortan dafür berühmt, begann er anhand von Leichensektionen, die räumliche Ordnung der Organe zu unterrichten und schuf als Hörsaal auf einem alten Stadtturm das »theatrum anatomicum«. Galt er einerseits als Studentenmagnet, war ihm sein Ruf bereits an den Weimarer Hof vorausgeeilt, so daß er für Schauzwecke seine Zerlegekunst »mit allerseits […] großem Vergnügen« vorführen mußte. Doch woher kamen die Leichen? Es waren Delinquenten, die zum Tode verurteilt worden waren oder Selbstmörder, denen man ein christliches Begräbnis verwehrte. Künftig begegneten Bösewichte dem Herrn Professor mit Respekt und Abscheu, heißt es doch, daß so mancher, um nicht auf dem Seziertisch zu landen, zu Protokoll gab, nach der Hinrichtung bloß nicht »gerolfinckt« zu werden. Wie viele seiner Zeitgenossen blieb Werner Rolfinck den althergebrachten Lehren der antiken Ärzte, wie des Griechen Galenos von Pergamon treu, reflektierte aber auch die neuesten Theorien, wie die des Engländers William Harvey. Während Galenos sein Wissen noch von sezierten Schweinen und Affen auf den Menschen übertragen hatte und einen Blutkreislauf für unmöglich hielt, war Harvey, der ebenfalls in Padua studiert hatte, durch genaue Beobachtungen und Versuche davon überzeugt, daß es sehr wohl einen Kreislauf gibt, der direkt von der Kontraktion des Herzens ausgeht. Diese neue Lehre nahm der Jenaer Professor auf, postulierte diese in Lehre und Schrift und wandte sie in der Diagnose an. In eigenen anatomischen Studien wies Rolfinck nach, daß das Augenleiden des Grauen Stars direkt in der Linse sitzt. So kommt sein Leitspruch: »Das Auge der Artzeney ist die künstliche Zertheilung der Glieder!« nicht von ungefähr. Ob er als Wissenschaftler gleichzeitig zeitgenössischen Empfehlungen entgegentrat, die Ziegenurin, frisch und warm, gegen Ohrenschmerzen anpriesen, Rattenkot als Haarwuchsmittel versprachen oder Hasenhoden gegen Pocken lobpriesen, ist nicht bekannt.

Der Doktorvater von 104 medizinischen Promotionsstudenten, der selbst die Musik als Heilmittel ansah, hatte aber noch eine andere Passion, die Botanik. Bereits 1630 war auf seine Veranlassung ein medizinischer Garten »uffgerichtet, umgepfluget u. gedunget vor winters« angelegt worden, welchen er im Sommer darauf mit einer Rede von der Nutzbarkeit der Pflanzen einweihte. An der Südwestecke der Stadtmauer gelegen, war der »hortus medicus« nicht nur Tummelplatz für heilkräftige Pflanzen, sondern auch für die Studenten, welche die medizinischen und pharmakologischen Eigenschaften der Kräutlein kennenlernen sollten. Im medizinischen Garten waren neben Pflanzen auch Bilder von »mancherley Thierlein und kriechende Würmlein« zu finden und Sinnsprüche aufgestellt, wie beispielsweise der Psalm: »Mensch, gedenkke an den Tod, alles Fleisch ist Heu, und all seine Güte ist wie ein Blume auff dem Felde.« Selbst Jenas Artenreichtum wildwachsender Pflanzen musste den Vergleich mit den vielgerühmten Kräuterlandschaften Südeuropas nicht scheuen und bot auf Exkursionen in die nähere Umgebung vielfältige Entdeckungen.

Nicht unbeachtet darf man die Zeitumstände lassen, die fast die Hälfte der Jenaer Jahre Rolfincks prägten. In den Hungerzeiten des Dreißigjährigen Krieges kämpften die Einwohner nicht nur um die eigene Ernährung. Zeitweise mußten sie pro Haushalt an die 1800 Soldaten verköstigen und bis zu 30 Pferde durchfüttern. Plünderungen und Mißernten und die daraus resultierende Not machten den Verzehr von Gras und Wurzeln zum Überleben notwendig.

Es waren elende Zeiten in denen aus Wickensamen Mehl gemahlen wurde und das verspeiste Aas das sprichwörtliche Nagen am Hungertuch ersetzte. Starben die Menschen nicht hungers, raffte sie die Pest dahin. Im Jahr 1640 zählte die Universität nur noch 241 Studenten, blieb jedoch vom Schicksal einer Schließung verschont. Nach dem Krieg erholte sich die Alma mater Jenensis schnell. Zur Jahrhundertmitte waren wieder über 1000 Studenten immatrikuliert. Und diese zog Werner Rolfinck seit 1638 auch als Lehrer für Chemie in seinen Bann. Im Unterricht widmete er sich den Reaktionen der Metalle und wandte sich gegen die goldversprechenden Thesen der Alchemisten. Außerdem forcierte er den praktischen Experimentalunterricht. Dafür hatte er eigens in seinem Haus am Stadtgraben ein Laboratorium eingerichtet. Letztendlich galt ihm die Chemie mehr oder weniger als Hilfswissenschaft der Medizin, war nicht die »gesammte Thätigkeit des [...] Organismus auf einen chemischen Proceß« zurückzuführen? Ein Jahr vor seinem Tod wurde der Arzt selbst mit Krankheiten gestraft. »Hitzige Flüsse« am Kopf gingen mit starken Entzündungen einher. Trost und Anteilnahme erhielt er in dieser schweren Zeit vom Jenaer Herzogspaar, das sich fast täglich über seinen Zustand erkundigte und ihn »mit köstlichen Hertzstärckenden Labsalen« zu kräftigen versuchte. Am Krankenlager fand sich auch der Mediziner Rudolph Wilhelm Krause ein und berichtete über die letzten Tage seines Kollegen: »Weiln aber inzwischen Herr. D. Rolfinck einen starken Fluß am linken Auge [...] bekam, und zwar meiner Meinung nach wegen ungesunder Art hart zu verdauender Speise, die Er aß, nehmlich Schincken, Knackwürste, und darauf er Breyhan [süß-säuerliches Weißbier] trunck, wie er denn meistentheils von diesem einen silbernen Becher voll auf seinem Studier-Tisch stehen hatte, und wenn ich sagte, daß ich mich wunderte, wie er in seinem hohen Alter solche Speise und Geträncke darauf vertragen könte, zur Antwort bekam: Er hätte einen Hamburgischen Magen, es schadete ihm nichts [...]«. Doch das Leiden des ansonsten robusten Hamburger Magens verschlimmerte sich. Es blieb ihm nur noch, um Vergebung der Sünden zu bitten und um »den Gebrauch des heiligen und hochwürdigen Nachtmahls« zu bitten. Als am 6. Mai 1673 Werner Rolfinck verstarb, ging in Jena eine Ära zu Ende.

Trauernd und lakonisch zugleich poetisierte ein Jenaer Nachruf: »Der theure Mann ist hin! Es müssen seyn Gebein und sein entseltes Fleisch der Würmer Wildprät seyn.« In einer Zeitspanne von 44 Jahren Lehrtätigkeit bekleidete er sechsmal das Rektorat, war Arzt, den Herzöge und arme Leute gleichermaßen konsultierten und hatte wichtige Impulse für den Aufstieg von Medizin und Naturwissenschaften im 17. Jahrhundert geliefert.

Aufgelesenes und Auserlesenes

Wolfshunger

Gedankenverloren sind am 9. März 1643 »zweene Jenische Burger« – Georg Opel und Martin Fasemann – in ihre Arbeit am Weinberg vertieft. Da springt sie plötzlich und unvermittelt ein Wolf an, »ergreifft den ersten unversehens an einem bein, beist ihn drei wunden u. wird von beiden erschlagen«. Der Stadtchronist berichtete weiter, daß der Kadaver von den Männern nach Weimar gebracht und zur Belohnung gegen eine Goldmünze eingelöst wurde. So groß der Hunger in Notzeiten auch war, Wolfsfleisch verschmähten die Menschen. Aufgrund des ihm zugeschriebenen Charakters galt sein Fleisch als eine »ungesunde, dürre, böse, melancholische speis und narung«.

Wissensdurst

Seit dem Mittelalter war Jena ein Ackerbürger- und Weinbauernörtchen, bis es ab 1558 den Titel Universitätsstadt führen durfte. Um die Attraktivität der Professorenstellen noch zu erhöhen, gewährte man den Pädagogen das Privileg, steuerfrei Bier und Wein auszuschenken. Die Dozenten förderten den Durst ihrer Studenten noch durch wissenschaftliche Gutachten, wonach die trockene Jenaer Luft das ausreichende Befeuchten der Kehlen notwendig mache. Und in Traktaten über den Wein stand zu lesen: »Er sterckt und trucknet das Gehirn / ermundert den Verstand / fertiget die Zunge / erquicket und macht fröhlich das Hertz, darin das Leben stehet / vertreibt Schwermütigkeiten / welche dem leben zum hefftigsten zu wider sind / und viel Leute tödten / bringet lieblichen Schlaff / reitzet zu freundligkeit im beyschlaffen / fördert der weiber fruchtbarkeit / dient den versehrten Nieren und Blasen / vertreibt Gifft / und Summa wer kann seine Tugenden alle erzehlen.«

Studentenfutter

Für ärmere Studenten gab es Freitische, die größtenteils durch Stiftungen finanziert wurden. Zu den strengen Tischregeln zählten auch Gebete und Bibellesungen. Schlechtes Essen wiederum erregte den Groll der Kostgänger, die sich insbesondere über die Qualität der Gerichte beschwerten. Die Universitätsakten überliefern den Unmut gegenüber »unschmackhafte[n] Vieh-Rüben« oder Brot, welches »so schwartz daß es der Erden nicht näher verwand« sein könnte. Wurde zudem Kostgeld veruntreut, warfen die Studenten kurzerhand den Ökonomen mitsamt dem Essen zum Fenster hinaus.

Schwedentrank

Zu den Initiationsriten der Jenaer Studenten zählten im 17. Jahrhundert symbolische Handlungen, um die »unakademischen Sitten« auszutreiben. Neuankömmlinge mußten den Bartschnitt hinnehmen, wurden mit Prügeln gezüchtigt und mitunter gezwungen, den »Schwedentrank« zu leeren. Das Gebräu konnte Wurst, Tinte, Senf, Butter, Salz oder sogar gestoßene Ziegelsteine enthalten, was den Studienbeginn nicht gerade schmackhaft gestaltete.

Knusprige Margeriten

Von den Blüten Stengelansätze entfernen und von Unreinheiten säubern, aber nicht waschen. Milch, Mehl, Eier und Paniermehl auf getrennten Tellern bereitstellen. In einer weiten Bratpfanne das Fett erhitzen. Die Blüten einzeln mit zwei Gabeln in den vier Tellern in der genannten Reihenfolge wenden. Sogleich in der heißen Butter beidseitig gold-knusprig braten und heiß als Vorspeise oder Beilage servieren.

25	Margeritenblüten	20 min
2–3 EL	Milch	
3 EL	Mehl	
2	verquirlte Eier	
3 EL	Paniermehl	
1 Prise	Salz	
	Butter zum Anbraten	

Wurzelsuppe

Die Wurzeln in kleine Stücke schneiden und in der Bouillon, mit dem Zitronensaft gemischt in 5–10 Minuten weich kochen. In einem zweiten Topf die Butter erwärmen, das Mehl einrühren und mit der Bouillon (ohne Wurzeln) ablöschen. Mit dem Schneebesen glatt verrühren, dann zwei Drittel der Wurzeln dazugeben. Die Suppe aufkochen und pürieren. Den Rest der Wurzeln beifügen und darin erwärmen.

3 Hände	gewaschene und geschälte Löwenzahnwurzeln	20 min
700 ml	Bouillon	
1 Spritzer	Zitronensaft	
1 EL	Butter	
1 EL	Mehl	

»Heut zu tage hält man dafür | daß die Teutschen und Engeländer große Liebhaber sind von Fleisch | die Holländer von Butter und Käse | die Schweitzer von Milch | die Welschen von Salat und Kräuter | die Frantzosen von Baumfrüchten | die Spanier von Rettig | die Moskowiter und Polen von Knoblauch und Zwiebeln | die Tartaren von Pferdefleisch | und die Tapujer von Menschenfleisch.«
Aus: Das ist Newes Tisch-Buch. Oder Unterricht von Erhaltung guter Gesundheit durch eine ordentliche Diät | und insonderheit durch rechtmäßigen Gebrauch der Speisen | und des Geträncks, 1682.

Grünes Brennesselbrot

Die Hefe mit dem Zucker verrühren und auflösen. Brennesseln mit dem Wasser zu einer sämigen Brühe pürieren und mit der angerührten Hefe, dem Mehl und Gewürzen vermengen. Der flüssige Teig muß etwa eine Stunde gehen, bis er Blasen wirft. Dann so viel Weißmehl darunter rühren, bis der Teig Brotkonsistenz hat. Erneut 2–4 Stunden an einem warmen Ort gehen lassen. Aus dem Teig drei längliche Brote formen, den Ofen auf 250–300 Grad vorheizen, die Brote darin zehn Minuten vorbacken und bei 180 Grad in 40–50 Minuten fertig backen. Dieses Brot besticht nicht nur durch sein Aussehen, sondern paßt auch hervorragend zu Schinken, Knackwürsten oder Käse.

1 Würfel	Hefe	60 min
2 TL	Zucker	
4 Tassen	abgekochte Brennesselblätter	
500 ml	lauwarmes Wasser	
400 g	Vollkornmehl	
	gemahlene Muskatnuß	
	gemahlener Pfeffer	
2 TL	Salz	
	Weißmehl	

Gebackene Bierzwieblein

45 min

700 g	Zwiebeln
50 g	Schmalz
1 EL	Honig
125 ml	Starkbier
	Salz
5 EL	süße Sahne
2 EL	gehackte Kräuter

Die Zwiebeln schälen und in 1 cm dicke Scheiben schneiden. Das Fett zerlassen, Honig darin auflösen und die Zwiebelscheiben darin kurz anbraten. Das Bier zugießen und zugedeckt 20–30 Minuten schmoren lassen. Abschließend salzen, mit der Sahne binden und mit den Kräutern nach Wahl abschmecken.

Süßer Dinkelbrei

60 min

200 g	geschrotetes Dinkelgetreide
1 l	Wasser
	Salz
	Buttermilch
	Sirup
	Kompott

Den Dinkel mit dem Wasser in einen Topf geben und aufkochen, bis ein geschmeidiger Brei entstanden ist. Mit dem Salz abschmecken, die Buttermilch und den Sirup nach Geschmack untermischen. Auf den Brei beispielsweise Apfelmus oder Birnenkompott geben und noch heiß servieren.

Jenaer Rosmarinwein

10 min

1	frischer Rosmarinzweig (circa 12 cm)
1 l	Jenaer Weißwein

Den Rosmarin an einem sonnigen, trockenen Tag ernten und im Wein sechs Tage an einem dunklen Ort ziehen lassen. Gelegentlich schütteln, nach der Ziehzeit den Zweig entnehmen und eventuell in kleinere Flaschen umfüllen. Das kräftig-herbe Aroma kann durch Zugabe einer beliebigen Menge von Honig versüßt werden.

Täglich ein kleines Gläschen genossen, soll der Würzwein den Kreislauf anregen und zur Liebe geneigt machen.

Kräuterelixier mit Edelsteinen

4 Wochen

8 Stengel	Estragon
6 Stengel	Minze
16	Salbeiblätter
10	große Fiederblätter Fenchel
24	Kardamomkapseln
24	Körner Nelkenpfeffer
2	Zimtstangen
2 l	Branntwein
	Lapislazulisteine

Die frischen Kräuter sauber verlesen, kurz abwaschen und trocken schütteln. Diese mit den Gewürzen in ein Gefäß geben und mit Alkohol übergießen. Der Ansatz sollte etwa vier Wochen am hellen Ort (ohne direkte Sonne) ziehen. Nach Belieben kann der milde Kräutergeist, der sich zur Unterstützung der Verdauung eignet und keine Bitterstoffe enthält, vor dem Abfüllen des Elixiers noch mit Zucker gesüßt werden. In die Fläschchen kommt zuvor der intensiv blaue Edelstein Lapislazuli, der als »Heilmittel« bei Esoterikern für Senkung des Blutdrucks und phantasievolle Träume steht.

Bierernst? Lammfromm!
Ernst I. (der Fromme) von Sachsen-Gotha-Altenburg (1601–1675)

Von Spöttern wurde Herzog Ernst I. mitunter als Bet-Fürst oder Bet-Ernst bezeichnet. Tief im Luthertum verwurzelt, brachte seine religiöse Lebens- und Regierungspraxis aber auch Bewunderer hervor. Biographen priesen ihn gar als »schönstes Muster eines vortrefflichen Regenten« und der englische Politiker Oliver Cromwell zählte ihn zu den vorbildlichsten und klügsten Staatsmännern seiner Zeit. Die Gottesfürchtigkeit zeigte sich bereits früh und brachte Ernst I. später den Beinamen – der Fromme – ein.

Symbolischerweise fiel seine Geburt auf den ersten Weihnachtstag eines neuen Jahrhunderts. Schon als Kind soll er sich eine eigene Bibel gewünscht haben und mit elf Jahren bat er um die Teilnahme am heiligen Abendmahl. Im Sinne des Protestantismus erzogen, zählten zur gleichsam humanistisch geprägten Ausbildung neben Latein und Geschichte ferner Bogenschießen, Militärwesen und Fortifikationskunst. Aber ein leidenschaftlicher Soldat war Ernst nie. Als der Dreißigjährige Krieg die Mitte Deutschlands zum Kriegsschauplatz erklärt hatte, blieb eine kleine Karriere als

Obrist im schwedischen Heer nicht aus. Kurzzeitig wurde er sogar mit der Aufsicht über die eroberten Bistümer Würzburg und Bamberg betraut. Der fromme Lutheraner ordnete Wirtschaft und Religionsleben wohl so gut, daß ihm ein besseres Haushalten bescheinigt wurde, als wenn es der Fürstbischof getan hätte. Dabei kam dieses Lob von der katholischen Geistlichkeit höchstselbst. In die Residenz Weimar und unter die Aufsicht seiner Brüder zurückgekehrt, vertrieb er sich die nun folgenden Wartejahre, indem er mit bedeutenden Thüringer Theologen die sogenannte Weimarer Bibel schuf. Das sehr bildhaft angelegte Werk fand im Religions- und Deutschunterricht gleichermaßen Verwendung.

Erst mit dem Ergebnis des Weimarischen Erbteilungsvertrages von 1640 übernahm der fürstliche Sproß sein eigenes Territorium als Herzog Ernst I. von Sachsen-Gotha. Das Kernland um Thüringer Wald und Becken erweiterte sich 1672 mit den hinzugewonnenen Territorien um Altenburg, Eisenach und Coburg. Indessen hatte er das Örtchen Gotha geadelt, indem er es zu seiner Residenz erklärte. Wohl erleichtert über diese Wahl, spendierte der Stadtrat zum Einzug seines neuen Herrschers je ein Faß Wein und Bier. Zunächst galt es, das kriegsgebeutelte Städtchen wieder aufzubauen und einen Residenz- und Verwaltungssitz zu schaffen. Auf den Grundmauern der zerstörten Burg Grimmenstein entstand eine beeindruckende frühbarocke Schloßanlage, deren neuer Name programmatisch war: Friedenstein.

Als Regent begriff sich Ernst I. als praktischer Theologe, der allein von Gott gelenkt wird. In seiner Rolle als Landesvater verstand er sich als pädagogischer Gesetzgeber für seine geliebten Landeskinder. Zeitgenossen sahen den Ausdruck dieser väterlichen Liebe sogar darin, daß der Herzog sich wünschte, seine Untertanen alle mit in den Himmel nehmen zu können. Damit nicht bereits zu Lebzeiten paradiesische Zustände ausbrachen, reglementierte der Herzog sämtliche Feierlichkeiten. Für Hochzeiten bestimmte er Dauer und Anzahl der Gerichte. Außerdem sollten die Hochzeitsgesellschaften »nüchtern in die Kirchen gehen und nicht vorher sich vollsauffen« lassen. Nach der Trauung im Heim angekommen, durften vermögende Bauern nur »einen Kuchen, Butter, Keese und Obst auffsetzen«. Arme Leute, wie Tagelöhner und Dienstboten, »mehr nicht als Keese und Brodt und ein paar Stübichen Bier«. Bei Übertretung der Gesetze drohten Geld- oder Gefängnisstrafen. Verdienstvoller blieben die herzogliche Gründung des Gothaer Gymnasiums und die Bestellung einer staatlichen Aufsicht über das Gesundheitswesen. Am bedeutungsvollsten wird jedoch die Einführung der allgemeinen Schulpflicht angesehen. Dabei hatte der Herzog als oberster Dienstherr sogar an ein gutes Auskommen für die Lehrer gedacht. Damit konnten Zeitgenossen nicht mehr behaupten, daß die Pädagogen »für des Esels Arbeit des Zeisigs Futter« erhielten. Seine Reformen zeigten sich so fruchtbar, daß es fortan in den deutschen Landen hieß: Die Gothaer Bauern haben eine bessere Bildung und Frömmigkeit als anderswo die Adeligen und Städter!

Bereits 1636 hatte Ernst die fast achtzehn Jahre jüngere Altenburger Prinzessin Elisabeth Sophia geheiratet. Im Vorfeld der Hochzeit wechselten zahlreiche Briefe und Liebesgaben, wie Morellen und Pfirsiche, zwischen Braut und Bräutigam. Noch später waren kulinarische Präsente an seine Frau nicht unüblich, schenkte er ihr doch einmal zum Geburtstag eine frischmilchende Kuh. Die Ehe muß von Liebe geprägt gewesen sein, wurde doch jährlich der Hochzeitstag, auch kulinarisch, zelebriert. Da die herzogliche Familie als erste Riege des Staates galt, machte die große Zahl von Verordnungen selbst vor Hof und Kindern nicht halt. Dem fürstlichen Nachwuchs wurden strenge Regeln auferlegt, die ihren ganzen Tag ordneten: vom Aufstehen, über das Waschen, das obligatorische Beten, selbst das Spielen, bis hin zum Essen und Schlafen. Diese Instruktionen beinhalteten beispielsweise, daß die Kinder die Finger nicht zu lecken haben, nicht schmatzen sollten oder den Mund zu voll nehmen. Nach Tisch war der Mund mit frischem Brunnenwasser zu spülen, zur Erhaltung »guter Zähne und guthe[n] athems«. Und welche Speisen füllten die herzoglichen Küchenzettel? Es müssen einfache und kräftige Gerichte gewesen sein, zu denen Kohl als nützliche und häufige Speise gehörte. Verordnet waren zwei Gänge zu zehn und acht Gerichten. Dazu zählten Kreationen von Wildbret, Variationen von Fischen, wie beispielsweise Schleie und Lachs, junge Hühner in jeglicher Zubereitung und Kompott aus Kirschen oder Pflaumen. Archivalien überliefern genauso die Morgensuppe für die Herzogin oder den »Fürstl. Caffee«. Laut Hofordnung von 1648 sollten die Pagen »das Essen vorsichtig auftragen und nichts davon verschütten«, »die Schüssel und Gefäß reiniglich und gesaubert« auftragen, Handwasser reichen und das Tischgebet vortragen, »mit züchtigen Geberden, Christlicher Andacht, gefalteten und auffgehabenen, keineswegs niedergeschlagenen Händen, deutlicher langsamer Sprach, bey guter Still und ohne Geräusch und Gewäsch verrichten«. Das so konsequent geordnete und reduzierte Hofleben bot wenig Abwechslung. Festivitäten konzentrierten sich auf die christlichen Feiertage, die Hofkapelle war für religiöse Aufgaben abgestellt und Theateraufführungen, wie beispielsweise das »Trauer- und Lustspiel von der argen Grundsuppe der Welt« (1669) zielten weniger auf Belustigung, als vielmehr auf belehrende Erziehung ab.

Seitdem Ernst im Kriegsjahr 1631 den eiskalten Lech durchschwommen und sich stark erkältet hatte, blieb seine Gesundheit zeitlebens angeschlagen. Eine dennoch gute Konstitution erhielt er sich durch Zurückhaltung im Genuß von Alkohol, Aufenthalte an frischer Luft und Kontrolle seiner Mahlzeiten. Die Reduzierung von Fett und Zucker galt als herzogliches Gebot. Und doch plagten ihn im Alter Erkrankungen der Atemwege sowie Verdauungs- und Magenbeschwerden. Nachdem zwei Schlaganfälle ihn gehörig eingeschränkt hatten, verbrachte der fromme Regent die letzten Wochen bettlägerig mit Bibellesungen und Gebeten. Noch über den Tod hinaus belehrte er seine Erben testamentarisch über eine christliche und gerechte Herrschaft.

Die zahlreichen Nachkommen zeichneten sich allerdings weniger durch Frömmigkeit als vielmehr durch eine geschickte Heiratspolitik aus. Daher gilt Ernst I. heute als Stammvater vieler Monarchien in Europa und erhielt neben seinem frommen Titel, den Beinamen »Opa von Europa«.

Aufgelesenes und Auserlesenes

Fromme Worte

Zu einer erfolgreichen Regierungspolitik zählte für Herzog Ernst I. die Arbeitsleistung integrer Beamter. Kamen ihm Berichte von Amtsmißbrauch und Untreue zu Ohren, ließ er dem Staatsdiener durch Boten den Hinweis auf Psalm 101 überbringen. Schlug der Betreffende dann seine Bibel auf, so fand er dort die Worte: »Meine Augen sehen nach den Treuen im Lande, daß sie bei mir wohnen und habe gerne fromme Diener. Falsche Leute halte ich nicht in meinem Hause, die Lügner gedeihen nicht bei mir.« Schnell hatte sich im Gothaer Territorium die Kunde vom »Herzogspsalm« verbreitet und sicher manch Beamten zu ordentlicher Amtsführung angespornt.

Wieder schwanger

Sage und schreibe 18 Kinder gebar Herzogin Elisabeth Sophia ihrem Mann. Eine Zahl, die selbst für die damalige Zeit eine recht hohe war. Allerdings erreichten nur neun Kinder das Erwachsenenalter, allein drei starben im Jahr 1657 an Pocken. In der Forschungsbibliothek Gotha – aus den Beständen der herzoglichen Sammlung – ist das Buch von der »Nützlichen Hauß- und Feld-Schule« aus dem 17. Jahrhundert überliefert. Darin empfiehlt der Autor, um die »Fruchtbarkeit der Weiber« zu erhöhen: »1. So gibt man derselbigen unwissend Pferds-Milch / kurtz vor dem ehelichen Beyschlaff / zu trincken / dieses macht daß sie empfänget. [...] 6. Sie soll alle Tage nüchtern frische Eyer essen / von Hennen so keinen Hanen haben / einen Monat lang. Item / 7. Man gibt der Frau unwissent eine gebratene Haasen-Mutter zu essen / oder brennt zu Pulver / und gibt's ihr zu trincken in einem Bad / und gebrauchet alsdann selbigen Tags deß ehlichen Werks.«

Luxuriöser Kannibalismus

Die Konfektlisten, welche sich anlässlich der Hochzeit 1636 erhalten haben, lesen sich recht exotisch: indianischer Ingwer, eingemachter Kalmus, Pomeranzenschalen, kandierte Rosenblätter, überzogene Nelken, Zuckerbilder oder »Manus Christi«. Die »Hand Christi« gehörte zum aparteren Naschwerk in der Frühen Neuzeit, dem außerdem heilende Kräfte nachgesagt wurden. Die Zutaten – einfach, aber exquisit – bestanden aus Kristallzucker, der mit Veilchen gefärbt, sowie mit Zimt und Rosenwasser gewürzt sein konnte. Oft enthielten die an Bonbons erinnernden »Hände« auch Blattgold.

Gothaer Prohibition

Herzog Ernst der Fromme führte einen gastfreundlichen Hof und unterhielt sogar internationale Beziehungen nach England, Russland und Afrika. Weilten fremde Gäste in seiner Residenz, galt folgende Anweisung an die Bediensteten: »Bey Anwesenheit frembder Herrschaften sollen diejenigen, so bey denen Gemächern die Aufwartung haben, sich fein bescheidentlich verhalten und nicht einen Becher oder wohl gar Flaschen voll Wein, eine über die andere vor [für] die Frembden holen und sich sodann eher voll sauffen als die Frembden, damit sie nachgehends zu keiner Auffwartung mehr taugen und daß man sodann mehr Schande als Ehre von ihrer Aufwartung habe [...].«

Würzige Morgensuppe

Milch und Sahne verrühren und langsam aufkochen lassen. Die verquirlten Eigelbe einzeln unterziehen und bei mittlerer Hitze unter Rühren ziehen lassen, bis eine dickliche Suppe entsteht. Inzwischen die in Würfel geschnittenen Brötchen im Schmalz goldgelb rösten und in die angerichtete Suppe geben. Nach Geschmack mit Zimt, einer Prise Anis, Ingwer und Zucker bestreuen und heiß servieren.

0,5 l	Vollmilch	20 min
250 ml	Sahne	
4	Eigelb	
2–3	Brötchen	
100 g	Schmalz	
	Zimt, Anis	
	Ingwerpulver	
3 EL	Zucker	

Deftiger Weißkohl mit Speck

Den Kohlkopf ausputzen, waschen, vierteln, den Stielansatz herausschneiden und in feine Streifen schneiden. Danach den Speck und die Zwiebel würfeln und im heißen Schmalz glasig dünsten. Den Kohl zugeben, 15 Minuten gut durchdünsten lassen und die Brühe zugießen. Mit zerstoßenem Kümmel, Salz, Pfeffer und Muskat würzen. Ungefähr eine Stunde den Kohl bei mittlerer Hitze dünsten und nochmals mit den Gewürzen abschmecken. Dicke Scheiben Vollkornbrot dazu reichen.

1 Kopf	Weißkohl	90 min
300 g	durchwachsener Schweinespeck	
1 große	Zwiebel	
50–60 g	Schweineschmalz	
1 Tasse	Fleischbrühe	
	Muskat, Kümmel	
	Salz, Pfeffer	

»Tisch und Topf ohne Salz, ist wie Kraut ohne Schmalz. Denn wenn auch alle Würze zur Speise, gebraucht nach bestem Fleiße, das Salz mangeln tut, ist der Geschmack nicht gut!«
Nachdichtung aus dem Erfurter »New Speisebüchlein« von 1603

Hochzeitslachs in Würzkräutern

Einen Fischsud aus Wein, Kräutern, den in Ringe geschnittenen Zwiebeln und gewürfelten Möhren, sowie einem Esslöffel Salz und den Pfefferkörnern kochen. Den ausgenommenen, gesäuberten Lachs mit Zitrone abreiben, in den Sud geben und 5–10 Minuten köcheln lassen, bis er gar ist. Den Lachs herausnehmen und zugedeckt warm stellen. Mit den verquirlten Eigelb den Sud legieren und über den portionsweise angerichteten Fisch geben.

1 kg	Lachs	35 min
0,5 l	trockener Weißwein	
4	Zwiebeln	
2	Möhren	
4–6 EL	gemischte Kräuter (Thymian, Petersilie, Kerbel, Dill)	
8	weiße Pfefferkörner	
	Salz, Zitronensaft	
2	Eigelb	

45 min

Borsdorfer Äpfel in Wein

4		große Äpfel
4	EL	Johannisbeer-Gelee
20		Sultaninen
4	TL	gestiftelte Mandeln
4	TL	Butter
250	ml	Weißwein
4	TL	Zucker
1	TL	Zimt

Die Äpfel nicht schälen, aber waschen und gut abreiben. Das Kerngehäuse herausstechen, so daß der Boden des Apfels erhalten bleibt. Das Gelee mit Sultaninen und Mandeln vermengen und damit die Äpfel füllen. Auf jeden Apfel einen Teelöffel Butter setzen. Den Wein in eine passende Auflaufform gießen und die Äpfel dicht an dicht, aufrecht platzieren. Im Backofen bei 200 Grad (Ober-/Unterhitze) so lange backen, bis sie einmal aufplatzen, sogleich herausnehmen, mit dem Zimtzucker bestreuen und dampfend heiß servieren.

»Die Borsdorfer sind bei uns die herzlichsten und besten, sehr anmutig, lieblich und gesund. Aber summa summarum sind alle Äpfel kalter Temperatur, geben wenig Nahrung und böse Feuchtigkeit. Darum sagt der Poet von ihnen: ›Die schön Gestalt des Apfels macht / Ihn lieb, aber die Speis´ veracht!‹«
(Erfurter »New Speisebüchlein« von 1603)

20 min

Aromatisches Nußkonfekt

250	ml	flüssigen Honig
1 ½	EL	Ingwerpulver
12		ganze Nelken
250	g	ganze Haselnüsse

Bis auf die Haselnüsse alle Zutaten in einen Topf füllen, zehn Minuten unter ständigem Rühren leicht köcheln lassen. Ein Backblech mit Butter bepinseln. Nun die Nüsse zum gewürzten Honig geben, kurz aufkochen und das Rühren nicht vergessen. Sodann die Nüsse herausnehmen und zum Auskühlen auf dem Blech verteilen.

15 h

Kandierte Rosenblätter

50		makellose Blütenblätter von Duftrosen
3		Eiweiß
150	g	feiner Zucker

Die Blätter trocken säubern und auf einem mit Backpapier ausgelegten Blech ausbreiten. Eiweiße nicht zu steif aufschlagen und den Zucker in einen tiefen Teller geben. Dann die Rosenblätter mit einem Pinsel von beiden Seiten mit dem Eiweiß bestreichen und komplett mit Zucker bestreuen. Auf dem Backpapier über Nacht an einem warmen Ort trocknen lassen.

Fällt das Eiweiß während des Kandierens zusammen, dieses einfach erneut aufschlagen. Luftdicht verpackt hält die hübsche Leckerei etwa ein halbes Jahr.

Erfinder, Lebenskünstler, Hasardeur
Johann Friedrich Böttger (1682–1719)

Sein kurzes Leben war ein Abenteuer. Das älteste zeitgenössische Bild Böttgers, ein Reliefmedaillon, stammt von dem französischen Künstler Coudray. Es gab Zweifel, ob das wirklich Böttger sein kann, da ein Mann Mitte dreißig nicht so alt aussehen dürfte. Doch jahrelang lebensgefährlicher Erfolgsdruck und giftige Dämpfe hatten ihren Tribut gefordert.

In Schleiz ließ Reichsgraf Heinrich I. 1678 eine Münzwerkstatt bauen. Der Magdeburger Münzkassierer Johann August Böttger wurde nach Schleiz berufen. So kam es, daß die »Alte Münze« in Schleiz Johann Friedrich Böttgers Geburtshaus wurde. Die Familie lebte nur zwei Jahre dort und ging nach dem Tod des Vaters zurück nach Magdeburg. Der Großvater, ein Goldschmied, führte den Knaben ein in das Schmelzen und Verarbeiten von Gold und Silber. Schnell konnte er lesen und schreiben, lernte gut Latein, und sein Stiefvater unterrichtete ihn in Geometrie, Befestigungsanlagenbau und Feuerwerkerei. Mit 14 Jahren begann er eine Apothekerlehre. Anfangs machte er seinem Lehrherrn anstellig und mit guten Kenntnissen in der Chemie viel Freude. Doch bald vernachlässigte der Junge seine Lehre, erlag der Faszination des Alchemistengoldes und suchte nach dem Stein der Weisen. Der Apotheker hieß nicht nur Zorn, sondern goß diesen auch unverblümt über seinen Lehrling aus. Böttger brach die Lehre ab, trieb sich bei »liederlichem Gesindel« herum und kehrte reumütig zum Apotheker zurück. Nach kurzer Zeit das gleiche Spiel. Wieder nahm ihn der Apotheker auf, weil er den intelligenten Lehrjungen trotz allem ins Herz geschlossen hatte. Bedingung war: »sich hinführo alles Sudelns und Laborirens zu enthalten und blos die Apotheke zu versehen.« Es ging nicht lange gut. Er brachte es aber doch bis zum Apothekerlehrbrief. Böttger hatte den fahrenden Mönch Lascaris kennengelernt. Von ihm bekam er ein Pulver vom »köstlichen Stein der Weisen« geschenkt und sagte bald darauf die verhängnisvollen Worte: »nach deßen Abreise habe ich aus curiosité [...] im Beyseyn einiger Leute etwas weniges vom obgedachten Pulver an 2 Loth von Mercurio (Quecksilber) probiret und wider Verhoffen mit erstaunen befunden, daß alsbald daraus feines Gold worden.« Die Nachricht über sein Experiment erregte großes Aufsehen, so daß sogar Leibniz ins Grübeln kam und Augenzeugen befragen wollte. König Friedrich I. von Preußen befand sich in schweren Geldnöten und bestellte den »Goldjungen« sofort ein. Böttger erschrak fast zu Tode und riß aus. 1000 Taler setzte der König auf seine Ergreifung. Böttger, inzwischen als »Goldmacher« bekannt, erhielt ganz leicht 1000 Taler Kredit, die er einem Fluchthelfer zahlte und so nach Kursachsen gelangte. Das Tauziehen zwischen dem König von Preußen und dem sächsischen Kurfürsten, mittlerweile August der Starke, um den vermeintlichen Goldmacher eskalierte fast zur militärischen Auseinandersetzung. Unter höchster Geheimhaltung wurde Böttger mitsamt seinen Schriften, Gerätschaften und Substanzen von Wittenberg nach Dresden gebracht und in sicheren Gewahrsam genommen. Für seine Bequemlichkeit und gute Verpflegung wurde auf das Beste gesorgt. Nun sollte der Alchemist endlich eine Probe seines Könnens zeigen. Inzwischen wußte Böttger, daß er kein Gold machen konnte. Doch dreist betonte er die unbedingte Notwendigkeit allerhöchster Genauigkeit bei der Mischung der Zutaten und unverbrüchlicher Gottesfurcht während der Herstellungsphase und hielt sich damit ein Hintertürchen offen. Beim ersten Versuch war der Hund des Kurfürsten anwesend, war von ihm doch kaum Geheimnisverrat zu befürchten. Der fand an der maßgefertigten Schachtel für die Flasche mit dem kostbaren Elixier vom Stein der Weisen Gefallen, spielte damit, und die Flasche zerbrach. Die Neubeschaffung des Pulvers war schwierig und dauerte lange. Böttger wurde inzwischen verhätschelt und ließ es sich wohl gehen. Endlich war Ersatz beschafft und der Kurfürst von Sachsen höchstselbst kochte mit seinem Statthalter Fürstenberg heimlich bei Nacht die sorgfältig nach Böttgers Anweisung gemixten Substanzen. Als Ergebnis fand er nicht mal einen Schimmer von Gold. August der Starke war enttäuscht, zumal er »kurz vorher das heilige Abendmahl genommen und sich bei der Arbeit den allerfrömmsten Gedanken hingegeben« hatte. Böttger wurde auf der Festung Königstein inhaftiert. Nun saß er richtig in der Falle und wollte nur noch weg. Er stellte sich irrsinnig. Der Arzt beschrieb seinen Zustand so: »Der Gefangene schäumte wie ein Pferd, brüllte wie ein Ochse, knirschte mit den

Zähnen, rannte mit dem Kopfe gegen die Wand [...] trank dabei tüchtig, oft 12 Kannen Bier des Tages, ohne trunken zu werden.« Als Böttger sich beruhigt hatte, brachte man ihn zurück nach Dresden in das Haus derer von Fürstenberg und lockerte seine Haftbedingungen. Er bekam Familienanschluß und lernte den berühmten Naturforscher Tschirnhaus kennen. Nun ging es wieder bergauf. Böttger erhielt mehrere schöne Räume und große Gewölbe zum Leben und Arbeiten. Er hatte ein eigenes Billardzimmer, ein Kirchstübchen und freies Gartennutzungsrecht. Auf Kosten des Kurfürsten konnte er täglich Gäste üppig bewirten. Köstliche Menüs aus der Hofküche wurden in goldenen und silbernen Gefäßen serviert, Böttger brauchte nur zu bestellen. Auf Arbeitskräfte für seinen Hausstand und seine Laborversuche konnte er unbegrenzt zugreifen. Man wollte ihn bei Laune halten, um endlich an das Gold zu kommen. Aber seine Laune wurde immer schlechter. Die Angst vor der unausweichlichen Entdeckung seiner Lügen fraß ihm am Herzen. Schier unglaublich war die übergroße Liebenswürdigkeit Augusts des Starken gegenüber dem kaum 20-jährigen verlogenen Apotheker. Doch schließlich kam es soweit, daß der Kurfürst von Böttger ultimativ monatlich 50.000 Dukaten in Gold für dessen Freiheit verlangte. Unverfroren gab Böttger zurück, er könne höchstens ein Zehntel davon erbringen und das auch erst in zwei Jahren. Wieder fiel der Kurfürst auf die Versprechungen herein und verpflichtete sogar Münzer und Zahlmeister, um die zu erwartenden Goldmassen zu verwalten.

Böttger wurde in verschärfte Gefangenschaft auf die Albrechtsburg nach Meißen gebracht. Dort arbeitete er mit fünf erfahrenen Hüttenarbeitern an 24 Öfen. Die guten Arbeitsmöglichkeiten wurden auch von Tschirnhaus für seine keramischen Versuche genutzt. Die beiden Männer experimentierten gemeinsam und wurden enge Vertraute. Langsam gab August der Starke die Hoffnung auf selbstgemachtes Gold auf. Er interessierte sich für das neue Material, »das weiße Gold«, und unterstützte die Experimente. 1708 war das Geheimnis des Porzellans gelüftet. Böttger erhielt von da an monatlich 400 Taler und größere Freiheiten. Noch im gleichen Jahr starb Tschirnhaus. Böttger trug schwer an dem Verlust. Er erarbeitete eine Zusammenfassung der gemachten Erfindungen, wie Rezepturen für weißes Porzellan, Farben, Glasuren, holzsparende Öfen, neue Schmelzverfahren für das Hüttenwesen und Mittel gegen Fäulnis. 1710 wurde die Porzellanmanufaktur Meißen gegründet. Erst 1714 erhielt Böttger seine Freiheit. Doch sein leidenschaftlicher Lebensstil war Gift für seinen durch schädliche Stoffe schwer geschädigten Körper. Am 13. März 1719 starb er nach langem Siechtum.

Zeitgenossen urteilten entweder vernichtend oder mit höchstem Lob über Johann Friedrich Böttger, dazwischen gab es nichts.

Aufgelesenes und Auserlesenes

Stark wie ein Stier

Der 17-jährige Kurfürstensohn August sollte die Welt kennenlernen. 1687 reiste er nach Madrid. Mit Begeisterung sah er einem Stierkampf zu, als plötzlich einer der Picadores stürzte und der Stier ihn aufzuspießen drohte. Zum Entsetzen des Publikums sprang der junge August über die Bande, packte den Stier mit bloßen Händen bei den Hörnern und drückte ihn zu Boden, bis der Picador sich aufgerafft und dem Tier das Messer ins Herz gestoßen hatte. Tosender Beifall durchbrauste die Arena. Besonders die Damen bejubelten den starken und mutigen deutschen Prinzen. Von da an hieß er August der Starke.

Rettung

August der Starke hielt seinen Goldmacher inzwischen für einen Scharlatan, drehte ihm den Geldhahn zu und wollte zunächst die Erfindung des »weißen Goldes« als weiteres Bubenstück abtun. Böttger war erschöpft und lebensmüde, als plötzlich eine wunderschöne Dame in seine Räume trat, Anna von Hoym, die Gattin des sächsischen Cabinettsministers von Hoym, spätere Gräfin Cosel. Böttger konnte kaum glauben, was er sah. Sie aber hatte gehört, er könne Porzellan machen und wollte nun von ihm das gleiche Tafelgeschirr, in das sie sich im Hause des Kurfürsten verliebt hatte. Mit Liebreiz und Charme überzeugte sie August den Starken, dem Goldmacher noch einmal zu vertrauen und Mittel zur Verfügung zu stellen. Der liebte Porzellan, gab er doch Unsummen für die chinesischen und japanischen Kostbarkeiten aus und war nun doch interessiert.
Böttger, der Hasardeur, hatte auch diesmal wieder Glück.

Zufall

Der Hammerwerksbesitzer Veit Hans Schnorr zu Schneeberg fand nach einem Regenwetter in der Nähe von Aue eine aufgeweichte weiße Erde. Er kaufte das Stück Land und stellte weißes Puder her, für das er reichlich Abnehmer fand. Eines Morgens spürte Böttger beim Pudern seiner Perücke den mineralischen Gehalt des weißen Pulvers. Er gab es in den Glühofen und hatte den Hauptbestandteil des Porzellans, das Kaolin, gefunden.

Barocke Üppigkeit

August der Starke veranstaltete 1730 das »Zeithainer Lustlager«, eine grandiose Demonstration seiner militärischen Stärke vor dem König von Preußen, Friedrich Wilhelm I., 48 europäischen Fürsten und deren Militärs. Heute noch wird das wochenlange Gelage als logistische Glanzleistung und als Inbegriff barocker Festkultur angesehen. Baumeister Matthäus Daniel Pöppelmann entwarf extra einen Backofen für einen 1,8 t schweren Stollen, der 24.000 Einzelportionen ergab. Dafür wurde eigens ein 1,6 m langes Stollenmesser aus Sterlingsilber angefertigt. Seit Ende des II. Weltkrieges gilt es als verschollen.
Das Fest der Superlative wurde mit einem fünfstündigen Feuerwerk beendet.

Rindfleischragout

90 min

Die Lende in nicht zu dünne Scheiben schneiden und diese auf etwa 4 cm kürzen. Das Fleisch klopfen, aber nicht zu heftig, dann in dem mit Pfeffer und Salz gewürzten Mehl wälzen und in Butterschmalz nicht zu heiß 10 min braten. Das Fleisch dann in einem Topf mit dem Wein und der Brühe begießen, Lorbeer, Zitrone und Nelken dazu geben und köcheln lassen, bis wenig sämige Soße übrig bleibt.
Dazu geröstetes Weißbrot servieren.

1	Rindslende
1 Tasse	Mehl
	Salz, Pfeffer
50 g	Butterschmalz
2 Tassen	Weißwein
2 Tassen	Brühe
2	Lorbeerblätter
2	Zitronenscheiben
3	Nelken

Karpfensuppe

90 min

Dem Karpfen die Haut abziehen und das Fleisch auslösen. Die Gräten, den Kopf, Zwiebel, Möhren und Gewürze mit Wasser und etwas Salz zu Brühe kochen und abseihen. Dazu kommt die gute Fleischbrühe. Fisch in mundgerechte Stücke schneiden und 15 min in der heißen Brühe ziehen lassen. Mehl in Butter goldgelb rösten, Brühe ohne Fisch hinzugeben, 10 min köcheln lassen, das mit Sahne verquirlte Eigelb einrühren, Fisch und gehackte Petersilie dazufügen.

Traditionell ißt man Karpfen nur in den Monaten mit »r«, also von September bis April. Angler sagen, er wird nur in kalten Monaten abgefischt, weil er sich im Sommer seinen Winterspeck anfrißt und erst dann richtig gut schmeckt.

ca. 1 kg	Karpfen
1 l	Wasser
1 l	gute Fleischbrühe
2	Zwiebeln
2	Möhren
3	Lorbeerblätter
5	Pimentkörner
80 g	Butter
1 EL	Mehl
4	Eigelb
100 ml	Sahne
	Petersilie

Schwarzwurzelgemüse

60 min

Das Schwarze von den Stengeln schaben und diese sofort in eine Schüssel mit kaltem Wasser und etwas Essig legen, da sie sonst eine rotbraune Färbung annehmen. In fingerlange Stücke schneiden und in leicht gesalzenem Wasser 15 min kochen. Das Mehl in der Butter goldgelb anrösten, mit dem Kochwasser auffüllen und eine sämige Soße köcheln. Mit geriebener Muskatnuß und Petersilie würzen.

1 kg	Schwarzwurzel
etwas	Essig
	Salz
100 g	Butter
1 EL	Mehl
1 Prise	Muskat
	Petersilie

2 ½ h

Gefüllte Gans

Der Gans das Fett entnehmen. Mit Salz und Pfeffer die Gans innen und außen einreiben. Leber, Magen, Herz der Gans klein hacken, Speck, Eier, Thymian, Petersilie und 1 Zwiebel auch klein schneiden. Alles mit der eingeweichten und gut ausgedrückten Semmel zu einem Teig mischen, die Gans damit füllen und zunähen. Mit dem Butterschmalz gut anbraten, Zwiebel mit braun braten und Wasser für die Soße aufgießen. Ein Beifußzweig gibt der Soße gute Würze.

Das Gänsefett mit Speckwürfeln, Zwiebel- und Apfelstücken schmelzen, kurz braten lassen, Majoran hinzufügen und in einem Schüsselchen erkalten lassen. Es ergibt einen schmackhaften Brotaufstrich, der besonders auf frischem Brot und mit etwas Salz bestreut sehr gut schmeckt.

1	Gans bratfertig
50 g	Speck
1	Semmel
2	Zwiebeln
	Petersilie
	Salz, Pfeffer
	Thymian
4	hartgekochte Eier
50 g	Butterschmalz

Beifußzweige werden am besten Anfang August kurz vor dem Aufblühen geschnitten und von allen Blättern befreit, da sie einen bitteren Geschmack ergeben würden. Die Zweige werden kurz abgespült, zu einem Strauß zusammengebunden und kopfüber zum Trocknen aufgehängt. Beifuß fördert die Fettverdauung und ist deshalb auch für Schweinebraten und Aal zu empfehlen.

4 h

Hefestriezel

Das gesiebte Mehl in eine Schüssel geben und in die Mitte eine Vertiefung drücken. Die Hefe in etwas lauwarmer Milch und 1 EL Zucker auflösen, in die Vertiefung gießen und von der Mitte aus zu einem Hefestück verarbeiten. Die Schüssel mit einem Tuch bedecken und für 1 ½ h an einen warmen Ort stellen. Danach die weiche Butter, restliche Milch und Gewürze nach und nach einkneten, Teig nochmals gehen lassen, erneut alles durchkneten, Striezel formen, auf ein gut gefettetes Blech setzen und nochmals 30 min gehen lassen. Dann bei 175° ca. 50 min backen. Sehr gut schmecken die Striezelscheiben mit Butter und Marmelade bestrichen.

Verknetet man noch 250 g in Rum eingeweichte Rosinen und 250 g gehackte Mandeln, hat man den schönsten Weihnachtsstollen. Natürlich nur, wenn obenauf reichlich zerlassene Butter, Vanillezucker, Staubzucker und einige Tropfen Zitronensaft kommen, so daß eine dicke Butter-Zucker-Schicht entsteht.

1 kg	Weizenmehl
500 g	Butter
200 g	Zucker
40 g	Hefe
300 ml	Milch
	Zitronenschalenabrieb
1 EL	Rum
½ TL	Salz

Herrin der Tafelrunde
Anna Amalia von Sachsen-Weimar-Eisenach (1739–1807)

Ausgerechnet ein Mädchen! Zwar fand ihre Geburt mitten im Audienzsaal des Wolfenbütteler Schlosses statt, doch als Regentin war sie nie vorgesehen. Die Prinzessin taugte allenfalls zur Heiratspolitik. Der Zufall der Geschichte wollte es, daß sie trotzdem ein Herzogtum regierte. Den weitaus größeren Ruhm erlangte jedoch ihre höfische Kultur, die mit den legendären Tafelrunden weit über die Zeit hinauswirkte. Doch von vorn!

Die Erziehung der Anna Amalia von Braunschweig-Wolfenbüttel richtete sich ganz nach dem Bildungskanon der Aufklärung: Sittenstrenge, Vernunftdenken und Gottesfurcht. Um sie zu einer guten Partie auf dem Heiratsmarkt heranzuziehen, gehörte der Unterricht in französischer und italienischer Sprache genauso dazu wie das Erlernen von mehreren Instrumenten. Doch nicht genug der elterlichen Disziplin, diese fand auch darin Ausdruck, daß es zum Frühstück lediglich eine Suppe gab und ab neun Uhr abends Schweigen angesagt war. Als »Aufopferung für andere« hatte Anna Amalia später ihre Kindheit bezeichnet und schreibt in ihrer Biographie: »Ich ließ mich mit

Geduld schimpfen und schlagen, und that doch so viel wie möglich nach meinem Sinn.« Und dieser (Eigen-)Sinn sollte ihr noch zu Gute kommen.

Mit sechzehn Jahren änderte sich ihr Leben schlagartig und erlöste sie aus den »harten Banden« der Familie. Im März 1756 heiratete sie Ernst August II. Constantin von Sachsen-Weimar-Eisenach. Dem Paar waren lediglich drei Wochen geblieben, sich bei Maskenbällen und Konzerten kennenzulernen. Die Hochzeit wurde in Braunschweig begangen und über mehrere Tage mit festlichen Banketten, Theater, Tanz und Feuerwerk zelebriert. Bei Ankunft in Weimar feierte das junge Paar gleich weiter und gab eine öffentliche Tafel im Großen Saal der Wilhelmsburg. Danach ging es ins abseits gelegene Belvederer Lustschlößchen. Schnell mußte Nachwuchs her, da der Herzog von Geburt an mit einer schlechten Gesundheit ausgestattet war. Als bereits im Jahr darauf der erhoffte Thronfolger geboren wurde, atmete der Weimarer Hof auf. Dem Aufatmen folgten die Tränen. Erst achtzehnjährig und mit dem zweiten Kind schwanger, wurde Anna Amalia Witwe. Sie selbst mußte den »Tumult in der Seele« be- und ihr politisches Überleben erkämpfen. Mit Eigensinn und Erlaubnis von Kaiser Franz I. durfte sie das Zepter selbst in die Hand nehmen und vormundschaftlich regieren. Als nunmehrige Herrin über ein kleines, klammes Thüringer Herzogtum versuchte sie, die maroden Staatsfinanzen zu sanieren. Immer wieder mußte sie sich gegen die politischen Männer im Geheimen Rat und in den Landständen durchsetzen. Ihr genauso konsequenter Reformwille in Justiz und Sozialpolitik zeigte sich beispielsweise im Hungerjahr 1770/71, als Anna Amalia nach einer Mißernte Getreide und Brot zu niedrigen Preisen austeilen ließ und verbot, Korn ins Ausland zu verkaufen. Im Mittelpunkt ihrer staatsmännischen – Pardon, ihrer staatsfraulichen – Bestrebungen stand immer wieder die Armenfürsorge. In den Akten des Hofmarschallamts hat sich von 1761 ein Gnadengesuch des Küchenknechtes Johann Heinrich Müller erhalten, dem die Herzogin auch stattgab. Sie gewährte ihm auf Lebenszeit »Ausspeisekost« der Hofküche an drei Tagen der Woche zu erhalten, weil er der »zu erweisenden Gnade wohlwürdig« war.

Gleichermaßen begegnen wir aber einer Anna Amalia, die das Flanieren in kostbaren Kleidern auf der Promenade genoß und Gesetze abzeichnete, welche Bürgern nach Rang und Einkommen die Bewirtung ihrer Gäste bei Hochzeiten und Taufen vorschrieb. Das eigene Maß und Gesetz bestimmte die Regentin selbst. Von ihrer Geburtstagsfeier am Montag, den 24. Oktober 1763 ist das Mittagsmenü überliefert. Zwischen den kunstvollen Tafelaufsätzen fanden sich Lendenbraten vom Rind, Austern, Schnepfen und »Schöps Käule mit Gorken«, »Feldhühner á la Moscovit« sowie »Sardellen Salat«. Ihr höfischer Anspruch fand sich unverändert in der künstlerischen Hofhaltung wieder. Seit ihrer Kindheit fühlte sie sich der Regierung der Künste und Musen zugetan. Nach und nach band Anna Amalia Künstler, Gelehrte und Schriftsteller an sich und den Weimarer Hof. Sie alle konnten auch von der großzügigen Einrichtung einer öffentlichen Fürstenbibliothek profitieren, die heute ihren Namen trägt und zu deren eifrigsten Lesern Goethe zählte.

Weitaus schwieriger gestaltete sich die Auswahl der Schulbuchliteratur und Lehrer für ihre beiden Söhne. Gerade der rebellische Erbprinz Carl August bot der Mutter immer wieder die Stirn und verlangte ein fragiles Gleichgewicht aus Strenge und Mutterliebe. Ein Vermittler mußte her! Ab 1772 übernahm der Erfurter Professor Christoph Martin Wieland die Rolle des Prinzenerziehers. Das Ergebnis dieser Entscheidung war weitreichend, Wieland zog Knebel nach, dieser machte Goethe mit Carl August bekannt, Goethe wiederum brachte Schiller und Herder nach Weimar. Der legendäre Weimarer Musenhof versammelte sich.

Mit der Volljährigkeit ihres ältesten Sohnes wurde ihm 1775 auch die Regentschaft übertragen. Nun konnte das private Leben der »lustigen Witwe« beginnen. Da das Residenzschloß 1774 bei einem Brand zerstört worden war, erklärte Anna Amalia kurzerhand ein Stadthaus zu ihrem Wittumspalais, welches über eine geräumige Küche und einen Festsaal verfügte. Genügend Raum für große Tafeln und um ihren literarisch-künstlerischen Kreis zu versammeln. Auch ihr Leibkoch François le Goullon wußte um die Bedeutung des Speisesaals, wenn er diesen ganz im Sinne seiner Auftraggeberin charakterisiert: »In diesem anmuthigen, den Göttern der Freude einzig geweihten Ort muß alles Heiterkeit und Frohsinn athmen.«

Im neu ins Leben gerufenen Mittwochskreis verkehrte zwar auch der Adel, aber in weitaus größerer Zahl waren die Künstler vertreten. Er wurde fortan zum Hort der Weimarer Geselligkeit. So »international« die Gäste heranströmten, so international waren die aufgetragenen Speisen. Die Trüffel-Farces kamen aus Frankfurt am Main, per Eilposten das geräucherte Rindfleisch aus Hamburg, die »deliciösesten Schildkröten« lieferte Böhmen und die Nürnberger Märkte schickten die Früchte Italiens und Dalmatiens. Um Spielereien und Plauderstunden zu stimulieren, stellten Speis und Trank die zentrale Kultur der Tafelrunden dar. Bei den geschätzten Teekränzchen hingegen konnte es ganz einfach bei Butterbroten oder üppiger mit Aufschnitt und Wein zugehen. Die Teezubereitung wurde regelrecht im Beisein der Gäste ritualisiert. Lediglich eine Rheinreise 1778 unterbrach das gesellige Vielerlei in Weimar.

Neben der Residenzstadt galten Ettersburg, Belvedere und Tiefurt an der Ilm als Orte lockerer Zirkel. Knapp eine Wegstunde von Weimar entfernt, war letzteres mehr Herrenhaus als Damenschlößchen. Daher hatte Prinz Constantin, der zweite Sohn von Anna Amalia, das alte Kammergut bis 1781 bewohnt, bevor er auf Auslandsreise geschickt wurde. Der Austausch mit den fremden Nationen schien ganz fruchtbar gewesen zu sein, da er mit einer schwangeren Französin und ebenfalls schwangeren Engländerin zurückkehrte. Während seiner Abwesenheit hatte seine Mutter die ländliche Umgebung genutzt, um sich selbst der höfischen Etikette zu entledigen. Anna Amalia liebte die Freiheiten in der Sommerresidenz und deren zwanglose Tischgesellschaften. Authentisch berichtet Goethe: »Mit der Herzogin-Mutter habe ich sehr gute Zeiten, trieben auch wohl allerley Schwänck und Schabernack.« Schiller hingegen kritisierte 1787 bei einem Besuch in Tiefurt die diversen Belanglosigkeiten: »Wir waren zwei Stunden dort, es wurde Thee gegeben und von allem Möglichen viel schaales Zeug geschwatzt.« Daß die Gespräche dennoch ganz geistreich sein konnten, protokolliert das handgeschriebene »Tiefurter Journal«. Als Wochenblatt – »zum Scherze angefangen« – stellt es heute ein einzigartiges Zeitdokument der Weimarer Geisteswelt zwischen 1781 und 1784 dar. So wie die musizierende, malende und dichtende Herzogin Notenblätter, Skizzen und Verse zusammentrug, galt ihre andere große Sammelleidenschaft dem Porzellan. Da ihre Porzellanschätze in Tiefurt keinen Schaden nehmen sollten, ließ sie sogar eine extra Spülgelegenheit im Speisezimmer einrichten, um ihnen den gefährlichen Transport in die und von der Küche zu ersparen. Sie schätzte vor allem das Fürstenberger Porzellan aus ihrer Heimat. Während das Staatsgeschirr ihres Vaters Landschaften und Ansichten des Fürstentums Wolfenbüttel zierte, zeigte ihr eigenes 200-teiliges Service die beliebten Chinoiserien der Zeit. Die Inventarien der Hofkonditorei listen für die Zeit ihrer Regentschaft vor 1775 neben dem feinen japanischen Porzellan auch wertvolle Wiener und Delfter Stücke. Die einfachen Arbeitsgeräte für den Küchengebrauch waren hingegen aus Zinn, Kupfer, Messing, Blech oder Eisen.

Ebenso schlicht, mit wenig Reisegepäck, machte sich zwischen 1788 und 1790 eine kleine Gruppe aus Arzt, Kammerherr, Hofdame und Leibkoch auf, das Sehnsuchtsland Italien zu erkunden. Manchmal das Inkognito als Gräfin Allstedt wahrend, besuchte Anna Amalia die geselligen Kreise in Neapel, Florenz oder Rom. Wie das Reisetagebuch ihrer Hofdame Louise von Göchhausen vermerkt, reiste der Leibkoch Goullon in einer Chaise voraus und bereitete das Essen für die Ankunft des kleinen Trosses vor. Auf der Speisekarte standen dann beispielsweise gebratene Lerchen, fangfrische Forellen, frische Milch oder »Tyroler Wein«. Allerdings gab es auch Überraschungen bei der landestypischen Verpflegung, wie das Reisetagebuch der Hofdame unter dem Eintrag vom 14. September 1788 zu berichten weiß: »Zu Borgo San Donino stiegen wir in einen schmuzigen Gasthof ab, aßen eine schlechte Frittata und Eyer, bey Tisch kam ein Sänger der seine Lieder mit der Zitter begleiten ließ, auf einige Weise wurde hierdurch die schlechte Kost gewürzt.«

Nach der Rückkehr aus Italien widmete sich die Herzogin wieder verstärkt ihrer eigenen Hof- und Tischkultur. Diese blieben Dreh- und Angelpunkt für den geselligen und kulturellen Austausch in Weimar. Während Gebäckteller rotierten, lagen neben den Kaffee- und Teetassen Handarbeitssachen, Aquarellblätter oder Atlanten. Und vor den Gästen erläuterte ein Goethe mit Farbprismen seine Theorien oder irgendein Jenaer Gelehrter präsentierte Würmer in Spiritus.

In den Kriegstagen von 1806 mußte Anna Amalia noch den Einzug napoleonischer Truppen in Weimar miterleben, fürchtete gar um Leib und Leben. Doch es war eine simple Weimarer Erkältung, die ihr im Jahr darauf den Tod brachte. Von Goethe hoch geschätzt, formulierte der Dichter die Grabinschrift höchstpersönlich: »Erhabenes verehrend, Schönes genießend, Gutes wirkend.« Es ließe sich hinzufügen: Und Delikates schätzend!

Aufgelesenes und Auserlesenes

Als Anna Amalia 1777 in Kassel einen zwanzigjährigen Koch aus dem Elsass kennenlernt, war es Liebe auf den ersten Biß. Sogleich nach Weimar beordert, blieb er dreißig Jahre lang persönlicher Mundkoch und Küchenmeister der Herzogin. François le Goullon zelebrierte neben der hohen französischen Küche auch deutsche Hausmannskost. Er bekochte exklusiv seine Auftraggeberin und ihre vielen illustren Gäste der legendären Tafelrunden. Nach ihrem Tod eröffnete er das »Hotel de Saxe« – heute noch als »Sächsischer Hof« in Weimar existent – und veröffentlichte das, was er jahrelang bei Hofe kreiert hatte. Seine Küchenfibel »Der elegante Theetisch, oder die Kunst, einen glänzenden Zirkel auf eine geschmackvolle und anständige Art ohne großen Aufwand zu bewirthen« (1809) fand reißenden Absatz und enthielt Kreationen wie »Beignet à la trinssure« (Spritzkuchen), Gauffres à la Reine (Waffeln) oder Gateau de Compiegne (Sandtorte). Die Back- und Kochkunst verstand er als ganz eigene Wissenschaft, gar mit der Alchemie vergleichbar, »denn der geschickte Koch muß wie ein wahrer Adepte die rohen Magenbelästigenden Substanzen von den nährenden Stoffen zu entfernen, und so wie jener das Gold von den Schlacken aufzuscheiden vermögend seyn.«

Mundgerecht

Die berühmte antike Rezeptsammlung »De re coquinaria« – Über die Kochkunst – wird in Teilen dem römischen Feinschmecker Apicius zugeschrieben. Seinerzeit für luxuriöse Gelage bekannt, bezeichnete ihn Plinius der Jüngere gar als »tiefer Abgrund der Schlemmerei«. Derart von Essen und Trinken besessen, erzählt eine Legende, daß Apicius sich selbst vergiftete, aus Angst zu verarmen und nicht mehr standesgemäß speisen zu können. Fortan geisterte dieser berühmte Name durch die europäische Küchenliteratur. Sogar Napoleons Frau Josephine sollen die legendären Rezepte verlockt haben. Bei ihren Testreihen mußte der private Minizoo ihres Gatten daran glauben. Als Napoleon nach langer Abwesenheit nach Hause kam, waren Pfaue, Strauße und Papageien im Kochtopf gelandet – oft nur für Hirn oder Zunge dahingeschieden. Schon Apicius soll einen Ziegenbock allein deshalb getötet haben, um mit einer Drüse seine Sülze zu verfeinern. Unspektakulärer – lediglich mit Klößchen aus Wildpret oder Tauben mit Speck – aber zeitgemäßer, knüpfte Goullons Buchtitel »Der neue Apicius oder die Bewirthung vornehmer Gäste so wie es die feinere Kochkunst und der Geschmack des 19. Jahrhunderts gebietet« (1829) an die Feinschmeckerlegende an.

Apicius

Es hatte sich wieder eine illustre Runde bei Anna Amalia versammelt. Wissensdurst, Bildungshunger und der Drang nach Unterhaltung beflügelten den Abend. Als der Dichter Johann Ludwig Gleim aus dem »Göttinger Musenalmanach« las, betrat ein junger Mann den Raum. Spontan bot der Unbekannte an, die Lesestunde fortzusetzen. Virtuos vermischten sich auf seinen Lippen Worte, Sätze, Passagen zu Neuem. Gleichzeitig so frei vorgetragen, als ob es schwarz auf weiß in der Literaturzeitung stehen würde. Zuerst mit offenem Mund staunend, raunte Gleim schließlich dem Kollegen Wieland zu: »Das kann nur Goethe oder der Teufel sein!« Dieser entgegnete: »Beides!«

Teufelszeug

Sauerkraut satt

Manchmal wurde Goethe der Besuch bei Anna Amalia verleidet, da bisweilen der französische Leibkoch sehr deutsche Gerichte servierte. Wenn Goethe zu den erwartenden Speisen befragt wurde, orakelte er: »Was schon, Sauerkraut wird es geben!« Eines Tages saß er mürrisch vor seinem Teller Kohl. Als kein Bissen mehr hinunter wollte, blieb nur die Flucht in den Nebenraum. Lesegenuß statt Essensfrust sollte ein dort aufgeschlagenes Buch bereiten. Entrüstet trat er nach einer Weile wieder zur Tür herein und ließ verlauten: »Zur Hauptspeise Sauerkraut und noch fünfzehn Seiten Jean Paul zum Nachtisch. Das vertrage wer will!«

Heiß auf Eis

Ob »Rahm-Gefrornes mit Maraschino«, »Chocoladen-« oder »Erdbeer-Gefrornes«, Eis war um 1800 begehrt und in aller Munde. Damit die kalte Leckerei auch in der warmen Jahreszeit aufgetafelt werden konnte, legte man Gruben bis zu fünf Meter Tiefe an. Noch heute ist eine solche im Park des Weimarer Lustschlosses Belvedere zu besichtigen. Goullon empfahl zur Anlage einer Eisgrube einen hausnahen Platz im Garten, der vor Sonneneinstrahlung geschützt sei und an welchen man mit einem Wagen heranfahren kann, um Eis zu liefern. Dieses sollte im Winter von möglichst »reinen Teichen gehauen und fein dick sein«. Eine Strohüberdachung, der Rost zum Abfließen des Tauwassers und Kochsalzlagen zwischen den Eisschichten waren weitere Elemente der ausgeklügelten Anlage. Das beliebte Speiseeis selbst wurde in Holzgefäßen, den sogenannten Gefrierbüchsen, mit einer Wandschicht und einem Kern aus Eis, gekühlt. Die Cremigkeit erzielte der Konditor, indem er beim Gefrieren die Leckerei immer wieder kräftig durchrührte.

Kaffee oder Tee?

Im 18. Jahrhundert galten Kaffee und Tee als Schlürf- und Modegetränke des Adels. Dem Kaffee selbst zugetan, schickte Goethe auf seiner Italienreise Anna Amalia die begehrten Kaffeebohnen nach Weimar. Tee hingegen tat er als reines Frauengetränk ab, obwohl die nachmittägliche Teegesellschaft – der »Thé dansant« – bei beiderlei Geschlecht sehr beliebt war. Ob goldgelber Grüntee, kräftiger Schwarztee mit Milch, Eigelb oder Rum verfeinert sowie französischer Kräutertee, es wurde eben nicht nur getanzt, sondern auch der Teegenuß zelebriert. Für die Bereitstellung eines beliebten Appetithäppchens empfahl Goullon in seinem Bestseller »Der elegante Theetisch«: »Da es eine ziemlich allgemeine Liebhaberei ist, Butterbrote zum Tee zu genießen, so muß eine aufmerksame Wirtin stets Sorge tragen, daß diese nicht fehlen und in der vollkommensten Güte vorhanden sind. Man schneidet ganz dünne Scheiben, sowohl von weißem als vom Roggenbrote, bestreicht sie mit guter frischer Butter, legt sie doppelt zusammen, und ordnet sie auf eine für das Auge wohlfällige Art.«

Bunter Tagestee

15 min

Blätter und Blüten werden an trockenen, warmen Tagen über das Jahr gesammelt. Nach der Ernte nicht waschen, aber gegebenenfalls abschütteln. Jeweils an einem warmen Ort, wo die Luft gut zirkulieren kann, beispielsweise auf einem Sieb, trocknen lassen. Sind alle Zutaten vorrätig, den Fenchel hinzufügen, im genannten Verhältnis mischen und in einem gut verschließbaren Gefäß dunkel aufbewahren. Für den Kräutertee pro 125 ml Tasse einen gehäuften Eßlöffel verwenden und mit frischem, sprudelnden Wasser übergießen. Zugedeckt maximal zehn Minuten ziehen lassen.

Der bunte Tee kann täglicher Genuß für Augen, Nase und Magen sein. Die Blätter und Blüten nicht zu lang ziehen lassen, da sonst der Tee eine bittere Note bekommt. Pur oder mit Zitronensaft, Zucker aber auch mit Honig genossen, kann der Tee auch kalt getrunken werden.

20 g	Ringelblumenblätter
20 g	Schafgarbenblüten
20 g	Holunderblüten
10 g	Rosenblütenblätter (Duftrosen)
40 g	Erdbeerblätter
40 g	Brombeerblätter
40 g	Hagebuttenschalen (Spätsommerernte)
20 g	zerstoßener Fenchel

Schaumige Milchschokolade

15 min

Die Milch in einem großen Topf erhitzen. Nicht kochen lassen! 250 ml heiße Milch abnehmen und unter kräftigem Schlagen die Eigelb schaumig unterquirlen. Kurz beiseite stellen. Sobald die Milch im großen Topf anfängt, kochend aufzusteigen, wird die Schokolade mit dem Zucker eingerührt. Erneut aufkochen lassen und den Eierschaum hinzufügen. Unter beständigem Quirlen bleibt die Milchschokolade noch auf dem Herd, dann heiß in Tassen gegossen mit etwas Zimt bestäuben.

1,5 l	Milch
6	Eigelb
200 g	geriebene Schokolade (80% Kakao)
50 g	Zucker
	Zimt

Prinzessin-Törtchen

45 min

Die Eier trennen. Von vier Eiweiß steifen Schnee schlagen. Die Butter erhitzen und leicht abkühlen lassen. Dann mit Eigelb und Zucker recht schaumig rühren. Mandeln mit dem Orangenblütenwasser beimischen, ebenso die Zitronenschale, das Ausgeschabte der Vanilleschote, Zimt, Kardamom und Nelkenpulver. Das Mehl und die Eiweiße gleichmäßig unter die Masse ziehen. Ein Blech mit Backpapier auslegen und den Teig in runden Häufchen darauf setzen. Mit leicht angeschlagenem Eiweiß überpinseln und mit Zucker und Mandeln bestreuen. Die Prinzessin-Törtchen bei 175 Grad (Ober-/Unterhitze) etwa 20 Minuten langsam ausbacken.

250 g	Butter
6	Eigelb
250 g	Zucker
125 g	süße gemahlene Mandeln
etwas	Orangenblütenwasser
etwas	Zitronenschalenabrieb
½	Vanilleschote
15 g	gemahlener Zimt
1 Prise	gemahlener Kardamom
1 Prise	Nelkenpulver
500 g	feines Mehl
etwas	Zucker
50 g	gehackte Mandeln

Braunschweiger Kuchen

90 min

300 g	Rosinen	
1 Würfel	Hefe	
½ l	Milch	
1 kg	Mehl	
350 g	Butter	
125 g	Zucker	
2 Prisen	Muskatpulver	
1 Prise	Salz	
5	Eigelb	
300 g	Rosinen	
	Abrieb einer Zitrone	
	Zucker und Zimt zum Bestreuen	

Am Vortag die Rosinen mit heißem Wasser überbrühen und quellen lassen. Sobald die Zubereitung des Kuchens beginnt, diese in ein Sieb zum Abtropfen geben. Dann die Hefe in einem ½ Liter lauwarmer Milch auflösen, mit dem Mehl verrühren und an einem warmen Ort zu einem Vorteig ansetzen, bis dieser sich deutlich vergrößert hat. In der Zwischenzeit 250 g zimmerwarme Butter gut schaumig rühren, den Zucker, inklusive Salz einrieseln lassen, Muskat beigeben und nach und nach die Eidotter unterrühren. Zum Schluß 250 g Rosinen und Zitronenschale untermengen. Diese Masse in den Hefeteig einarbeiten. Den Teig in Kuchenblechgröße mit Mehl fingerdick ausrollen und auf das mit Backpapier versehene Blech legen. Erneut an einem warmen Ort aufgehen lassen. Anschließend reichlich mit der restlichen Butter bepinseln, den Rand mit den übrigen Rosinen auslegen und umschlagen. Mit den Fingern Nasen im gleichmäßigen Abstand in den Teig zupfen und insgesamt mit Zucker und Zimt bestreuen. Bei 175 Grad (Ober-/Unterhitze) etwa 30–40 Minuten schön braun ausbacken.

Kaffee-Gefrorenes

20 min

1 ½ l	Schlagsahne	
½ l	starker Kaffee	
1	Vanilleschote oder	
1	Päckchen Vanillezucker	
1 EL	frisch gemahlenes Kaffeepulver	
250 g	Zucker	
10	Eigelb	

Die Schlagsahne kurz aufkochen und bei geringer Hitze leicht einkochen lassen. Dann den Kaffee, das Ausgeschabte der Vanilleschote bzw. den Vanillezucker, Zucker und Kaffeepulver hinzugeben. Nach und nach auch die Eigelb kräftig unterrühren, ohne die Masse aufkochen zu lassen. In einer Schale einfrieren und während des Gefrierprozesses gelegentlich umrühren. »Wenn es Zeit ist auf die Tafel zu geben, so thut man es etlichemahl in Warm-wasser, damit es von der form loßgehet, dan auf einen Deller gesezt, u. auf die Tafel gegeben«.

Sandtörtchen

45 min

6	Eier	
250 g	weiche Butter	
½ TL	abgeriebene Schale einer Zitrone	
250 g	Zucker	
250 g	gesiebtes Mehl	
etwas	Butter	

Die zimmerwarmen Eier trennen. Eiweiß steif schlagen und beiseite stellen. Die Butter schaumig rühren und die Eigelb unterziehen. Zitronenschale und Zucker zufügen und alles zehn Minuten kräftig schlagen. Das Mehl eßlöffelweise einrühren. Zwölf Backförmchen von circa acht cm Durchmesser ausbuttern, den Teig einfüllen und im vorgeheizten Backofen bei 200 Grad (Ober-/Unterhitze) in etwa zehn Minuten hellgelb backen.

Bei gleicher Temperatur verbinden sich Butter und Eier besser miteinander. Die Zitronenschale können auch 50–100 g gemahlene Haselnüsse ersetzen. Ist der Teig fertig angerührt, rasch in den vorgeheizten Backofen damit, sonst setzt sich der Teig und die Törtchen werden zäh.

Zwischen Frankfurter Brenten und Weimarer Zwiebelmarkt
Johann Wolfgang von Goethe (1749–1832)

Bei seiner Geburt gab er kein Lebenszeichen von sich. Durch ein Ungeschick der Hebamme wurde der Neugeborene für tot gehalten. Nur das beherzte Eingreifen der Großmutter, die das Baby mit warmem Wein abrieb, entlockte ihm erste Laute. Ein geborener Genießer, sollte doch fortan ein guter Tropfen im Leben des Johann Wolfgang Goethe für Daseinsfreude und Wohlstand stehen.

Wein und Reichtum kamen nicht von ungefähr. Von der Geburtstadt Frankfurt am Main hieß es, daß sie mehr Wein in den Kellern, als Wasser in den Brunnen hätte. Sein Großvater väterlicherseits besaß einen gut frequentierten Gasthof, baute eine eigene Weinhandlung auf und begründete damit das Familienvermögen. Der Vater, ein kaiserlicher Rat, nannte tiefe und große Gewölbekeller sein eigen, in denen auch recht seltene Sorten lagerten, wie der Kometenwein von 1711 – Goethes Lieblingswein. Gute Speisen, schöne Tafeln und geistreiche Gespräche gehörten ebenso zu seiner Kindheit wie die reich gefüllten Vorratskammern. Diese verleiteten ihn oft, heimlich Naschwerk, wie getrocknete Apfelringe oder Pomeranzenschalen, direkt vom Regal in den Mund wandern zu lassen. Erwischt? Bestrafungen fielen gelinde aus, soll doch Goethes Mutter zur Erziehung nicht Schläge, sondern Liebe, Pfirsiche oder die bekannten Frankfurter Brenten aus Marzipanteig eingesetzt haben. Diese wurden ihm selbst dann noch nachgeschickt, als er sechzehnjährig das Studium der Rechtswissenschaften in Leipzig begonnen hatte. Er absolvierte allerdings nur drei Jahre, da ihn eine schwere Erkrankung – »eine unglückliche Diät« – nach Hause zurückführte, zu der nicht unwesentlich »schweres Merseburger Bier« und »der Caffee besonders mit Milch nach Tische« beigetragen haben sollen. Vielleicht war es auch die unglückliche Liebe zur Leipziger Wirtstochter Kätchen Schönkopf, die ihm nicht nur den Kopf, sondern auch den Magen verdreht hatte. Schließlich setzte er das Studium in Straßburg fort und mit einem Doktorgrad in der Tasche begann er 1772 eine Tätigkeit am Reichskammergericht in Wetzlar. Die abermals unglückliche Liebe zur bereits verlobten Charlotte Buff verarbeitete Goethe im Briefroman »Die Leiden des jungen Werthers«. Dieser machte ihn einerseits als Autor schlagartig bekannt, löste andererseits eine wahre Werther-Epidemie, mit eigener Mode, Parfüm und einer Selbstmordwelle aus.

Doch erst als Goethe 1775 der Einladung von Herzog Carl August nach Thüringen folgte, ist dies die Initialzündung für die Legende Weimar, für Jahre voller Liebe und Liebschaften und einer staatsmännischen Karriere zwischen Saale, Ilm und Werra. Zur Vielfalt seiner politischen Ämter zählte die Aufsicht über die Kriegs-, Wegebau- und Steuerkommission, das Ilmenauer Bergwerk sowie später die Jenaer Universität. Als Mitglied im Geheimen Consilium beriet Goethe den jungen Herzog in politischen Fragen, als Freund war er auch Ratgeber in dessen privaten Angelegenheiten. Die Beiden leerten in ihren wilden Anfangsjahren die eine oder andere Flasche, und wahrscheinlich so viele, daß man hinter vorgehaltener Hand meinte, wenn sich der Landesvater nächstens zu Tode saufe, dann sei der junge Frankfurter Doktor schuld. Doch trinkfeste Gelage, derbe Scherze und gemeinsame Jagdpartien bildeten das Fundament für eine Freundschaft, die über ein halbes Jahrhundert währte. Ebenso prägend wurde die Beziehung zu Charlotte von Stein. Von dieser Verbindung erzählen zahlreiche Briefe, denen Deputate aus den fürstlichen Jagden oder Brot aus der Militärbäckerei als Liebesbotschaften dezent beigelegt waren: »Gegen deinen Kuchen kann ich dir nur Commißbrod schicken, aber Liebe gegen Liebe.« Kulinarische Lieferungen konnten zudem Obst und Blumen aus Goethes Garten an der Ilm sein: »Hier Erdbeeren soviel dieser Morgen gibt und einige Rosen [...] Lebwohl und lieb mich! Möchtest Du heute meine Rosen besuchen?«

Nach jahrelanger Überarbeitung und aufflammender Lebenslust schien nur die Flucht nach Italien Ausweg zu sein. Herzog Carl August willigte ein, finanziell den Freund freizuhalten, mit der Hoffnung, den treuen Landesdiener weiterhin an Weimar zu binden. 1786 trat Goethe die ersehnte Reise an, bewunderte Kürbisse, die auf Dächern wuchsen und Trauben, die von Decken hingen, genoß die »unendlichsten Seeprodukte«, Makkaroni und die italienische Leichtigkeit des Seins. Tagelang schwelgte er im Verzehr von sonnengereiften Früchten wie Trauben, Birnen oder Feigen. An sein literarisches Schaffen knüpfte er wieder mit den Werken »Iphigenie« und »Egmont« an.

Noch im Jahr seiner Rückkehr begann Goethe 1788 mit der verarmten Christiane Vulpius eine wilde Ehe, die er erst nach den Kriegserfahrungen von 1806 mit einer Heirat legitimierte. Der eheliche Hafen ließ nicht nur den seit 1782 Geadelten zur Korpulenz neigen, auch die Frau Geheimrätin von Goethe tendierte zur Fülligkeit. Sie versorgte Garten, Haus und Gatten so umsichtig, daß Goethe sich oft Diäten verordnete, um seine Produktivität wieder zu steigern. Die Eheleute sollen auch dem Wein im Übermaß zugetan gewesen sein, berichtet doch Wilhelm Grimm an seinen Bruder Jakob erstaunt: »Er trank fleißig, besser noch die Frau!«

Suchte er jetzt die Ferne von Weimar und Arbeitseinsamkeit, führte ihn der kurze Weg nach Jena. Die vielfältigen geistigen Kontakte zu den Professoren fanden ihren Ausdruck in medizinischen, optischen und botanischen Studien oder auch im gemeinsamen Sezieren von Kokosnüssen. Leider war auch das Jenaer Essen experimentell und brachte Goethe »beinahe zur Verzweiflung«. Kaffee und Schokolode ungenießbar, das Fleisch versalzen und unbekömmliche Meerrettich-Gerichte verleideten ihm oft den Aufenthalt an der Saale. Dankbar nahm er daher Einladungen zum Buchverleger Frommann oder Familie Schiller an. Auch Weimarer Botenfrauen besserten den Jenaer Tisch auf, versorgten den Geheimrat mit dem Nötigsten, aber auch mit Erlesenem, wie Froschkeulen oder französischer Bouillon. Und 1820 war es die Schwiegertochter Ottilie, die Goethe aus Jena bittet: »Krebse schickt mir nicht mehr, die Reise scheint ihnen nicht ganz zu bekommen, aber mit Blumenkohl wäre mir gedient. Zum Frühstück aber wünschte ich wohl eine geräucherte Zunge, kalte Beefsteaks, auch sonstige Cotelettes, kleines Gebackenes, gehacktes Fleisch, oder wie man es nennen mag, könnte mir gefallen […]«.

Ob im nahen Jena, im geliebten Karlsbad, im fernen Rom oder in Weimar, zur Tischkultur zählte für Goethe immer die anregende Unterhaltung. Gelegentlich ordnete er sogar die Tischkarten nach Gesprächspartnern an. Die Herren wollten genauso unterhalten werden wie die Damen, welche er mit kleinen chemischen Experimenten, wie der Verwandlung von Rot- in Weißwein mittels Aktivkohle zu beeindrucken suchte.

Nach dem frühen Tod seiner Frau Christiane und seines Sohnes August waren die letzten Lebensjahre durch Sparsamkeit geprägt. So mußten fortan Braten für zwei Mahlzeiten reichen und galten »alle Mittag 12 gute Kartoffeln« als ausreichend. Doch seinen Wein rationierte der alternde Genießer nicht. Ein Tageskonsum von anderthalb Litern zum Essen war nicht ungewöhnlich sondern »gesundheitliche Pflicht«: »Mein Mägelchen thut mir gewaltig wehe, wenn ich keinen trinke.« Deshalb gab es zum Frühstück ein Glas Madeira, mittags gelegentlich Champagner und als Abendelixier Dessertwein.

Hatte Goethe am Tag vor seinem Tod noch unstillbaren Durst, den der Arzt mit einem Zimt-Zucker-Weinaufguß zu besänftigen suchte, verlangte er kurz vor seiner Sterbestunde lediglich ein Glas Wasser mit Wein. So stand der Rebensaft am Beginn und am Ende eines schaffens- und erfolgreichen Lebens.

Aufgelesenes und Auserlesenes

Vorlieben

Der Maler Ernst Förster war mehrmals Kostgänger in Goethes Haus. Anschaulich überliefert er die Vielfalt der Gerichte und die Vorlieben seines Gastgebers. »Es gab außer der Suppe gewöhnlich drei, höchstens vier Schüsseln: Fleisch mit Gemüse (er aß sehr gern ein nach italienischer Art zubereitetes Stufato), dann gab es Fisch (Forellen liebte er zumeist), Braten (zumeist Geflügel oder Wild) und, wie er erklärte: Wegen der Damen eine Mehlspeise (Carlsbader Strudl). Er selbst zog der süßen Speise ein Stück englischen oder Schweizer Käse vor.«

Schlampampen

Für Charlotte von Schiller war sie ein »rundes Nichts« und Frau von Stein nannte sie gar »Jungfer Vulpius«. Ihr breites Thüringisch und der unfrisierte Lockenkopf ließen sie als grob-bäuerlich gelten. Für Goethe war sie jedoch der »liebe Hausschatz«, der immer wieder lukullisch an Weimar erinnerte, befand sich der Dichter auf Reisen. Und so lockte Christiane Vulpius den Geliebten im Juni 1793 gedanklich nach Hause: »Die Rosen blühen und die Kirschen wollen reif werden […] Das Abendbrot wird meist im Garten verzehrt. Wenn Du nur wiederkömmst, wenn noch schöne Tage sind, daß wir noch mannichmal im Hause am Garten schlampampen können, da freue ich mich darauf. Der Kleine […] spricht immer von Dir, wie er Dir alles sagen will, was er kann. Itzo ist er sehr glücklich, wen[n] er im Garten reife Kirschen sieht […] Heute habe ich zum ersten Mal aus dem alten Garten Kirschkuchen gebacken, und aus dem Garten am Hause habe ich schon einmal Kohlrabi und 2 mal Artischocken gegessen.«

Stachelfrucht

Die bereits von den Mauren konsumierte Artischocke (arabisch al-churschufa für eßbare Pflanze) kannte Goethe schon aus Frankfurt, aber wahrscheinlich hat er sie erst auf seiner Italienreise schätzen und lieben gelernt. Das Verlangen nach der stacheligen Verwandten der Distel war so groß, daß er sie in seinem Weimarer Garten anbauen ließ, dort geriet sie aber zu strohig. Seinen Gästen serviert, überraschte er immer wieder mit der südländischen Unbekannten und konnte sich nicht zurückhalten die Unbedarften über den Verzehr zu belehren: »Mein Fräulein, sie wissen's nicht zu machen, doch Artischocken sind von allen Sachen, die schlimmsten nicht, die unter zarten Fingern, ihr widerspenstig Naturell verringern. Nimm nur den Stachel mit geschickter Kraft, das ist der Sinn von aller Wissenschaft.« Noch der alte Goethe ließ es sich nicht nehmen, seine Artischocken selbst zuzubereiten. Der Dornburger Schloßverwalter und Hofgärtner Carl August Christian Sckell berichtet von 1828: »Im Genusse des Weins war er sehr mäßig, denn bei der Mittagstafel wurden, außer einem guten Tischwein, selbst bei acht bis vierzehn Gästen höchstens zwei Flaschen Champagner getrunken. Vorzugsweise liebte er unter den Speisen Kompotts aus Birnen, Kirschen und Himbeeren. Außer dem von ihm selbst bereiteten Salate aus Artischocken, die er nebst feinem Provenceröl aus Frankfurt a. M. hatte kommen lassen, genoß er keine Salate, auch Milchspeisen waren nicht nach seinem Geschmack.«

Erste Belege für die verbreitete Kultivierung der edelzarten Rübchen aus dem märkischen Sandboden gehen auf das 17. Jahrhundert zurück. Ursprünglich eine bäuerlich-regionale Kost, werden sie zur begehrten Leckerei und zum Exportschlager, der bis nach Lissabon seinen Absatz findet. Der Berliner Komponist Carl Friedrich Zelter schickte regelmäßig die Delikatesse an seinen Duzfreund Goethe nach Weimar. Und der Genießer schwärmt: »[…] zu unserer Danknehmigkeit sind die köstlichen Rübchen angelangt, sie behaupten auch diesmal ihre alten Tugenden.«

Goethes Rübe

Bekam Goethe in seinem Gartenhaus an der Ilm spontan Gäste, bereitete er gern den Fisch selbst zu. War er auf Reisen, so zum Beispiel im benachbarten Jena, ließ er sich den Karpfen aus Winzerla kommen und »die polnische Sauce [wurde] gleich aus der Tasche bezahlt«. Im Wohnhaus am Frauenplan übernahm für den Vielbeschäftigten das Küchenpersonal Einkauf und Zubereitung. Einmal sah der Hausherr einen Küchenjungen mit einem entwendeten Fisch, dessen Schwanz noch unter der Jacke hervorlugte, davoneilen. Verschmitzt und doch bestimmend rief er hinter dem Knaben her: »He Junge, wenn du das nächste Mal meinen Fisch spazieren führst, nimm entweder eine größere Jacke oder einen kleineren Fisch!«

Fische und Soßen

Der Altphilologe und Soßenliebhaber Martin Friedrich Arendt soll einst an Goethes Tafel eine Brühe aus Bratenfett, Gurkensaft, Essig und Öl so lecker gefunden haben, daß er einen unbeobachteten Moment abwartete, den Teller an den Mund setzte und die köstlichen Reste schlürfte. Blicke kreuzten sich, – ertappt! Goethe aber nickte nur aufmunternd fortzufahren und meinte: »Genieren Sie sich nicht, ich würde es geradeso machen, aber mir erlaubt es meine Schwiegertochter nicht!«

Der Weimarer Zwiebelmarkt – Thüringens größtes Volksfest – ist legendär und überregional bekannt. Sein langer Brauch geht auf die Ersterwähnung des »Viehe- und Zippelmarckt« im Jahr 1653 zurück. Heute gehören zum Großereignis rund um die würzige Knolle neben Zwiebelkuchen und Thüringer Bratwurst auch Softeis, die Krönung der Zwiebelmarktkönigin und der Stadtlauf. Da das schöne Wetter im Oktober nicht immer sicher ist, empfiehlt sich der Zwiebellook. Schon Goethe bewies Lokalpatriotismus, ließ 1827 für 14 Pfennige Zwiebeln kaufen, und präsentierte diese aufgereiht an den Fenstern seines Hauses am Frauenplan.

Tränen und Tradition

Ob Waffeln, Schokolade, Zitronencreme oder Biskuits, Goethe liebte Süßspeisen und prophezeite gleichzeitig: »Die Menschheit, merke ich, mag noch so sehr zu ihrem höchsten Ziele vorschreiten, die Zuckerbecker rücken immer nach, indem sich Geist und Herz immerfort reinigt, wird, wie ich fürchte, der Magen immer weiter seiner Verderbniß entgegengeführt […].«

Süßes Verderben

Katzenpastete

Bewährt den Forscher der Natur
Ein frei und ruhig Schauen,
So folge Meßkunst seiner Spur
Mit Vorsicht und Vertrauen.

Zwar mag in einem Menschenkind
Sich beides auch vereinen;
Doch daß es zwei Gewerbe sind,
Das läßt sich nicht verneinen.

Es war einmal ein braver Koch,
Geschickt im Appretieren;
Dem fiel es ein, er wollte doch
Als Jäger sich gerieren.

Er zog bewehrt zu grünem Wald,
Wo manches Wildpret hauste,
Und einen Kater schoß er bald,
Der junge Vögel schmauste.

Sah ihn für einen Hasen an
Und ließ sich nicht bedeuten,
Pastetete viel Würze dran
Und setzt' ihn vor den Leuten.

Doch manche Gäste das verdroß,
Gewisse feine Nasen:
Die Katze, die der Jäger schoß,
Macht nie der Koch zum Hasen.

Johann Wolfgang von Goethe

Winzerlaer Karpfenragout mit polnischer Soße

60 min

Den fertigen Karpfen in Stücke schneiden, salzen und mit dem Essig übergießen und ziehen lassen. Zwischenzeitlich das Gemüse putzen, in Stücke schneiden und mit den Gewürzen im Bier knapp weich kochen. (Das Bier läßt sich auch durch 600 ml Rotwein und Fleischbrühe zu gleichen Teilen ersetzen.) Die Fischstücke mit Mehl bestäuben und mit dem Essig zum Gemüse geben. Die Zitronenscheiben und die Butterflocken beifügen. Alles zugedeckt 10–15 Minuten bei kleiner Hitze weich kochen. Die Karpfen- und Gemüsestücke herausnehmen und warm stellen. Die Soße aufkochen, das geriebene Weißbrot unterrühren und mit Zucker und Salz abschmecken. Nach Bedarf noch etwas mit Wasser verdünnen. Schließlich das Karpfenragout mit der Soße übergießen. Dazu können Salzkartoffeln gereicht werden.

1 fertiger	Karpfen
	Salz
150 ml	Essig
3	Möhren
2	Pastinaken oder
1	Sellerieknolle
2	Zwiebeln
3	Lorbeerblätter
1 Prise	Ingwer
600 ml	süßes Bier
1–2 EL	Mehl
½	Zitrone in Scheiben
100 g	Butterflocken
1 EL	geriebenes Weißbrot
1 Prise	Zucker

Teltower Rübchen in weiß

20 min

Die Rübchen waschen, putzen und schälen. Die Butter schmelzen und die Rübchen mit dem Zucker ganz leicht karamellisieren. Mit Mehl bestäuben und binden, die Sahne dazugießen und ganz leicht salzen. Bei milder Hitze weich dämpfen, so daß gleichzeitig die Sahne fast vollständig einkocht und die Rübchen glänzen.

Die weiß-kugeligen, spitz zulaufenden Rübchen gelten als geschmackvollste Rübenart. Sie ergänzen sehr gut Entenbrust oder Steakvarianten. Wo das Marktangebot für den würzig-süßlichen Geschmack fehlt, kann auch auf junge Möhren oder Mairübchen zurückgegriffen werden.

600 g	Rübchen
75 g	Butter
1 EL	Zucker
2 Msp.	Mehl
200 ml	süße Sahne
	Salz

Gekirschter Gleichschwerkuchen

60 min

Aus den Zutaten einen Rührteig arbeiten. Pomeranzenzucker nach Belieben. In eine gut gefettete und ausgebröselte Springform füllen, glattstreichen und mit Kirschen bestreuen.
In den vorgeheizten Ofen auf die mittlere Schiene schieben und etwa 45 Minuten bei 175 Grad backen. Nach dieser Zeit den Kuchen mit einem Hölzchen anstechen. Klebt noch Teig daran, weitere zehn Minuten unter Beobachtung im Ofen belassen.

3	Eier (etwa 150 g)
je 150 g	Mehl, Zucker und Butter
1 Prise	Salz
	Pomeranzenzucker
	Butter zum Fetten
	Semmelbrösel
500 g	entsteinte Sauerkirschen

90 min

Weimarer Zwiebelkuchen

50 g	Butter
½	Hefe-Würfel
375 g	Mehl
1 Prise	Salz
750 g	Zwiebeln
100 g	Bauchspeck
200 g	saure Sahne
4	Eier
	Salz
	Paprika
	Kümmel
	Pfeffer
	(Käse)

Für den Hefeteig Fett schmelzen. Hefe zerbröckeln und in 200 ml lauwarmem Wasser auflösen. Mehl und Salz in einer Schüssel mischen. Zerlassenes Fett und aufgelöste Hefe zugießen. Alles zu einem glatten Teig verkneten. Zugedeckt an einem warmen Ort circa 30 Minuten gehen lassen.

In der Zwischenzeit den Speck in dünne Scheiben schneiden, auslassen und beiseite stellen. Die Zwiebeln in Ringe schneiden, im Speckfett glasig dünsten. Hefeteig nochmals durchkneten und ein Backblech damit belegen. Speck auf dem Teig verteilen, darüber die Zwiebeln, diese leicht salzen und mit Paprika und Kümmel verfeinern. Die Sahne mit den Eiern gut verquirlen, mit Salz, Paprika und Pfeffer würzen und über die Zwiebeln gießen. Nach Belieben Käse darüber streuen. Bei 180 Grad (Ober-/Unterhitze) circa 40 Minuten goldbraun durchbacken.

20 min

Artischockensalat nach Goethe

1 Bündel	Schalotten, Schnittlauch, Kresse, Petersilie, Kerbel, Pimpernelle und Estragon
	Salz
2–4 EL	französisches Olivenöl
2	Artischocken

Das Kräuterbündel zwei Minuten in Salzwasser blanchieren, kalt abschrecken, abtrocknen und fein wiegen. Das Olivenöl mit den Kräutern vermengen. Frisch gekochte Artischockenviertel darin schwenken und erkalten lassen. Dann mit Zitronensaft beträufeln und sogleich auftragen.

Bei der etwa faustgroßen Blütenknospe werden die schuppenartigen Blätter an den Enden gestutzt. Die Stiele werden abgeschnitten, aber in Salzwasser oder Fleischbrühe mit weichgekocht. Das wenige Fleisch der Blätter und das Mark der Stiele bilden den Hauptgenuß. Junge Artischocken, auch als Herzen bekannt, können im Ganzen verzehrt werden.

30 min

Lebkuchen nach Großmutter Textor

12 g	geriebene Muskatnuß
7,5 g	gemahlener Ingwer
2 g	gemahlene Nelken
15 g	zerkleinertes Zitronat
250 g	Zucker
250 g	Mehl
2	Eidotter
30 ml	Rosenwasser
	Oblaten

Alle Zutaten werden zu einer gleichmäßigen Masse verarbeitet. Entweder wird diese vorher portionsweise in ein Lebkuchenmodel gedrückt und dann auf die Oblate gelegt oder sogleich darauf gestrichen. Bei 175 Grad im vorgeheizten Backofen (Ober-/Unterhitze) circa 15 Minuten backen.

Heißgeliebter Punschlied-Dichter
Friedrich von Schiller (1759–1805)

Er berauschte sich am Geruch fauler Äpfel, konsumierte Opium und Mohnextrakte, um seine Krankheiten erträglich zu halten und frönte dem Schnupfen von Tabak: Friedrich von Schiller, Dichter und Nationalheld der Deutschen!

Im Ackerbürgerstädtchen Marbach, dort wo der Neckar an Weinhängen seine Schleifen zieht, wurde Schiller im November 1759 geboren. Zu den Vorfahren der Familie sollen Gastwirte, Bäcker und Weinbauern gezählt haben. Der Vater, eigentlich Soldat, hatte sich neben der militärischen auch der Zucht und Ordnung von Obstbäumen verschrieben, was ihm sogar die Leitung der herzoglichen Hofgärten auf Schloß Solitude einbrachte. Der einzige Sohn kam also nicht umhin, sich der Disziplin einer militärischen Pflanzschule – der herzoglichen Militärakademie – unterzuordnen. Friedrich Schillers Abschlußarbeit »Über den Zusammenhang der tierischen Natur des Menschen mit seiner geistigen« stellte eher eine philosophische als medizinische Dissertation dar. Die Entlassung aus der autoritär geführten Akademie brachte nicht die ersehnte Freiheit, sondern nur die Stelle in einem Stuttgarter Invalidenbataillon als Regimentsmedikus. Lediglich ein Rezept hat sich vom Schriftsteller-Arzt erhalten, in welchem er einige Drogen als Brechwasser verordnete. Zusammen mit einem Leutnant teilte er sich im Gasthaus »Zum goldenen Ochsen« ein Zimmer. Einem »nach Tabak und sonst stinkendem Loche, wo außer einem großen Tisch, zwei Bänken und einer an der Wand hängenden schmalen Garderobe [...] nichts anzutreffen war als in einem Eck ganze Ballen der »Räuber«, in dem anderen ein Haufen Erdbirnen mit leeren Tellern, Bouteillen und dergleichen untereinander.« Noch während des Studiums hatte Schiller heimlich die Schriften der Aufklärung gelesen und seine Arbeit an den »Räubern« begonnen. Ein Großteil des Dramas soll im Krankensaal der Hohen Karlsschule entstanden sein, weil der simulierende Student dort den Vorteil, auch nachts Licht zu haben, nutzte, um im Krankenbett zu schreiben. Die Uraufführung in Mannheim 1782 machte den Dichter mit einem Schlag berühmt. Der befürchtete Zorn des Landesherrn zwang den Rebellen zur Flucht, da ein Schreibverbot nicht hinnehmbar war. Genauso hätte ihm der Herzog verbieten können zu atmen. Unter dem Decknamen Dr. Ritter fand Schiller Asyl in Bauerbach bei Meiningen. Hier überliefert eine unbezahlte Rechnung, daß der promovierte »Adelige« 14 Portionen Essen, vier Eimer Bier, sowie Wachs und Licht zum Leben benötigte. Letzteres wurde wohl für die ersten Entwürfe von »Kabale und Liebe« verbraucht. In diesem bürgerlichen Trauerspiel läßt er den Musikus Miller seine Frau anwettern: »Stell den vermaledeiten Kaffee ein und das Tobakschnupfen!« Schiller liebte beides! Ein Strafbillet der Militärakademie beweist, daß er und zwei Mitschüler einer Kammermagd befahlen, ihnen Kaffee zu kochen und dann sogar »bei besagter Kammermagd getrunken« hatten.

Aus dem Thüringer Unterschlupf zurückgekehrt, gab eine Stelle als Theaterdichter in Mannheim und die Aufführung seines Stückes »Kabale und Liebe« neue Hoffnung. Doch wendete erst 1785 eine Reise zu Freunden und Verehrern nach Leipzig das Blatt. Dort verkehrte er gern in »Richters Kaffeehaus«. Er debattierte, trank, rauchte und fiel sein Name, umschwirrten ihn die Menschen, wie die Motten das Licht. Als Autor widmete er sich der Herausgabe seiner Zeitschrift »Thalia« und folgte seinem Gönner Christian Gottfried Körner nach Dresden. Von der inneren Unruhe angetrieben, reiste er weiter nach Weimar und von dort nach Rudolstadt, wo er die Freundschaft der Familie Lengefeld genoß und in stürmischer Liebe zu den Schwestern Charlotte und Karoline entbrannte. Letztere berichtete: »Wie wohl war uns, wenn wir nach einer langweiligen Kaffeevisite unserm genialen Freunde unter den schönen Bäumen des Saaleufers entgegengehen konnten!«

Schließlich sollte die Universität Jena auf Betreiben von Goethe, den Dichter in Lohn und Brot setzen. Das folgende Jenaer Jahrzehnt stellte das produktivste für den nun fast dreißigjährigen Schiller dar. Noch 1788 schrieb er aus Weimar an Körner: »In Jena sind meine Bedürfnisse gar gering, weil das Nothwendige wohlfeil ist, und auf keinen Luxus gesehen wird.« Zunächst nahm der frischgebackene Professor ein preiswertes Quartier bei den Jungfern Schramm in der Jenergasse, die dienstfertig das Essen aufs Zimmer lieferten, aber auch als redselig galten. Der Ruf als Dichter der »Räuber« war ihm indessen an die Saale vorausgeeilt. Seine Vorlesung zum Wesen der Universalgeschichte geriet 1789 zum fulminanten Ereignis. »Wo der Brotgelehrte trennt, vereinigt der philosophische Geist«, versuchte er die zahlreich erschienenen Studenten zu beschwören. Jedoch er ist es selbst, der dem Dilemma ausgeliefert war, Künstler sein zu wollen und Brotgelehrter sein zu müssen. Immer wieder waren es teils unverhoffte Geldspenden, die aus größter finanzieller Not halfen. Eine unerwartete Jahreszulage und der Hofratstitel sicherten seine Lebensgrundlagen und ermöglichten ihm 1790 den Schritt zur Heirat mit Charlotte von Lengefeld. Aus der gefühlvollen Verbindung gingen vier Kinder hervor. Jedoch forderten das enorme Arbeitspensum als Professor und die Redaktion seiner eigenen Literaturzeitschrift ihren Tribut. Immer wieder berichten Zeitgenossen, daß der Rastlose genötigt gewesen sei, »den größten Teil der Nächte zu arbeiten und durch schwarzen Kaffee und ungarischen Wein seine erschlaffenden Nerven zu spannen.« 1791 ereilte ihn ein schlimmer Krankheitsanfall, der selbst mit einem Kuraufenthalt in Karlsbad, wo er in einer Gewaltkur gleich nach der Ankunft 18 Becher des Sprudels auf einmal trank, nicht in den Griff zu bekommen war und ihm zeitlebens Schwierigkeiten bereiten sollte.

Einen wichtigen Impuls für seine Arbeiten lieferte ab 1794 die intensive Freundschaft mit Goethe. Der nun beginnende poetische Wettstreit schrieb Literaturgeschichte und erreichte seinen ersten Höhepunkt im Balladenjahr 1797. Die bekannten Verse vom »Handschuh« oder »Taucher« sind noch heute in aller Munde. Doch Schiller genoß nicht nur die Freundschaften zu Goethe, den Gebrüdern Humboldt oder dem Theologieprofessor Griesbach, sondern auch die Unbefangenheit bei den geselligen Begegnungen in Jena: »Da wurden ein paar ungleiche alte Tische zusammengestellt, ein Tischtuch darüber geworfen, und es erschien ein Stück Fleisch mit ein wenig Salat als die ganze Gastmahlzeit, und dabei waren Alle ganz unbefangen, ungeachtet es sogar an hinlänglichem Geschirr und Servietten fehlte.« Trotz aller Freundschaften, Lebenslust und Familienglück, Schiller kehrte der Saale den Rücken.

Die letzten Weimarer Jahre brachten zwar 1802 das Adelsdiplom und 1804 die Uraufführung des »Wilhelm Tell«, aber heftige Krankheitsschübe häuften sich. Von Verdauungsstörungen geplagt, klagte er beispielsweise Heinrich Voß: »Ach, die verwünschten Verstopfungen. Sie rauben mir alle Jahre zwei Trauerspiele, die ich ohne sie schreiben würde.« Im Februar 1805 war der Kranke so entkräftet, daß er tagelang nichts aß und unter schweren Bauchkrämpfen litt. Der Krankheitsverlauf im Mai brachte Fieber bis hin zur Ohnmacht, so daß der ratlose Arzt ein Wannenbad und im Anschluß ein Glas Champagner zur Stimulans verordnete. Es war das letzte, was Schiller zu sich nahm.

Als die Ärzte den Toten obduzierten, waren sie einhellig der Ansicht, daß »länger zu leben ihm nach Naturgesetzen nicht erlaubt war. Nur bei seinem unendlichen Geiste wird es erklärbar, wie er so lange leben konnte!«

Aufgelesenes und Auserlesenes

Gartenglück

Vor den Toren der Stadt Jena, an der ungezähmten Leutra gelegen, erwarb Schiller 1797 ein Gartengrundstück mit dazugehörigem Häuschen, mit allem was »erd-, wand-, band-, nied-, mauer- und nagelfest« war. Sogleich schrieb er beglückt an Goethe: »Ich begrüße Sie aus meinem Garten, in den ich heute eingezogen bin. Eine schöne Landschaft umgibt mich, die Sonne geht freundlich unter und die Nachtigallen schlagen. Alles um mich herum erheitert mich und mein erster Abend auf dem eigenen Grund und Boden ist von der fröhlichsten Vorbedeutung.« Tatsächlich trugen die frische Luft und die ländliche Ruhe zur Besserung seiner Gesundheit bei. Doch schnell waren auch Umbaumaßnahmen nötig. Eigentlich befand sich die Küche am Haus, direkt unter dem Abtritt, doch Schiller fühlte sich von jeglichen Gerüchen belästigt. Daher ließ er die Kochgelegenheit, massiv und mit einem Herd versehen, separat an das andere Ende des Gartens verlegen. Gegenüberliegend erhob sich das eigene Refugium, seine zweistöckige Dichterzinne. Neben Rasenflächen, Rosen und Lilien zur Zierde, erntete die Familie im Nutzgarten den vielseitigen Mangold – Schillers Lieblingsgemüse – und das Obst von den zahlreichen Apfel-, Pflaumen- und Quittenbäumen. Beim Verkauf des Grundstückes 1802 preist ein Inserat in den »Jenaischen Wöchentlichen Anzeigen« diese Vorzüge an: »In allhiesiger Vorstadt [...] zwischen Lamprechts Garten und Beyers Krautländern ist zu verkaufen ein Garten mit guten Obstbäumen und Grabeland versehen, in welchem ein wohnbares Haus von zwey Etagen und einer Mansard [...], ferner eine Küche in einem abgesonderten massiven Gebäude und ein Belveder von zwey Stock, wo unten und oben ein Zimmer.«

Geschmackssache

Der weithin berühmte Dichter soll ein lächerliches Aussehen gehabt haben. Gegen die Regeln des Zeitgeschmacks kombinierte Schiller dunkle Strümpfe mit gelben Beinkleidern, dazu ein rotes Halstuch und einen blauen Frack, der oft mit Resten seines Tabakgenusses überzogen war. Obwohl der Buchhändler Johann Daniel Sander den Schriftsteller schätzte, schreibt er über den Menschen spottend an seine Frau nach Berlin: »Aber Schiller ist nicht mein Mann. Ein sehr gemeines Gesicht und dabei etwas Widriges. Denke dir sehr eingefallene Backen, eine sehr spitze Nase, fuchsrotes Haar auf dem Kopfe und über den Augen. Und nun war er in seinem Garten, mit gelben eingetretenen Pantoffeln und in einem schlafrockähnlichen Überzug. Wäre ich so mit ihm in einer öden Gegend zusammengetroffen, ich hätte für mein Leben oder wenigstens für meine Börse gefürchtet.«

Schönfärberei

Friedrich Fiedler, Händler und Zeitgenosse Schillers in Jena, offerierte in seinen Preislisten auch allerlei Schönheitstinkturen. Darunter waren zum Beispiel »Dr. I. Rowley´s Spiritus, rothe Haare blond zu färben«, »Spiritus, das Wachsen der Haare zu befördern«, »Dr. I. Smith's stärkender Gehörbalsam«, »Zahntinktur, wider cariöse Zähne« oder »Pariser Schönheitsmilch in Gläsern«. Ob Friedrich Schiller je etwas bei ihm gekauft hat, ist nicht bekannt, betrachtete er ohnehin in seiner philosophischen Schrift »Über Anmut und Würde« von 1793 Schönheit differenzierter, als diese nur auf äußere

Schillers Lob der Frauen

Ehret die Frauen! Sie stricken die Strümpfe,
Wollig und warm, zu durchwaten die Sümpfe,
Flicken zerrissene Pantalons aus;
Kochen dem Manne die kräftigen Suppen,
Putzen den Kindern die niedlichen Puppen,
Halten mit mäßigem Wochengeld Haus.

Doch der Mann, der tölpelhafte
Find´t am Zarten nicht Geschmack.
Zum gegornen Gerstensafte
Raucht er immerfort Tabak;
Brummt, wie Bären an der Kette,
Knufft die Kinder spat und fruh;
Und dem Weibchen, nachts im Bette,
Kehrt er gleich den Rücken zu.

August Wilhelm Schlegel

Details zu reduzieren: »Alle Anmut ist schön [...], aber nicht alles Schöne ist anmutig.«

Frauen und Männer

Zwischen Friedrich Schiller und dem Kreis der Jenaer Frühromantiker um die Gebrüder Schlegel herrschte ein gespanntes Verhältnis. Es heißt, beim Lesen der »Glocke« seien sie fast vor Lachen von den Stühlen gekippt. Daher kam es nicht von ungefähr, daß August Wilhelm Schlegel Schillers Gedicht »Würde der Frauen« satirisch umformulierte.

Schmollecke

Die Jenaer Gelehrtenkreise hatten einen Stammtisch eingerichtet, bei dem über die verschiedensten Themen gelesen und diskutiert wurde. Schiller blieb natürlich nicht fern, war er doch stets am philosophischen und wissenschaftlichen Austausch interessiert. Jedoch überwarf er sich mit Professor Reinhold, der über Ästhetik referierte. Zeitgleich hatte Schiller nämlich selbst diese Frage im Sinne von Kant bearbeitet und auch begonnen als Vorlesung zu halten. Kollege Reinhold verübelte dies dermaßen, daß er zwar fortan beim Professorenkränzchen erschien, aber sich schmollend in den hintersten Winkel des Zimmers verkroch und wortlos dort verharrte. Lediglich dessen Frau durfte dem Stummen Essen und Getränke in der Ecke servieren.

»An die Freude«

Vergnügt frühstückte Friedrich Schiller im Herbst 1785 im Loschwitzer Weinberghäuschen seines Freundes Christian Gottfried Körner. Die feucht-fröhliche Runde komplettierten Körners frisch angetraute Frau Minna und deren Schwester Dora. Beseelt von der guten Stimmung und wild gestikulierend, zerbrach Schiller beim Prosit auf die Freundschaft Minnas Weinglas. Zum Entsetzen der Hausfrau ergoß sich der purpurrote Rebensaft über das reinweiße Tischtuch. Doch Schiller vergrößerte nur noch den Fleck, indem er spontan seinen Wein hinterherkippte und rief: »Ein Trankopfer für die Götter! Gießen wir unsere Gläser aus!« Körner und Dora taten es ihm gleich und die leeren Gläser flogen über die Gartenmauer auf die Straße.
  Nach dem Essen fuhr Minna in die Stadt, kaufte vier silberne Becher, in welche sie die Initialen des Dresdner Bundes eingravieren ließ. Von dieser unbeschwerten Freundschaft zeugt die im gleichen Jahr entstandene Ode »An die Freude«. Das Gedicht könnte aber auch »An die Freunde« heißen und die eigene Absolution für den Fleckenschreck sein: »Brüder trinkt und stimmet ein, allen Sündern soll vergeben, und die Hölle nicht mehr sein.«

Wunsch nach Punsch

Ob eine vergiftete Limonade bei »Kabale und Liebe«, der Alkoholdurst der »Räuber« auf Branntwein oder die Liebe zur Wahrheit im »Wallenstein« – »Der Wein erfindet nichts, er schwatzts nur aus.« – immer wieder spielen Getränke eine Haupt- oder Nebenrolle in Schillers Werken. Der Verfasser selbst kam bei seinem geliebten Heißgetränk ins Erzählen, wie ein Tischgenosse zu berichten weiß: »Dann folgt gewöhnlich ein interessanter Diskurs, der oft bis in die Nacht fortdauert. Auf alle Fälle taut er beim Tee auf, wo er eine Zitrone und ein Glas Arrak bekömmt und sich Punsch macht.« Schillers alkoholisierte Ode an die vier Elemente entstand wahrscheinlich um 1802.

Ein Schlückchen zuviel

Die Uraufführung von Schillers Wallenstein-Triologie geriet 1798/99 zum Erfolg und wurde vom Weimarer Publikum euphorisch gefeiert. Den Vorsitz der Schauspielleitung hatte Goethe höchstpersönlich übernommen und »Wallensteins Lager« war gleichzeitig das Premierenstück zur Eröffnung des umgebauten Hoftheaters. Schiller, angetan von der Leistung der Schauspieler, sparte nicht mit Lob. Als besonderes Dankeschön schmuggelte er einige Flaschen Champagner unter seinem Mantel ins Theater, die sich prompt als Requisiten auf dem Offiziersbankett im zweiten Akt der »Piccolomini« wiederfanden. Ein junger Darsteller geriet dermaßen in Hitze, daß er, angeregt vom eigenen Spiel, unbedacht einige Gläser des Requisits leerte. Sein alkoholisiertes Soldatenleben war vielleicht authentisch, aber seinem Schauspiel nicht zuträglich. Zum Glück endete der Akt kurz darauf und er hatte in der Pause die Möglichkeit, seine Konzentration wiederzufinden.

Punschlied

Vier Elemente,
Innig gesellt,
Bilden das Leben,
Bauen die Welt.

Preßt der Citrone
Saftigen Stern!
Herb ist des Lebens
Innerster Kern.

Jetzt mit des Zuckers
Linderndem Saft
Zähmet die herbe
Brennende Kraft!

Gießet des Wassers
Sprudelnden Schwall!
Wasser umfänget
Ruhig das All.

Tropfen des Geistes
Gießet hinein!
Leben dem Leben
Gibt er allein.

Eh' es verdüftet,
Schöpfet es schnell!
Nur wenn er glühet,
Labet der Quell.

Friedrich Schiller

Kalte Heringssauce nach Amalie von Stein

Die Eier hart kochen. Nur die Dotter mit der Gabel klein drücken und in die Heringsmilch einrühren, so daß eine gebundene Masse entsteht. Olivenöl und Essig, sowie die klein gehackten Kapern mit fein geschnittener Petersilie dazugeben. Die Heringe klein schneiden und darunter mischen.

Heringsmilch sollte nur frisch verarbeitet werden. Als ganz eigene Delikatesse ist sie besonders gehaltvoll an Eiweiß und nichts anderes als der Samen von männlichen Heringen. Das Rezept hat sich im Nachlaß von Charlotte Schiller erhalten. Amalie von Stein empfiehlt und wünscht: »Diese Sauce kann zu allerley Braten wie auch Geflügel und Rindfleisch gegeben werden, und ich wünsche den besten Apetit – behalten Sie mich in guten Andenken. Amalie«.

3	Eier	15 min
	Milch von 2 Heringen	
4 EL	französisches Olivenöl	
4 EL	Kräuteressig	
1 EL	Kapern	
1 EL	Petersilie	
2	Heringe	

Laubfrösche

Brötchen in warmer Milch weichen lassen. Mangoldblätter säubern, in kochendem Wasser kurz blanchieren, mit kaltem Wasser abschrecken und die Mittelrippe herausschneiden. Brötchen mit Salz, Muskat, Majoran und den Eiern verrühren. Ist die Füllung zu weich, Semmelbrösel hinzugeben. Die Masse kurz quellen lassen. Dann auf jedes Blatt einen gehäuften Löffel der Brötchenmasse geben, die langen Seiten rechts und links darüberschlagen und zur Spitze aufrollen. Eventuell mit einem Zahnstocher zusammenstecken. Die grünen »Laubfrösche« in einer feuerfesten Form dicht an dicht nebeneinander setzen, pfeffern und Butterflocken darauf setzen. So viel Gemüsebrühe zugießen, daß die Frösche gerade bedeckt sind. Im mittelheißen Ofen gut 20 Minuten durchgaren. Als Beilage schmecken sowohl Reis als auch Kartoffeln.

2	Brötchen vom Vortag	45 min
125 ml	Milch	
12 große	Mangoldblätter	
	Salz	
1 Prise	Muskat	
1 Prise	Majoran	
2	Eier	
	(Semmelbrösel)	
	Pfeffer	
	Butter	
	Gemüsebrühe	

Blankenhainer Kirschtorte

Eier trennen und Eiweiß steif schlagen. Zucker und Eigelb gut schaumig rühren. Mehl, Mandeln und Zimt gleichmäßig durchmischen und unterziehen. Erst den Eischnee und zuletzt die Kirschen vorsichtig unterheben. Eine gebutterte Springform wird mit der Masse gefüllt und bei 175 Grad (Ober-/Unterhitze) gebacken.

200 g	Zucker	45 min
6	Eier	
200 g	Mehl	
150 g	gemahlene Mandeln	
1 TL	Zimt	
500 g	entsteinte Süßkirschen	
	Butter	

Krause Jägerschnitten nach Mutter Schiller

45 min

4	Eiweiß
250 g	Zucker
250 g	gemahlene Mandeln
1	kleine Zitrone
1 EL	Zitronat
1 TL	gemahlene Nelken
1 TL	Zimt
	Oblaten

Eiweiß zu steifem Schnee schlagen. Zucker und Mandeln vermischen und den Eischnee unterheben. Mit dem Zestenreißer von der Zitrone die Schale in kurzen Stücken abschaben. Zusammen mit Zitronat, Nelken und Zimt in die Schnee-Mandelmasse rühren. Messerrückendick gekräuselt auf Oblaten streichen und nicht zu heiß bei etwa 150 Grad (Ober-/Unterhitze) 15–20 Minuten backen.

Belebender Punsch

20 min

8	Zitronen
2 EL	Earl Grey Tea
2 l	Wasser
250 g	Zucker
250 ml	Arrak
	Rum oder Kirschgeist

Mit dem Zestenreißer von drei Zitronen die Schale abnehmen. Von diesen und den übrigen den Saft auspressen und durch einen feinen Filter laufen lassen. Zitronenschale mit dem Tee in den Filter geben und mit kochendem Wasser übergießen. Etwa fünf Minuten ziehen lassen. Teefilter herausnehmen. Zitronensaft sowie Zucker hinzugeben. Je nach Geschmack mit Arrak, Rum oder Kirschgeist erhitzen, das Ganze nicht kochen lassen, aber heiß servieren.

»Der Mensch ist noch sehr wenig, wenn er warm wohnt und sich satt gegessen hat, aber er muß warm wohnen, und satt zu essen haben, wenn sich die beßre Natur in ihm regen soll.«
(Friedrich von Schiller)

Apfelgelee mit Rosenduft

30 min

40	Blütenköpfe von Duftrosen
1 l	ungezuckerter Apfelsaft
1 kg	Gelierzucker für Gelee

Die Rosenblätter mit kochendem Wasser übergießen, sogleich mit eiskaltem Wasser abschrecken und ausgebreitet trocknen lassen. Den Apfelsaft mit dem Zucker aufkochen, die Rosen dazugeben und noch zehn Minuten wallend mitkochen. Heiß in sterilisierte Gläser füllen.

Pionier des deutschen Volkssportes
JOHANN CHRISTOPH GUTSMUTHS (1759–1839)

Als Sohn eines Rotgerbers wurde Johann Christoph GutsMuths 1759 in ein »Heiliges Römisches Reich Deutscher Nation« hineingeboren, in dem fast 300 einzelne Staatengebilde ihr eigenes Süppchen kochten. Wenig später begannen Dichter und Denker wie Lessing, Herder, Goethe und Schiller, die noch zarten Pflänzchen Nationalgefühl und Humanität zu hegen.

GutsMuths Familie lebte in Quedlinburg, war wohlhabend und sehr fromm. Johann Christoph hatte eine unbeschwerte Jugend. Schon mit vier Jahren zeichnete er, bastelte, handwerkelte mit verschiedenen Materialien und kam so mit ungewöhnlich geschulten Sinnen aufs Gymnasium in seiner Heimatstadt. Dort bekam er eine gute Schulbildung und das Rüstzeug für wissenschaftliches Arbeiten mit auf seinen Lebensweg. Als 14-jähriger verlor er seinen Vater. Die wirtschaftliche Lage verschlechterte sich und er wuchs in ein selbständiges Leben hinein. Als er sich der Familie des Leibarztes der Äbtissin zu Quedlinburg, Dr. Ritter, als Hauslehrer verdingte, ging es ihm besser. Mit dem ihm eigenen Verantwortungsgefühl und pädagogischem Gespür machte er sich bald unentbehrlich, ja er gehörte zur Familie. Ab 1779 studierte er in Halle zunächst Theologie, dann aber auch Physik, Mathematik, Geschichte, Sprachen und Pädagogik. Mit 60 Talern im Jahr konnte er nur asketisch leben. Oft verzichtete er wochenlang auf eine Mahlzeit am Tag, um Geld für Bücher oder Malutensilien zu sparen. Er entwickelte sich zu einem vielseitig gebildeten jungen Mann und bewahrte sich sein heiteres Gemüt. Nach Quedlinburg zurückgekehrt, übernahm er wieder die Hauslehrerstelle bei Familie Ritter. Fünf Jungen und ein Mädchen hatte er zu unterrichten und zu erziehen. Er war erst 23 Jahre alt und überzeugt, daß zur Erziehung der Kinder nicht nur der Geist sondern auch ein »brauchbarer« Körper gehört. Von Philantropen wie Basedow und Villaume beeinflußt, wollte er seine Zöglinge zu einem »gemeinnützigen, patriotischen und glückseligen Leben« befähigen. Als 1784 Ritter starb, änderte sich die finanzielle Lage der Familie und damit auch die Besoldung GutsMuths. Er hielt an seiner Anstellung fest und der Familie Ritter die Treue, obwohl er aus Braunschweig ein aussichtsreiches Stellenangebot als Lehrer bekam.

Frau Ritter erfuhr von einer neu gegründeten Erziehungsanstalt in Schnepfenthal, die einen sechsjährigen Jungen für ein Jahr unentgeltlich aufnehmen wollte, um an ihm den Erziehungs- und Bildungserfolg werbewirksam zu demonstrieren. Der Gothaer Illuminatenbund, verflochten mit der Gothaer Freimaurerloge, hatte die Immobilie Schnepfenthal beschafft, die der Schulgründer, Christian Gotthilf Salzmann, aus eigenen Mitteln nie hätte finanzieren können. Der Illuminatenorden nahm nur Jugendliche ab 16 Jahren auf und wollte sich mit der Erziehungsanstalt Kinder »unverdorben und durch jugendliche Erziehung zweckmäßig vorbereitet« als Nachwuchs heranziehen. Unter der Schirmherrschaft von Herzog Ernst II. von Gotha sollte ein »Tempel der Weisheit« in einem großzügig gestalteten Landschaftspark entstehen. Dabei verfolgten die Illuminaten das Ziel, die Mitwirkung des Ordens streng geheimzuhalten und sich trotzdem die Kontrolle über das Schnepfenthalprojekt zu sichern. Sichtbar wurde nur die Unterstützung durch die Freimaurerloge, in die Salzmann Jahre später aufgenommen wurde. Bessere Menschen wollten sowohl Illuminaten als auch Freimaurer aus sich machen. Das war genau Salzmanns Vision für seine Zöglinge. Alles war noch provisorisch, als GutsMuths mit dem sechsjährigen Carl Ritter und dessen zehnjährigem Bruder Johann in Schnepfenthal auf Salzmann traf. Schnell erkannten die beiden Männer ihre Seelenverwandtschaft. Der ältere Johann wurde auch mit in die Anstalt aufgenommen und GutsMuths blieb als Mitarbeiter. Mit viel Enthusiasmus wurden die anfänglichen Unzulänglichkeiten gemeistert. Die Anstalt blühte auf und bald waren 30 Zöglinge da. Zwei weitere Lehrkräfte kamen hinzu und paßten sich gut dem familiären Umgang zwischen Erwachsenen und Zöglingen an. Salzmann war nicht nur ein guter Erzieher, er verstand auch das Wirtschaften, und die Lehrer hatten ein sorgenfreies Leben. Die körperliche Erziehung der Kinder lag allein in GutsMuths' Händen. Es gab einen Gymnastikplatz und viel Freifläche zum Spielen und Toben. Gesundes Leben, frische Luft und Einklang mit der Natur hatten hohen Stellenwert. In einem Brief schreibt GutsMuths: »Heute morgen um 5 Uhr stellt' ich mich hin mit noch 10 anderen jungen und alten Menschen und arbeitete bis 6 Uhr im Garten. Wir graben und fahren Erde. [...] Hierauf sangen wir ein Morgenlied zum Fortepiano. Dann stopft ich mir eine Pfeife. Solche Pfeife und Kaffee schmeckt doch wahrhaftig ganz anders, als wenn man so aus dem Bett gerade drauf los fällt. Obendrauf dann Brot und Johannisbeermarmelade [...]«. Dann hatten die Schüler Unterricht. Ab 11 Uhr war Körperertüchtigung an der Reihe und Viertel nach 12 gab es Mittagessen. Das bestand aus einfachen aber guten, frischen Zutaten, meist aus eigenem Anbau und war reichlich. Alle saßen an einem Tisch, und bei schönem Wetter wurde draußen gegessen. Inzwischen waren auch ausländische Schüler dem guten Ruf der Anstalt gefolgt. Das kam allen Schülern zugute, da auch Englisch und Französisch gelehrt wurde. Beide Sprachen beherrschte GutsMuths. Salzmann sorgte für ständige Weiterbildung der Erzieher, beschaffte aktuelle wissenschaftliche Journale und nutzte durch regen Botenverkehr die Bibliothek in Gotha mit ihren 70.000 Bänden.

1797 heiratete GutsMuths Salzmanns Nichte Sophie Eckart, baute ein Haus im nahe gelegenen Ibenhain, legte Obst-, Gemüse- und Blumengarten an, bekam mit ihr elf Kinder und lebte dort glücklich und zufrieden. Für seine schriftstellerische Tätigkeit legte er sich die besondere Schreibweise des Nachnamens und Friedrich als dritten Vornamen zu. Seine Bücher über Gymnastik und Geografie haben an Frische nichts verloren. Bis heute ist die Spielesammlung eine Fundgrube für Spieleerfinder. Detailliert beschrieb er die Abläufe, durch die motorische Fähigkeiten und Denkvermögen spielerisch geschult werden. Viele Arten Ballspiele, Gesellschaftsspiele wie Blindekuh, Plumpsack und Pfänderspiele, Tauziehen, Golf, Kegeln, Billard und Schach sind immer noch gang und gebe. Im Ausland erregten GutsMuths Bücher fast mehr Aufsehen als in Deutschland. Bereits zwanzig Jahre vor »Turnvater Jahn« forderte er auf den Dörfern Turnplätze für Volksturnen und Sportfeste, die den patriotischen Geist fördern sollen. Er selbst lebte seine Ideale und blieb dabei gesund und fit bis wenige Wochen vor seinem Tod. Der reisende Pädagoge Scheitlin beschrieb GutsMuths als derben, wilden, wahren Naturmenschen, dessen reines, offenes Auge seine Natur verrät. »Sein Äußeres war ganz gymnastisch, sein pechschwarzes Haar flatterte ihm ungezogen um die Schläfe und um die Schultern herum, aus dem Dunkel seiner Augen blitzte Feuer, es regt und bewegt sich alles an ihm, und keinen Moment ist er ruhig.« Nicht lange vor seinem Tod schrieb GutsMuths an seinen ehemaligen Schüler und Freund Carl Ritter: » [...] und immer noch bin ich munter auf den Beinen. Enthaltsamkeit und tägliche Bewegung im Freien sind meine Leibärzte. Mit offenen Sinnen genieße ich täglich die Natur [...] und habe die gewohnte Heiterkeit von jeher.«

Am 24. Mai 1839 schrieb Sophie GutsMuths an Carl Ritter: »Geehrter und geliebter Freund! Mit tiefverwundetem Herzen ergreife ich die Feder, um Ihnen, geliebter Freund, zu sagen, daß am 21. dieses Monats mein geliebter Mann zu einem besseren Leben sanft entschlief. Nur 6 Wochen war der Gute krank, doch er blieb außer Bette, besuchte noch täglich den Garten und ahnte seinen Tod nicht.«

»Nicht wurzeln, wo wir stehen, nein, weiterschreiten!« Dieses Leitmotiv steht über GutsMuths humanistischem Lebenswerk, und die Dankbarkeit dafür ist ungebrochen.

Seit 40 Jahren zieht der inzwischen größte Crosslauf Europas, der GutsMuths-Rennsteiglauf, jedes Jahr im Mai Sportbegeisterte aus aller Welt nach Thüringen.

Aufgelesenes und Auserlesenes

Schwein gehabt

Ovid läßt seinen Erzähler Nestor vom Kampf gegen den Kalydonischen Eber erzählen. Ein gefährliches Untier, groß wie ein Ochse, dessen Borsten wie Speere sind, und das Tod und Verderben übers Land bringt. Wie vielen anderen mutigen Kämpfern bleibt auch Nestor nur noch die Flucht. Das rasende Wildschwein kommt näher und näher. Im letzten Moment, den sicheren Tod vor Augen, stützt sich Nestor in schnellem Lauf auf seine Lanze und schwingt sich in die rettenden Zweige eines Baumes. Johann Christoph GutsMuths gefiel dieser instinktiv gefundene Ausweg und er erfand die Sportart Stabhochsprung. Sie wurde sogleich in das Turnprogramm von Schnepfenthal aufgenommen. Am 14. Juli 1789 sprang ein Schüler 6 Fuß und 1 Zoll (1,85 m) hoch, »ohne den Gegenstand zu berühren«. Heute ist es olympische Disziplin und begeistert Millionen Fans in aller Welt.

Süße Abwechslung

Verweichlichung war ein Unwort in Schnepfenthal. Das galt auch für die Ernährung. Streng wurde die Regel befolgt, den Zöglingen von den Eltern Süßigkeiten nur in geringen Mengen und nur zu Weihnachten, Ostern und an Geburtstagen zukommen zu lassen. In der Anstalt wurden allerdings alle nur möglichen Anlässe feierlich und mit kulinarischen Extras begangen. Jung und Alt nahmen daran teil. So schrieb der Schüler Adolf Kuenzer an seine Eltern: »Am 20. November erhielt unsere liebe Pflegemutter [Frau GutsMuths, d.V.] ein Kind, sie ist gesund und das Kind auch. Vierzehn Tage nachher war Taufe. […] Er wurde Richard Ottomar getauft, wir wurden zum Fest eingeladen, welches um 5 Uhr stattfand und es gab Schokolade und Kuchen […]«. »Vor einigen Wochen traf Herr Oberst Ardesch, ein Jugendfreund des Herrn Salzmann, hier ein […] und gab uns einen angenehmen Nachtisch, aus Champagner und Zukkerwerk bestehend.«

> »Schlürfe die Speise, etwa die Suppe, nicht hinein wie ein Schwein; blase die Kost auch nicht, daß es allenthalben umhersprütze.«
> »Schmatze nicht wie eine Sau über dem Essen.«
> »So Du trinkst, säubere die Lefzen nicht mit der Hand, […]«
> (Joseph König: Wie ein Knabe sich verhalten soll, wenn er mit zu Tische sitzt, 1822)

Besser geht's nicht!

Beeindruckt standen die Schnepfenthaler Zöglinge bei einer ihrer meist über mehrere Tage gehenden Wanderungen vor dem Ort Großengottern und vermuteten, »daß es ein sehr nahrhafter Ort sey.« Prachtvoll standen auf den Feldern Hanf, Meerrettich und Saflor, auch falscher Safran oder Färberdistel genannt. Heute noch in der Gegend um Mühlhausen großflächig kultiviert, ist diese Pflanze ein echtes Multitalent. Die Blüten wurden von den einfachen Leuten als Safranersatz verwendet. Die Färber entzogen der Pflanze roten und gelben Farbstoff. Aus den Samen wird wertvolles Distelöl gepresst. Für Papageien sind die Samenkörner ein Festessen. Die getrockneten Stengel wurden damals als Heizmaterial verwendet. Im Winter labten sich die Ziegen an den trockenen Blättern und lieferten Dung für den nächsten Saflor.

Sauerampfersuppe

Das Mehl in der Butter goldbraun anschwitzen und die Sauerampferblätter grob gehackt darin schwenken, Fleischbrühe aufgießen und 10 min leicht köcheln lassen. Wenn es nicht mehr kocht, zuerst die Eigelb und dann die Sahne unterrühren. Mit Salz und Muskat abschmecken. Anstelle der 2 Eigelb kann man auch Eierstichwürfel in die Suppe geben.

2 Hände	junge Sauerampferblätter	20 min
50 g	Butter	
1 EL	Mehl	
1 l	Fleischbrühe	
2	Eigelb	
150 ml	süße Sahne	
	Salz	
etwas	Muskat	

Eierstich

Alle Zutaten verquirlen und in ein gut gebuttertes Gefäß geben, dieses mit Deckel in ein heißes, aber nicht mehr kochendes Wasserbad setzen. Nach etwa 25 min ist die Masse fest und kann gestürzt und in Würfel geschnitten werden.

2	Eier	30 min
125 ml	kalte Milch	
	Salz	
	Muskat	

Fleischpastetchen mit einfachem Blätterteig

Die Butter in kleine Stücke schneiden und unter das Mehl mischen. Ei und Eigelb und Wasser in einer Tasse schlagen und mit dem Rum zum Mehl geben. Schnell einen Teig kneten und ausrollen, 30 min ruhen lassen und noch dreimal zusammen kneten und wieder ausrollen. Mit einem Wasserglas runde Scheiben ausstechen, je 2 pro Pastete.

Das Fleisch in kleine Würfel schneiden, mit Butter und Mehl eine goldgelbe Mehlschwitze rösten, mit Wasser oder Brühe auffüllen, bis eine dickliche Soße entsteht. Die Gewürze und Fleischwürfel untermischen. Dieses Ragout in kleinen Häufchen auf die Teigscheiben setzen und die andere Hälfte der Scheiben als Deckel gut andrücken. Bei mittlerer Hitze 25–30 min backen.

Die Pastetchen können auch mit einer Farce aus Gemüse und Fleisch vom Vortag gefüllt werden, vermischt mit etwas Sahne, verquirltem Ei, Kräutern und Gewürzen nach Geschmack.

500 g	Mehl	120 min
375 g	Butter	
1	Ei	
1	Eigelb	
50 ml	Wasser	
2 EL	Rum	
400 g	Geflügel-, Rind- oder Kalbfleisch gekocht	
1	Eigelb	
50 g	Butter	
1 EL	Mehl	
	Salz	
1 EL	Kapern	
	Zitronensaft	

Heringsklopse mit Petersilienkartoffeln

60 min

400 g	Hackfleisch gemischt
2	Salzheringe
1	Zwiebel feingewürfelt
1	Ei
1	Semmel
	Salz und Pfeffer
1 kg	kleine Kartoffeln
150 g	Butter
reichlich	Petersilie gehackt

Die Heringe wässern, entgräten und sehr fein schneiden, mit den übrigen Zutaten gründlich verkneten, Klopse formen und diese entweder in Butter knusprig braten oder in Salzwasser 15 min köcheln.
Die Kartoffeln kochen (dürfen nicht zu weich sein), vierteln, Butter in Stücken zwischen die heißen Kartoffelstücke geben, Salz und viel Petersilie dazu und alles gut mit der inzwischen flüssigen Butter schwenken.

Krautsalat mit Trauben

45 min

1 Kopf	Weißkohl
	Salz
	Pfeffer
1 bis 2	Weintrauben
50 g	Speck
2 EL	Essig
1 TL	Zucker

Den Kohl von äußeren Blättern und Strunk befreien, in kleine Streifen schneiden, mit Salz und Pfeffer gut durchmischen und beiseite stellen. Den kleingewürfelten Speck in einem Topf auslassen, Essig, Zucker und die zerquetschten Weinbeeren dazu geben und kurz köcheln lassen. Den geschnittenen Kohl untermischen und warm servieren.

Heidelbeerkompott

15 min

500 g	Heidelbeeren
300 g	Zucker
	Zwieback

Die Heidelbeeren mit dem Zucker nicht zu weich köcheln. Eine Schicht Zwieback in eine Form geben und die Heidelbeermasse darauf verteilen. Schmeckt warm und kalt!
Schlagsahne paßt sehr gut dazu.

Schokoladenplätzchen

30 min

200 g	Zucker
125 g	geriebene Schokolade
4	Eiweiß
65 g	Mehl

Das Eiweiß zu festem Schnee schlagen, die übrigen Zutaten schnell unterrühren, mit einem Löffel Häufchen auf eine sehr gut gefettete Form oder Backpapier setzen und sogleich bei Mittelhitze ca. 10 min im vorgeheizten Ofen backen.

Letzter Versuch: Lexikon
Carl Joseph Meyer (1796–1856)

Das Maß war voll. Der zwölfjährige Carl Joseph Meyer aus Gotha hatte in der Schule eine Schlägerei angezettelt. Dem Kontrahenten brachte sie einen gebrochenen Arm ein und er selbst mußte die Schule verlassen. Aufgewachsen in einer wohlhabenden Kaufmannsfamilie, machte er schon früh Ärger mit seinem unbändigen Freiheitsdrang. Der Vater gab ihn in das Pensionat des Pfarrers Grobe nach Weilar in der Rhön. Die »Verbannung«, wie der Knabe es zuerst empfand, erwies sich bald als Glücksfall für ihn. In der Familie des Pfarrers und mit fünf weiteren Zöglingen fand er erstmals Verständnis für seine Begabungen und Träume und genoß das liebevolle Miteinander. Statt der in Gotha gelehrten alten Sprachen lernte er nun moderne Fremdsprachen, Deutsch und Literatur. Der philantropisch gesinnte Pfarrer sah in der deutschen Sprache das einzige Verbindende zwischen den vielen deutschen Kleinstaaten, aus dem ein Nationalgefühl erwachsen könnte. »Realien« wie Naturgeschichte und Geografie gehörten ebenso zum Unterricht wie Wanderungen, Spiele und Kennenlernen verschiedener Gewerke. Joseph Meyer wuchs zu einem gebildeten jungen Mann heran mit angenehmer Erscheinung. Immer stärker erfüllte ihn die Sehnsucht nach fernen Ländern. Sie sollte ihn zeitlebens nicht mehr loslassen. Doch er hatte die Rechnung ohne seinen Vater gemacht, der ihn zum Nachfolger seiner gut florierenden Schuhfabrik bestimmt hatte und ihn nach Frankfurt in eine Kaufmannslehre schickte. Radikal waren die Träume zunichte gemacht. Er hatte an Werktagen oft von sechs Uhr morgens bis zehn Uhr abends zu arbeiten, bekam keine Entlohnung, und sein Vater mußte sogar noch Lehrgeld bezahlen. Die Lehrjahre waren eine Qual, aber er hielt durch. Für seine Bewährung in der Praxis fand er in Frankfurt keine Anstellung. Joseph kehrte zurück nach Gotha. Die Eltern richteten extra für ihn ein Weißwarengeschäft ein. Das betrieb er lustlos und erwirtschaftete nichts als Defizite.

Joseph verfiel in eine schwere Depression und dachte an Flucht. Er träumte von Amerika und lernte, perfekt englisch zu sprechen. Es war nicht zuletzt sein Charme, der ihm die Bekanntschaft des Gründers der ersten deutschen Handelsschule, Ernst Wilhelm Arnoldi, und die seines Landesherrn, Herzog August von Sachsen-Gotha-Altenburg einbrachte. Arnoldi verschaffte ihm eine Stelle als Volontär beim Londoner Exporthaus Eybe & Schmaeck. Herzog August, der auf Schloß Friedenstein in Gotha residierte und sich mehr für Kunst und Kitsch als fürs Regieren interessierte, sah in dem jungen Kaufmann seinen perfekten Verbindungsmann für den Weltumschlagsplatz London. 1817 begann Joseph Meyer seine Arbeit in London. Anfangs erhielt er keinen Lohn. So kam ihm der vom Herzog für diverse Einkäufe bereitgestellte Geldfonds zupaß. Er konnte für die beschafften Kostbarkeiten und Kuriositäten Provisionen einbehalten. Die Millionenstadt London, Metropole der bedeutendsten europäischen Wirtschafts- und Industrienation Europas, Welthandelsmacht und zentrale Börse, beeindruckte ihn. Zugleich sah er kritisch die negativen sozialen Auswirkungen, die steigende Kriminalität und den gesundheitsschädlichen Smog dieses Molochs. Seine Arbeitsbedingungen ernüchterten ihn vollends. An Arnoldi schrieb er: »Posttags von 10 Morgens bis 2 Uhr frühe des künftigen Tages zu sitzen und dann noch eine Stunde oft in schlechtem Wetter über Feld und Wiesen nach meiner Wohnung zu gehen und dann noch froh sein müssen, unterwegs nicht beraubt zu werden, das ist wahrlich etwas reichlich!« In schwermütigen Stunden, mal mit Heimweh, mal mit Fernweh, gab ihm das englische Essen den Rest. Er schrieb an seinen Vater: »In Rücksicht der Kost kann ich die Muttergerichte nie vergessen. […] Über das ewige Einerlei von Pudding und Pye (eine Art Parsch) [Pastete, d.V.] halbroh gekocht, oder gebratenes Rind-, Lamm-, Hammel-, Schweinefleisch geht kein Gedanke einer englischen Küche. Fische, Erbsen, Spargel und Kohl, Bohnen machen ihnen eben nicht mehr Kopfzerbrechen und Mühe als Kartoffeln – das heißt, es wird in Wasser gekocht, bis es weich fühlt und so setzen sie es auf die Tafel. Kraut, Wirsing und Kohlköpfe, alles bleibt ganz, und der Engländer schneidet nun nach Belieben ein Stück von einem Braten herunter und verschlingt es mit etwas Suppe und Salz.« Trotz allen Übels wollte er keinesfalls wieder als Versager dastehen. London sollte seine Ausgangsposition für die erträumten Forschungsreisen sein. Dafür wollte er möglichst schnell Geld anhäufen. Er gewann das Vertrauen seiner Chefs, die das Spekulationstalent Joseph Meyers erkannt hatten.

Sie ließen ihn die Firma an der Börse vertreten. Er durfte sogar auf eigenes Risiko an der Börse handeln. Doch woher das Kapital nehmen? Er beschaffte sich Kredite. Seine Spekulationen waren erfolgreich. Doch anstatt mit den erzielten Gewinnen Kredite zu bedienen und Rücklagen zu bilden, verbrauchte er sie für immer wildere Spekulationen und nahm neue Kredite auf. Er konnte sehr überzeugend auftreten. Sogar seinen Vater hat er zu einem Geschäft mit Schuhen in London überredet. Es wurde ein Fehlschlag. Zu einem Spekulationshandel mit Hopfen verführt, erntete der Vater weitere schwere Verluste, bezeichnete seinen Sohn schließlich als »Projektemacher« und beendete jegliche geschäftliche Beziehung zu ihm. Verbissen verfolgte Joseph Meyer sein Ziel. Er brauchte mehr Kapital für noch gewagtere Spekulationen. Herzog August hatte inzwischen hohe Schulden bei seinem »Beschaffer«, wollte aber immer wieder neue Kostbarkeiten von ihm, wie z.B. indische Seidenschals für ca. 800 Pfund Sterling. Er ließ sich zu einem Empfehlungsschreiben an das Bankhaus Rothschild erpressen.

Das brachte Joseph Meyer einen komfortablen Kreditrahmen ein und dazu noch das Renommee, Kunde dieses berühmten Bankhauses zu sein. In seinen Träumen kehrte er als reicher Mann und Wohltäter Gothas heim. Als er schließlich 80.000 Pfund Sterling Schulden und dagegen kaum Eigenkapital aufzuweisen hatte, stürzte er sich in eine höchst gewagte Spekulation mit Kaffee. Der Erfolg wäre bei schnellem Umschlag sicher gewesen. Doch Wetterkapriolen verzögerten den Transport und das Geschäft wurde zu seinem größten Desaster. Seinen Gläubigern blieb das nicht verborgen. Sie forderten die Rückzahlung der Kredite. Joseph Meyer war endgültig ruiniert und floh bei Nacht und Nebel aus London. Ein kurzer Aufenthalt in Gotha war demütigend. Die ganze Familie wurde in den Schuldenstrudel gerissen, weil der Herzog seine Bürgschaft bei Rothschild nicht bezahlen konnte und das Geld von Josephs Vater verlangte.

Nach einem Umweg über eine Textilmanufaktur, die nach kurzer Zeit geschäftlicher Erfolge durch seine Phantastereien auch wieder in Schulden versank, versuchte er sich nun als Autor. In dem Vorhaben bestärkte ihn seine schöne und kluge Frau, Minna, geborene Grobe, die er 1825 geheiratet hatte. Und wieder hatte er einen Plan. Er wollte Menschen aus allen Schichten Zugang zu Bildung und Literatur verschaffen. Er übersetzte Shakespeares »Macbeth«, »Othello« und »Sturm«, brachte sie jedoch nicht in der wörtlichen Übersetzung an die Leser, sondern als Nacherzählungen. Der Erfolg war beachtlich. Er übertrug einige Romane Sir Walter Scotts ins Deutsche und gründete schließlich 1826 mit seiner Frau einen eigenen Verlag in Gotha, das Bibliographische Institut. Als Lektor, Redakteur und Herausgeber in Personalunion war sein Credo »Bildung heißt Freiheit«. Die zeitgenössischen Literaten und die Klassiker waren in festen Händen alteingesessener Buchhändler und Verleger, die den neuen Konkurrenten fürchteten. Auch für diese knifflige Situation hatte Joseph Meyer einen Plan, die »Kabinets-Bibliothek der deutschen Klassiker«. Nacheinander erschienen 150 einfache, äußerst preiswerte Heftchen mit Auszügen aus den Klassikern. Im Nu hatte er dafür eine begeisterte Leserschaft, die immer schon ungeduldig auf die nächsten Ausgaben wartete. Da die Buchhändler den Vertrieb ablehnten, brachten Kolporteure die Hefte an den Mann. Plötzlich gab es in vielen kleinen Orten ständig neuen Lesestoff und immer mehr Leser. Die Konkurrenz ging zum Angriff über und verklagte ihn wegen Urheberrechtsverletzungen. Doch Meyer widerstand allen Anfeindungen und erweiterte stetig seine Kundschaft. Er brachte Bibeln heraus für kirchlichen und häuslichen Gebrauch in echter Luthersprache, ohne modernisierende Verklärungen und mit erstklassigen Illustrationen.

Die Verlagsarbeit forderte mental und körperlich viel von Joseph Meyer. Trotzdem hatte er wieder einen neuen Plan. Er wollte eine Eisenbahn von München bis Bremen bauen und nannte sie »Hanseatisch-Süddeutsche Centraleisenbahn«. In London hatte er die Bedeutung guter Verkehrswege selbst erlebt. In der deutschen Kleinstaaterei gab es nur kurze Bahnstrecken, z. B. Dresden – Leipzig oder Berlin – Potsdam. Bayrische Ärzte befürchteten, daß Feldarbeiter durch die vorbei rasenden Züge geistesgestört werden könnten und verlangten entlang der Strecke mindestens Bretterzäune. Den gehobenen Ständen paßte es nicht, daß plötzlich jeder X-Beliebige unkompliziert reisen könne. Der preußische König Friedrich Wilhelm II. fürchtete gar den Verlust der Gemütlichkeit. Die größten Widerstände entstanden durch die Behörden der vielen Kleinstaaten. Joseph Meyer hatte inzwischen Erz- und Kohlevorkommen aufgekauft und betrieb Hüttenwerke, um die Gleise preiswerter fertigen zu können. In der 1847 einsetzenden Wirtschaftskrise verlangten die Anleger ihre Einlagen zurück. Er mußte sofort 1500 Arbeiter entlassen. Allein diese Zahl gibt einen Eindruck vom gewaltigen Umfang des Unternehmens, dessen Scheitern er akzeptieren mußte. Nur durch den unermüdlichen Einsatz von Minna Meyer lief die Arbeit im Verlag weiter und die Gewinne wurden nicht grenzenlos in die Eisenbahn gesteckt. Als 1855 das Teilstück Werra-Bahn nach Meyers Plänen doch noch gebaut wurde, hatte man ihn bereits ausgebootet.

Ein Riesenerfolg wurde »Meyer's Universum«. Er nannte es ein »belehrendes Bilderwerk für alle Stände«. In Monatsheften enthielt es Berichte und Bilder über ferne Länder und große Städte und über Natur und Geschichte. Knapp kalkuliert und doch in hoher Qualität war der Preis für Viele erschwinglich. Bis heute geblieben ist jedoch vor allem sein großes Konversationslexikon. 21 Bände waren konzipiert, 1855 lagen 46 Bände vor. Das Monopol des Wissens im Besitz weniger Privilegierter wollte er brechen und auf möglichst viele soziale Stände verteilen. Erschöpft von rastloser Arbeit starb Joseph Meyer 1856 an einem Schlaganfall. Lebenslang war es für ihn ein Traum geblieben, die Welt zu bereisen, mit seinem Lexikon brachte er sie nun in so manche Bürger- und Bauernstube.

Aufgelesenes und Auserlesenes

Nach dem Desaster in London und dem daraus folgenden Ruin seiner Familie floh Joseph Meyer mit Selbstmordgedanken aus seiner Heimatstadt Gotha. Aber nicht etwa nach Amerika oder Indien, nein nach Weilar zu Pfarrer Grobe. Er war mit Kräften und Latein am Ende. Von seinem geliebten Lehrer wurde er aufgenommen und aufgepäppelt. Schon bald hatte er wieder einen Plan. Er wollte Jagdgewehre nach Haiti verkaufen. Zum Glück gab ihm niemand Kredit. Bevor dieses Hirngespinst auch wieder ins sichere Minus führen konnte, verliebte er sich heftig in Minna Grobe, die Tochter seines Ziehvaters. Sie war nicht nur schön und hoch gebildet, sie war auch eine tüchtige Hausfrau und hatte gesunden Menschenverstand. Das war seine Rettung.

Am Abgrund

Die herzoglich-sächsisch-gothaischen Mundköche, Dittrich und Hopf, hatten der von Joseph Meyer geschmähten englischen Küche durchaus gute Seiten abgewonnen und sie hoffähig gemacht. Sie zauberten aus einfachen Rezepten delikate Köstlichkeiten, die auch deutsche Gaumen verwöhnten und in ihr »Praktisches Universalkochbuch« von 1828 Eingang gefunden hatten.
Das gilt z.B. für »Wallnuß-Ketchup-Sauce, Ketchup ist der Extrakt von Wallnüssen mit Gewürz und anderen scharfen Ingredienzien verkocht und wird in England vorzüglich gut gefertigt. Man genießt ihn daselbst so, wie er ist, zu Fischen oder Rindfleisch.«

Appetitanreger

Ab 1826 war Hildburghausen nicht mehr Residenzstadt und wäre in Bedeutungslosigkeit versunken, wenn nicht Joseph Meyer mit seinem Bibliographischen Institut 1828 von Gotha übergesiedelt wäre. Immerhin kamen damit etwa 200 Arbeitsplätze in die Stadt. Davon durften auf behördliche Anordnung höchstens 40 »Ausländer« sein. Ausland waren die anderen deutschen Kleinstaaten und begann in Hildburghausen gleich hinter der Carolinenburg. Die einheimischen Arbeiter waren jedoch für Meyer eine große Enttäuschung. Er schrieb an die herzogliche Behörde: »Von 107 Arbeitern aus Hildburghausen, welche das Institut seit der Hersiedlung in Dienst und Brot nahm, hat es derzeit noch 6, schreibe sechs. Die übrigen sind entweder als Diebe, Faulpelze, Tölpel, Grobiane und schlechte Arbeiter vom Institutschef fortgejagt worden – oder sie nahmen, weil sie sich in ihrer Erwartung mit Tagediebereien Geld zu verdienen, betrogen fanden und nicht im Schweiß ihrer Hände ihr Brot essen mochten, freiwillig Reißaus.«
   Meyer setzte sich von da an über die Order hinweg und suchte sich seine Arbeiter, wo er wollte.

Tagediebe

Klare Rinderbrühe

120 min

1 kg	Rindfleisch zum Kochen
1	Zwiebel
½	Sellerieknolle
2	Möhren
2 ½ l	Wasser
	Salz, Petersilie

Fleisch und die Zwiebel mit dem Wasser 1 h kochen. Danach sauber abschäumen, Sellerie und Möhren hinzufügen und nochmals 1 h kochen. Die Brühe durch ein feines Sieb gießen, Fleisch und Möhren in Würfel geschnitten hinzufügen und mit reichlich gehackter Petersilie bestreuen.

»Besser eine klare Brühe als trübe Gedanken.«

Nudeln selbstgemacht

30 min

2	Eier
1	Eigelb
350 g	Mehl
2 EL	Wasser
½ TL	Salz

Eier mit Wasser und Salz gut verquirlen und in das Mehl rühren. Einen Teig kneten, der nicht mehr kleben darf, evtl. noch etwas Mehl hinzufügen. Teig in drei Teilen sehr dünn ausrollen, etwas bemehlen und antrocknen lassen. Dann die Teigplatten in die gewünschten Nudelgrößen schneiden.

Gebratene gefüllte Omeletts

60 min

10	Eier
200 ml	Milch
100 g	Mehl
1 Prise	Salz
300 g	Käse
150 g	Schinken roh oder gekocht
	gehackte Kräuter nach Wahl
2	Eier
	geriebene Semmel
	Butterschmalz oder Öl zum Braten

Eier gut aufschlagen, mit Milch, Mehl und Salz verquirlen. In einer Pfanne Omeletts backen und beiseite stellen.
Käse und Schinken sehr fein schneiden und mit viel gehackten Kräutern zu einer Masse verkneten. Die Omeletts mit der Masse bestreichen und einrollen. Die Rollen in zweifingerdicke Scheiben schneiden, panieren und von beiden Seiten braten.

Veilchen-Essig

30 min

3 Hände	blaue Veilchen
1 l	Weinessig

Die Blumenstiele entfernen, Blüten in eine Glasflasche geben und mit dem Essig auffüllen. Die Flasche verkorken und 4 Tage an einem warmen Ort stehen lassen. Den Aufguss durch ein feines Tuch abgießen, in eine saubere Flasche füllen und verschlossen zum Verbrauch aufbewahren.

Ein TL Veilchen-Essig mit einem TL Zucker und 200 ml Wasser vermischt wirkt bei Nervenleiden beruhigend und bei Kopfschmerzen lindernd. Für Ragouts und Saucen ist er eine feine Würze.

Hirschrücken mit Kirschrotkohl

Fleisch zwei Tage in Buttermilch einlegen, danach abwaschen und trocken tupfen. Mit Speckstreifen spicken. Das Fleisch von allen Seiten mit den Zwiebelvierteln gut anbraten, Sahne aufgießen und einbraten lassen bis brauner Fond entsteht. Wasser entsprechend der gewünschten Soßenmenge aufgießen, Suppengrün und Gewürze dazu und 2 ½ h kochen lassen. Die Soße durch ein Sieb abgießen. Die Kartoffelstärke mit wenig Wasser anrühren und die aufkochende Soße damit binden. Eine handvoll Rosinen mit gekocht, gibt der Soße eine feine Note.

Rotkohl vom Strunk befreit in Streifen schneiden. Speck ausbraten und Zwiebelwürfel darin anschwitzen. Kohl und Salz dazu geben und mit wenig Wasser 25 min köcheln. Die Kirschen ohne Stein und mit wenig Saft untermischen und nochmal 10 min leicht kochen. Wenn es nicht mehr kocht, mit Zucker und Zitronensaft oder Essig abschmecken. Dazu schmecken alle Arten Knödel oder Klöße!

2 kg	Hirschrücken	3 h
2 l	Buttermilch	
50 g	Speck	
1	große Zwiebel	
	Suppengrün	
300 ml	saure Sahne	
5	Wacholderbeeren leicht angedrückt	
10	Pfefferkörner schwarz	
	Salz, Kartoffelstärke	
1 kg	Rotkohl	
50 g	Speck	
1	Zwiebel	
500 g	Schattenmorellen	
	Salz, Zucker	
	Zitronensaft	

Sauerteig-Brot

1. Tag: 100 g Roggenmehl mit dem Honig und 100 ml Wasser zu einem glatten Teig rühren, Schüssel mit einem Tuch bedecken und an einem warmen Ort ruhen lassen
2. Tag: Teig durchrühren damit Luft reinkommt, abdecken und ruhen lassen
3. Tag: 100 g Roggenmehl und 100 ml Wasser dazu rühren, abdecken und ruhen lassen
4. Tag: 200 g Roggenmehl und 200 ml Wasser dazu rühren, abdecken und ruhen lassen
5. Tag: ½ l Sauerteig in der Schüssel lassen, den Rest in einem Glas im Kühlschrank aufbewahren. Der Rest ergibt den Anfang eines neuen Sauerteigaufbaues und beginnt mit Tag 2.

Zu dem Sauerteig in der Schüssel kommen nun 250 g Roggen- und 250 g Weizenmehl, 200 ml Wasser und das Salz. Alles wird tüchtig durchgeknetet und ruht an einem warmen Ort 4 Stunden.

Den Teig aus der Schüssel nehmen und nochmals kräftig kneten, der Bäcker sagt »durchstoßen«. Nach einer weiteren Stunde Ruhe den Teig in eine gefettete Form geben und vorgeheizt bei 180° 50 min backen.

Das Brot ist ohne künstliche Zusätze und deshalb gesund und bekömmlich. Es bietet vielfältige Geschmacksvariationen durch Gewürzbeigaben wie Kümmel, Senfkörner, Zwiebel, Knoblauch oder Walnußstücke.

650 g	Roggenmehl Typ 997	1 Woche
1 TL	Honig	
600 ml	lauwarmes Wasser	
250 g	Weizenmehl Typ 405	
1 TL	Salz	

Pilzklößchen

45 min

500 g	Pfifferlinge	
1 große	Semmel	
	Salz	
	Pfeffer	
1	Zwiebel	
1	Ei	
	gehackte Petersilie	
50 g	Butterschmalz	

Die Semmel einweichen, inzwischen die geputzten Pilze roh mit dem Wiegemesser zerkleinern, die gut ausgedrückte Semmel und Salz und Pfeffer mit den Pilzen verkneten. Zwiebelwürfel in etwas Butterschmalz goldgelb anschwitzen und zur Pilzmasse hinzufügen. Zuletzt ein Ei und Petersilie unterkneten. Aus der Masse Klößchen formen, etwas flach drücken und in Butterschmalz von beiden Seiten knusprig braten. Schmecken heiß mit Blattsalat oder auch kalt auf Brot.

Quittenschnee

30 min

10	Eiweiß
100 g	Quittenmarmelade
	Staubzucker

Eiweiß zu festem Schnee schlagen, Quittenmarmelade vorsichtig unterziehen. Wenn sie zu fest ist, mit etwas Weißwein verrühren. Die Masse wird kuppelförmig in eine Backform gestrichen, mit Staubzucker bestreut und 10–12 min im vorgeheizten Herd bei 200° goldgelb gebacken, am besten in der feuerfesten Jenaer-Glas-Schüssel aus Omas Küchenschrank!

Quittenmarmelade und -gelee

60 min

5 kg	Quitten
	Saft einer Zitrone
	Gelierzucker
	Wasser

Quitten sorgfältig von Flaum und Kerngehäuse befreien und in kleinere Stücke schneiden. In einem Topf knapp mit Wasser bedeckt weich kochen. Die Masse durch die Flottelotte oder ein Drahtsieb passieren, Zitronensaft und Gelierzucker entsprechend der vorhandenen Menge hinzufügen, noch mal 4 min kochen und in heiß ausgespülte Gläser abfüllen.
Der Geschmack kann mit Gewürzen wie Sternanis oder Gewürznelken variiert werden. Für Quittengelee die Flüssigkeit nach dem Kochen durch ein feines Sieb abgießen, am besten dann noch durch ein Tuch und mit Zitronensaft und der nötigen Gelierzuckermenge 4 min kochen.

Zimtplätzchen

30 min

4	Eier
250 g	Zucker
½ TL	Zimt
250 g	Butter
250 g	Mehl
2 EL	Cognac
	Zitronenschalenabrieb
1	Ei zum Bestreichen

Eier, Zucker, Zimt und Zitronenschale gut aufschlagen, die zerlassene Butter unterrühren, zuletzt das Mehl und Cognac. Den Teig in Häufchen auf ein gefettetes Backblech oder Backpapier setzen, vorsichtig mit verquirltem Ei bestreichen und im vorgeheizten Ofen bei 200° goldgelb backen. Johannisbeeren oder gehackte Nüsse in den Teig gerührt ergeben leckere Variationen!
Für Genießer, die zur Korpulenz neigen, ist dieses reichhaltige Menü kein Problem. Zimt erzeugt Wärme. Das erhöht den Stoffwechsel und führt zu vermehrter Fettverbrennung.

Von der Unstrut an den East River
Johann August Röbling (1806–1869)

Unterschiedlicher konnten Johann August Röblings Eltern nicht sein. Der Vater pflegte die Regelmäßigkeit in seinem Tagwerk vom Aufstehen bis zum allabendlichen Bier. Ausschweifend waren nur seine Erzählungen von fernen Ländern, in denen er nie war. Die Mutter war herrisch, hielt die Zügel straff und sorgte für jedermanns Beschäftigung in ihrem Umkreis. Johann August, das jüngste von vier Kindern, geriet charakterlich nach seiner Mutter. Das Tabakgeschäft der Eltern lief zwar nicht schlecht – auch mit Hilfe des Schmuggels während der Kontinentalsperre – doch das preußische Mühlhausen hatte schwer unter Truppendurchzügen des Napoleonischen Heeres zu leiden. Familie Röbling lebte unter der Fuchtel der Mutter in strengster Sparsamkeit. Die beiden älteren Söhne erlernten nach der Schule die Tabakfabrikation und sollten die elterliche Firma übernehmen. Durch den hartnäckigen Ehrgeiz seiner Mutter konnte Johann das Pädagogium von Ephraim Salomon Unger in Erfurt besuchen. Dort erwarb er sich sehr gute mathematische und geometrische Kenntnisse und legte 1823 sein Examen als Feldmesser ab. Das war sein Rüstzeug für ein Studium an der Bauakademie Berlin, um Baumeister zu werden. Die Leistungsfähigkeit der preußischen Bauverwaltung genügte nicht mehr modernen Anforderungen. Unter Federführung von Professor Eytelwein rückte die Ausbildung in den technischen Fächern in den Vordergrund, ohne jedoch die künstlerische Seite außer Acht zu lassen. Sein Ziel war die Vereinbarkeit von Architekt und Baumeister in einer Person. Neu an die Akademie kam Johann Friedrich Wilhelm Dietlein, der Röbling mit seinen Vorlesungen zu Straßen-, Brücken- und Wasserbau und speziell zur Konstruktion von Hängebrücken maßgeblich beeinflusste. In den Fächern höhere Mathematik, Chemie, Physik, Statik und architektonisches Zeichnen erlernte er bestes Handwerkszeug. Nebenbei belegte er bei Hegel an der Universität Logik und Metaphysik. Schinkels Baukunst beeindruckte ihn. Trotz seines knappen Budgets leistete er sich den Besuch des gerade fertiggestellten Königlichen Schauspielhauses und sah Schillers »Kabale und Liebe« und »Wallensteins Tod«. Vor dem Baumeisterexamen war Arbeit in der Praxis gefordert, die mit einem konkreten Projekt in die Abschlußarbeit münden sollte. Röbling erhielt auf Umwegen eine Anstellung als Baukondukteur in Westfalen. Zwar gab es inzwischen keine Zollschranken mehr zwischen den einzelnen Landesteilen, doch die Unzulänglichkeit der preußischen Verkehrswege behinderte den wirtschaftlichen Aufschwung. Straßen- und Wegebau wurde von der preußischen Regierung forciert und für Röbling zum Prüfstein in der Praxis. Bald beherrschte er die Arbeitsorganisation, erstellte Entwürfe für Umwegungen und Durchlässe und kämpfte sich durch bürokratische Hürden. 1828 legte er als Examensarbeit ein 89 Seiten umfassendes Projekt für eine Kettenbrücke über die Ruhr bei Freienohl vor und hoffte auf den Auftrag zur Ausführung. Doch er bekam darauf nach mehrmaligem Nachfragen nicht mal eine Antwort. Seine Konstruktion war neu, kühn und ihrer Zeit voraus. Für die Beurteilung fehlten in der preußischen Bauverwaltung fachliche Kompetenz und Risikobereitschaft. So versickerte das Projekt im Beamtenheer. Von da an dachte er an Amerika und lernte die englische Sprache. Er hatte große Projekte im Kopf und wollte in ein freies Land ohne bürokratische Zwänge. Auf dieses Ziel fixiert, hat er das Baumeisterexamen wahrscheinlich nicht mehr abgelegt und seine Auswanderung vorbereitet. Am 11. Mai 1831 brach Röbling zusammen mit seinem Bruder Friedrich Carl und einigen Gleichgesinnten in die Neue Welt auf. In seinem Reisetagebuch heißt es: »Heute reisten wir von Mühlhausen ab, nahmen Abschied von den Freunden, Verwandten und Bekannten und sagten der heimathlichen Flur Lebewohl, in der Hoffnung, uns in dem westlichen Continente, jenseits des atlantischen Meeres, eine neue Heimat zu gründen, ein neues Vaterland, welches wirklich väterlich handelt.« Es war ein Abschied für immer. In Brake, unterhalb von Bremen, lag der Dreimaster »August Eduard« abfahrbereit. In sein Tagebuch schreibt er: »Die Cajüttenpassage, incl. aller Beköstigung, auch Kaffee, Thee und dergl. ist zu 75 Rthlr. in Sold bedungen; die Zwischendeckpassage [...] zu 40 Rthlr. [...] Zwischendeckpassagiere erhalten Morgens Kaffee und Brod (Schiffszwieback), oder gekochte Grütze, oder Reis, des Mittags Fleisch und Hülsenfrüchte und Kartoffeln, Reis oder Mehlspeisen, Pudding u. dgl., des Abends Fleisch oder gewärmtes Gemüse, auch bisweilen gute Biersuppen.

Des Morgens wird auch, aber nicht regelmäßig, jedem ein Schnapps gegeben.« Die Brüder Röbling hatten eine »Cajütte« gebucht, fanden alles bequem und speisten mit dem Kapitän. Später waren sie froh, sich diesen Luxus geleistet zu haben, denn die Reise dauerte wetterbedingt viel länger als geplant. Über die Verköstigung an Bord notierte Röbling die ganze Reise über nur Gutes. Am 6. August langte das Schiff in Philadelphia an. Die ersten Eindrücke entsprachen Röblings Erwartungen. Die Menschen erschienen ihm anständig, ungezwungen und sich ihrer Menschenwürde bewußt. Die Mühlhäuser Auswanderer ließen sich in Pennsylvania nieder, gründeten die Farmersiedlung Saxonburg und betrieben Ackerbau und Schafzucht. Seit Beginn der Reise schrieb Röbling Berichte über das Vorgefundene an Freunde in Mühlhausen, um sie auch zum Auswandern nach Saxonburg zu bewegen. Es folgten nur wenige. Der Anfang war schwer, harte Arbeit von früh bis spät. Die restlichen Geldmittel wurden für Landkauf, Hausbau und spartanisches Leben verwendet. Zunächst war die Schafzucht recht einträglich. Jeden nur entbehrlichen Dollar sparte Röbling für weitere Landkäufe, teils für sich und seinen Bruder und teils für die zu erwartenden Mühlhäuser Auswanderer. Diese wiederum sollten Werkzeuge, Haushaltsgegenstände aller Art, ja sogar ein Klavier mitbringen. Als die Preise für Wolle rapide fielen, baute Röbling Raps und Sonnenblumen an und stellte Speiseöl her. Das florierte nur kurz, weil Schweinefett das Pflanzenöl verdrängte. Dann richtete er im Dachgeschoß des Wohnhauses eine Seidenraupenzucht ein und pflanzte Maulbeerbäume. Aber die aus China und Italien eingereisten Arbeitskräfte produzierten die Seide bald viel billiger. Die Wirtschaftskrise in den Vereinigten Staaten brachte für die Farmer schwere Jahre. Aber Röblings große Stunde war gekommen. Er wurde als Landvermesser und Bauingenieur gebraucht, baute Dämme und Kanäle, war der einzige Hydraulikexperte weit und breit und wurde als Sachverständiger bei Gericht zu Rate gezogen. Für die Zeitschrift des Franklin-Instituts schrieb er Artikel und nannte sich von da an John A. Roebling. Sein Ruf als hervorragender Ingenieur war bis in höchste Kreise gedrungen. Er wurde zum Pionier der Drahtseilindustrie in den Vereinigten Staaten. Massenhaft benötigte schwere Zugseile wurden aus Hanf gefertigt und waren schnell verschlissen. Röbling begann mit der Drahtseilfertigung auf der Wiese hinter seinem Haus und wurde damit Millionär. Er beteiligte sich an einer Ausschreibung der Stadt Pittsburgh für den besten Vorschlag zur Erhaltung des wichtigsten Aquädukts der Stadt, gewann und wurde Generalunternehmer des Bauvorhabens. Mit seinen innovativen Ideen, exakten Planungen und strengster Sparsamkeit wurde er zum berühmtesten Brückenbauer der Neuen Welt. 1852 baute er die Niagara-Brücke in zwei Ebenen, die untere für Fußgänger und Fahrzeuge, die obere für die Eisenbahn. Die grandiose Brücke mit einer kühnen Drahtseilkonstruktion und prächtigen Pfeilern war die Verbindung zwischen den USA und Kanada.

Seine berühmteste Brücke, die Brooklyn Bridge in New York, hat er konstruiert und geplant. Selbst bauen konnte er sie nicht mehr. Das tat sein Sohn, Washington Roebling. Bis heute stehen Menschen aus aller Herren Länder vor dieser Brücke und bestaunen ihre majestätische Schönheit.

Aufgelesenes und Auserlesenes

»Freie« Schafe

Röbling war wütend über seine streunenden Schafe. Sie mußten ständig in den Wäldern gesucht werden oder fraßen das Getreide auf den Feldern der Nachbarn. Bei seinem Freund Bähr in Mühlhausen, der gerade auswandern wollte, bestellte er einen Deutschen Schäferhund. Der Hund kam und wollte seine Arbeit wie in Deutschland gelernt verrichten. Doch die amerikanischen Schafe interessierten sich nicht für einen deutschen Schäferhund und machten weiter, was sie wollten.

Unbegrenzte Möglichkeiten

Nach Saxonburg kam ein Auswanderer aus dem Harz, der sich Miller nannte und etwas von Kanarienvogelzucht verstand. Es gab gute Absatzmöglichkeiten für Singvögel und Röbling richtete mit ihm eine Zuchtstation ein. Den Unterschied zwischen Männlein und Weiblein bei Kanarienvögeln zu erkennen, ist nicht einfach, doch der Schlüssel zum Erfolg. Dieses Geheimnis behielt Miller für sich. Auf der Höhe des Umsatzerfolges verschwand Miller über Nacht mit den meisten Vögeln und dem Geheimnis. Zufällig kam ein Färber in den Ort, mit dem Röbling die Vogelzuchträume in ein Färberhaus umfunktionierte. In der ganzen Umgebung wollte jedoch niemand bunte Stoffe kaufen.

Dunkle Seite

Der Sohn, Washington Roebling, hat die Tagebücher des Vater gelesen und nach seinen eigenen Erinnerungen kommentiert. Er beschrieb seinen Vater als hartherzigen Mann, der seine Frau und seine Kinder Tag für Tag kujonierte. Der Ochsenziemer hing griffbereit und wurde oft benutzt. Manchmal wollte Frau Röbling die Kinder vor den brutalen Schlägen beschützen und erhielt nicht selten einen Faustschlag ins Gesicht dafür. Die Tobsuchtsanfälle Röblings waren berüchtigt und Washington schreibt, daß seine Großmutter ihm einmal bestimmt das Leben gerettet habe, weil sie den Rasenden in höchster Not mit einem Zaunpfahl niederschlug.

Die Ehefrau

1836 heiratete der 30-jährige Röbling die 19-jährige Johanna Hertling. Sie war eine attraktive und liebenswürdige Frau, die mit ihren Eltern ebenfalls aus Mühlhausen ausgewandert war. Trotz seiner eigenen Seidenproduktion geißelte er den Besitz ihres einzigen Seidenkleides als unbotmäßige Extravaganz. Der Sohn Washington schreibt: »Sie führte ein elendiges Leben und starb bereits mit 45 Jahren – eine Märtyrerin der Brutalität meines Vaters.«

Generalprobe

Die Bevölkerung von New York traute der Sicherheit der kühnen Hängebrücke über den East River nicht. Daraufhin wurden 21 Zirkuselefanten als erste über die Brücke geschickt. Danach durfte Emily Roebling, Schwiegertochter von John A. Roebling, mit Ehrengästen von Manhattan nach Brooklyn über die Brücke gehen und sie für den Verkehr freigeben.

Biersuppe mit Roggenbrot

Das Brot zu Krümeln reiben und in der Butter rösten. Bier und Gewürze dazu geben und 5 Minuten köcheln lassen. Eigelb und Wein verquirlen und in die Suppe rühren, Zimtstange herausnehmen.

1 Pfd.	hartes Roggenbrot	20 min
50 g	Butter	
1 ½ l	Bier	
	Zitronenschalenabrieb	
½ Stange	Zimt	
100 g	Zucker	
1 Prise	Salz	
1 Glas	Weißwein	
3	Eigelb	

Kartoffelgeschmink

Das Fleisch 1 Stunde mit den Lorbeerblättern, Salz, einer Zwiebel und einer Knoblauchzehe kochen und dann in Scheiben in eine Auflaufform schichten. Kartoffeln in Scheiben schneiden, mit den grob zerkleinerten Zwiebeln, Knoblauch, Kümmel und Salz mischen und auf das Fleisch schichten. Obenauf die halbierten und entkernten Birnen legen und mit der Fleischbrühe knapp bedecken. Mit geschlossenem Deckel bei 200° im vorgeheizten Ofen 1 ½ Stunde backen und noch eine halbe Stunde ohne Deckel für eine schöne Kruste, evtl. Butterflöckchen aufsetzen.

Früher brachten die Mühlhäuser sonntags auf dem Weg zur Kirche ihr Geschmink zum Bäcker und nahmen es auf dem Heimweg fertig wieder mit.

1 kg	Lammkeule	3 ½ h
1 kg	Kartoffeln	
4	große Zwiebeln	
4	Knoblauchzehen	
2	Lorbeerblätter	
	Salz	
	Kümmel	
4	reife Birnen	

Mühlhäuser Süßkuchen

Mehl und Zucker mischen, den Sirup und soviel lauwarmes Wasser hinzufügen, daß ein zäher Teig entsteht, in eine gefettete Bratpfanne füllen und 1 ½ Stunde bei 180° backen.

Dieses sättigende Gebäck wird von Mühlhäuser Bäckereien während der Fastenzeit angeboten.

1 kg	Roggenmehl	105 min
500 g	Malzmehl	
250 g	Zucker	
150 ml	Zuckerrübensirup	
	Wasser nach Bedarf	

Feiner amerikanischer Toddy

Die Zitronen sehr dünn schälen, mit dem Zucker und Wasser zugedeckt ziehen lassen, »bis der Geschmack der Citronenschale sich dem Wasser mitgetheilt hat.« Die Schale herausnehmen, eine Scheibe Ananas, den Rum und klein gestoßenes Eis hinzufügen und kräftig durchschütteln.

2	große Zitronen	60 min
250 g	Zucker	
½ l	Wasser	
1 Scheibe	Ananas	
½ l	guter Rum	
	Eiswürfel	

2 ½ h

500 g	Mehl	
1 Würfel	Hefe	
150 ml	Milch	
75 g	Zucker	
1 Prise	Salz	
150 g	Naturjoghurt 10% Fett	
75 g	Butter	
300 g	Mühlhäuser Pflaumenmus	
3 EL	Butter	
	Vanillezucker	

Muskräppel

Mehl in eine Schüssel sieben, in der Mitte eine Vertiefung lassen, Hefe hinein bröckeln, mit der Milch, Zucker und wenig Mehl vom Rand zu einem Teig rühren und zugedeckt 30 min an einem warmen Ort gehen lassen. Joghurt, die sehr weiche Butter und Salz dazu geben, zu einem Teig verarbeiten, bis er sich vom Schüsselrand löst und nochmals 30 min gehenlassen. Den Teig knapp fingerdick ausrollen, für jedes Muskräppelchen mit einer Tasse zwei Teigscheiben ausstechen. Auf eine Scheibe einen TL Pflaumenmus setzen, die zweite Scheibe darüber legen und an den Rändern etwas verkneten, damit nichts ausläuft. Die Muskräppel auf ein gefettetes Backblech setzen, nochmal 30 min gehen lassen und vorgeheizt bei 200° goldgelb backen. Danach werden die Kräppel mit zerlassener Butter bestrichen und Vanillezucker bestreut.

4 h

4 kg	Zwetschgen	
150 g	Zucker	
4	Gewürznelken	
3	grüne Walnüsse mit Schale	
½ Stange Zimt		

Pflaumenmus

Die Früchte entsteinen und halbieren. Den Boden einer Bratenpfanne mit dem Zucker bestreuen und die Zwetschgen mit der Öffnung nach unten einschichten. Dazwischen Nelken und Nüsse und Zimt verteilen. Ohne Deckel und ohne (!) Umrühren ca. zwei Stunden bei 150° in der Röhre köcheln. Danach Nüsse und Zimtstange entfernen, gut umrühren und heiß in vorbereitete Gläser füllen.

Es funktioniert auch ganz ohne Zucker. Ist das Mus nach dem Umrühren noch zu stückig, mit dem Pürierstab feiner machen.

In das echte Mühlhäuser Pflaumenmus kommen zusätzlich fünf weitere Gewürze, die jedoch geheim gehalten werden. Noch heute wird in der Mühlhäuser Gegend das Mus in großen Kesseln gekocht und dabei zwei Stunden lang ununterbrochen mit der Muskrücke umgerührt.

90 min

3	Eier	
140 g	Zucker	
140 g	Mehl	
70 g	Rosinen	
70 g	Korinthen	
1 TL	Vanille- oder Zitronenzucker	
70 g	Pistazienkerne	
70 g	geschälte süße Mandeln	

Amerikaner Brod

Pistazienkerne und Mandeln stifteln und mit allen Zutaten zu einem Teig kneten. Eine Kastenform gut buttern und mit Semmelbrösel ausstreuen, den Teig einfüllen und ca. 1 Stunde bei 180° im vorgeheizten Ofen backen.

Gerüchteküche um eine Bestsellerautorin
Eugenie John – Marlitt (1825–1887)

Immer wieder brodelte die Gerüchteküche um das Fräulein Eugenie John aus Arnstadt! Ihre Leser fragten sich: Wer steckt hinter dem Pseudonym Marlitt? Besucher wunderten sich: Wieso läßt sich die Starautorin verleugnen, obwohl sie unfähig ist, das Haus zu verlassen? Und eine Annäherung durch Fürst von Pückler-Muskau wiesen die resoluten Worte zurück: »Ich bin schwerhörig, einsilbig im Gespräch und körperlich so leidend, daß ich an das Zimmer gefesselt bin.« Noch heute hadern Biographen und Literaturwissenschaftler mit dem »Geheimnis der alten Mamsell«. Wer war nun diese Friederike Henriette Christiane Eugenie John?

Am 5. Dezember 1825 in Arnstadt geboren, war die Familie nur unzureichend finanziell ausgestattet. Verarmt, versuchte der Vater als Leihbibliothekar und Porträtmaler, die Familie durchzubringen. Im Winter soll die kleine Eugenie John mehr zur Schule gerannt als gegangen sein, weil ihre Kleidung nur notdürftig der Witterung entsprach. In der günstigeren Jahreszeit sei sie indessen »immer hüpfend und trällernd« durch die Welt gegangen, was ihr die eingeholten Kaffeebohnen gleich taten und ebenso hüpfend die Tüte verließen. Auf ihren Streifzügen durch die Stadt und die umliegenden Gärten begleiteten sie ein Stück Schwarzbrot und fertig zu strickende Strümpfe. Ihr künstlerisches Talent offenbarte sich in ersten Gedichten, beispielsweise zum Tod ihres geliebten Kanarienvogels, und in ihrer Stimme. Ein Gesangsprüfer meinte, daß ihr Stimmvolumen eher aus einem mächtigen Ofen, als aus dieser zierlichen Person kommen könne. Sprach's und empfahl sie zur Ausbildung als Kammersängerin an den Hof zu Sondershausen. Mathilde von Schwarzburg-Sondershausen war dem niedlichen Mädchen mit den schwarzen Ringellöckchen derart zugetan, daß sie nicht nur das Gesangsstudium finanzierte, sondern auch zum Geburtstag eine prächtige Torte mit Zuckerguß spendierte und das Weihnachtsfest mit einem »mächtige[n] Schütchen Äpfel, Nüsse und Zuckerwerk« versüßte. Nachdem die Entscheidung zur Sängerin gefallen war, schrieb sie an die Eltern: »Ihr habt mir von Kindheit an so unsäglich viel Gutes getan, habt den letzten Bissen mit mir geteilt! Und ich sollte nicht alle meine Kräfte aufbieten, Euch ein sorgenfreies Leben zu verschaffen?« Zur weiteren Ausbildung wurde Eugenie nach Österreich geschickt. Lebenslang erinnerte sie sich an die herzliche Aufnahme im Hause der Frau von Huber und ihre köstlichen Mohnnudeln, die prachtvolle Linzer Torte oder die säuerliche Erdäpfelsauce. Jahre später ließ sie sich die Wiener Rezepte nach Arnstadt schicken und schrieb begeistert zurück: »Die Koch- und Backrezepte [...] erregten einen wahren Jubel [...]. Die Sauce wurde sofort zubereitet und hat mir geschmeckt, so köstlich, als säße ich noch einmal als Pensionärin an Frau von Hubers Familientisch.« In der Saison 1844/45 debütierte sie als Opernsängerin und war nachfolgend auf den Bühnen von Lemberg, Graz und Linz zu finden. Jedoch gerieten die ersten Auftritte zum Fiasko. Nicht nur, daß sie von heftigem Lampenfieber geplagt wurde, zeichneten sich außerdem erste körperliche Leiden ab. Im Jahr 1845 schrieb sie an ihre Wiener Pflegemutter: »Gott sei dank, bin ich wieder gesund. Mein Appetit ist so unermeßlich groß, daß durch mich eine Hungersnot in Wien zu befürchten ist.« Ein Gehörleiden beendete abrupt ihre Gesangskarriere, die Rückkehr nach Deutschland war unabdingbar. Da die Fürstin Mathilde mittlerweile geschieden war, erklärte sie Eugenie John kurzerhand zu ihrer Gesellschafterin. Als solche sammelte die Arnstädterin zwischen 1853 und 1863 auf zahlreichen Reisen Eindrücke, die ihr später zugutekommen sollten. Doch die Gerüchte und Verleumdungen der Sondershäuser Hofgesellschaft holten die beiden immer wieder ein. Beispielsweise hieß es: Das Fräulein John sei ja nur eine simple Bürgerliche, die sich die Fürstin halte. Die zunehmenden Anforderungen, insbesondere die Krankenpflege ihrer Gönnerin, forderten, die Lebenswege neu zu überdenken. Man trennte sich einvernehmlich und Eugenie kehrte zu ihrer Familie nach Arnstadt zurück.

    Der berufliche Neuanfang mit fast 40 Jahren brachte sie auf den Weg einer Schriftstellerin. 1866 schrieb sie an die Wiener Freundin: »Im September vorigen Jahres bin ich unter dem Pseudonym ›E. Marlitt‹ in die literarische Welt hinausgetreten.« Das erste Stück – »Die zwölf Apostel« – war an den Leipziger Verleger der »Gartenlaube« gegangen. Ernst Keil, ebenfalls Thüringer aus Bad Langensalza, vermutete im Pseudonym zunächst einen Schriftsteller, doch der Herr war eine Dame! Das Manuskript gefiel ihm so gut, daß er »liberale Honorare in Aussicht« stellte, von denen Marlitt profitierte und der Verleger vom Erfolg ihrer Novelle. »Doch wie der Appetit mit dem Essen kommt, so wuchs auch das Verlangen Keils, weitere Arbeiten Marlitts zu erhalten«, schreibt der Biograph Günter Merbach treffend. Es folgen die Novelle »Blaubart« und die Romane »Goldelse«, »Das Geheimnis der alten Mamsell« sowie »Reichsgräfin Gisela«. Für Marlitt war der Gewinn aus dem letzten Roman so groß, daß sie sich auf einem alten Arnstädter Kartoffelacker eine eigene Villa errichten ließ und mit der Familie ihres Bruders einzog.

In ihren Romanen und Erzählungen, einer Art kriminalistisch-feministischer Heimatliteratur, stehen Frauenfiguren im Vordergrund, die sich im Leben behaupten müssen. Die eingängigen »Aschenbrödelmotive« galten bei Kritikern als Schlüssel zum Erfolg und die bildhafte Sprache aus «Webefäden fremden Geschickes« oder «Urwaldsdunkel der Brombeerblätter« fesselte die Leser aller Schichten. Gleichzeitig setzte Marlitt in ihren Bildwelten der geliebten Thüringer Heimat ein literarisches Denkmal und schwärmte 1882 nach dem Umzug ins neue Heim: »Ich entfliehe so oft wie möglich der Stubenhaft und athme draußen [...] unsere herrliche, stärkende Luft, wie sie frisch von den Thüringer Bergen kömmt!«

Ihren Arbeitstag startete sie im Bett. Die ersten Entwürfe, noch mit Bleistift, wurden dann am Nachmittag in Reinschrift gebracht. Am Abend las sie dann aus ihren neuesten Schöpfungen. Die Lesestunde im Kreis der Familie verfeinerten gelegentlich ein französischer Beaujolais sowie Schokolade, Kuchen oder Obst für die Kinder. Marlitt selbst trank gern Tee oder Kaffee, letzteren mit recht viel Sahne, da sie meinte, dies sei gesund.

1872 geisterte das Gerücht vom Ableben der Schriftstellerin durch die Presse, worauf diese resigniert an ihre Freundin nach Wien schrieb: »Liebste Leopoldine, es ist sehr niederschlagend, schon bei Lebzeiten erfahren zu müssen, daß man mit seinem Hinscheiden so gar keinen Eindruck macht.« Diverse körperliche Leiden überschatteten zunehmend die großen Erfolge. Bis zu ihrem tatsächlichen Tod, fünfzehn Jahre später, erschwerten immer wieder heftige Gichtanfälle und das Leben im Rollstuhl die Schriftstellerei. Schließlich erlag sie am 22. Juni 1887 einer Rippenfellentzündung. Bereits am nächsten Tag berichtete die New Yorker Staatszeitung vom Tod der deutschen Starautorin.

Was bleibt? Ihr umfangreiches Vermögen wurde wenig später von den Erben verschleudert und verspekuliert. Von Eugenie John sind lediglich zwei Fotos, wenige Selbstzeugnisse und eine Aura, so geheimnisvoll wie ihre Literatur, überliefert. Doch in den Romanen und Erzählungen, oft kopiert, immer wieder neu aufgelegt, auf die Bühne gebracht und verfilmt, leben ihre Ideen und Figuren vielfach fort. Zum 100. Geburtstag ließ Arnstadt seine berühmte Tochter hochleben und notierte in der Festschrift: »E. Marlitt! Dieser Name begeisterte einst die ganze Welt. Die tief empfundenen und von echter Poesie durchwehten Romane eroberten ihr nicht nur im Sturme die Herzen der deutschen Leser und Leserinnen, sondern trugen ihren Ruhm sogar in fremde Länder und über das Meer.«

Aufgelesenes und Auserlesenes

Hochgeehrt — Bis heute untermauern zahlreiche Übersetzungen ihrer Romane, z. B. für den amerikanischen oder japanischen Markt, den Ruf der Marlitt als Bestsellerautorin. Schon zu Lebzeiten reichte die Popularität der Arnstädterin bis ins ferne Rußland. Und aus der Schweiz berichtete um 1885 der Redakteur Joseph V. Widmann folgende amüsante Episode: »Wir erinnern uns, wie wir vor etwa zwölf Jahren an einem Maiabend auf dem Schänzli in Bern eine uns unbekannte Gesellschaft von vermöglichen Bauersleuten aus dem Emmental an einem Tische sitzend fanden. [...] Da zu unserem Erstaunen ergriff eines dieser Mädchen das vor ihr stehende Kelchglas und hielt mit zaghafter Stimme, aber mit leuchtenden Augen folgende kleine Tischrede: ‚Und jetzt möchte ich noch jemand leben lassen, der zwar nicht zur Familie gehört, aber eigentlich doch! Sie ist uns eine liebe ferne Tante, sie schenkt uns alle Jahre, was unser Leben verschönert. Ich brauche nicht mehr zu sagen, ihr habt den Namen gewiß auf der Zunge: Marlitt!‘ – Und wahrhaftig! da erhoben sich alle, die Mädchen wie die jungen Männer, die Großmutter wie der Großvater, und die arbeitsharten, schwieligen Hände der Männer ebenso wie die auch nicht verwöhnten Hände der Mädchen ergriffen die Kelchgläser mit dem dunkelroten Burgunder, und stießen an auf die Dichterin der Goldelse.«

Zutiefst beleidigt — Allzu schnell geriet Eugenie John mit ihrem Werk ins triviale Abseits und mußte scharfzüngige Kommentare einstecken. Das reichte von »saccharinsüße Kitschtante« bis hin zur »schleimigen Tunke übelster Romantik«. In der DDR galten ihre Romane 1950 als »Machwerke«, die »mit Literatur nichts zu tun haben«. Da bleiben die schmollenden Worte eines Theodor Fontane eher eine Randnotiz: »Die Sachen der Marlitt [...] erleben nicht nur zahlreiche Auflagen, sondern werden auch womöglich ins Vorder- und Hinterindische übersetzt; um mich kümmert sich keine Katze.«

Kaffeeliebe — »Am Nachmittage desselben Tages erwartete Frau Hellwig mehrere Damen, meist fremde Badegäste, zum Kaffee. Es sollte im Garten getrunken werden; und weil Friederike plötzlich krank geworden war, so wurde Felicitas allein hinausgeschickt, um alles vorzurichten. Auf dem großen Kiesplatze, im Schutze einer hohen Taxuswand, stand der schön geordnete Kaffeetisch, und in der Küche des Gartenhauses zischte und brodelte das Wasser im Erwarten seiner Umwandlung zu dem allgeliebten Mokkatranke.« (Das Geheimnis der alten Mamsell, 1867)

Kaffeefurcht — »Wir wissen seit lange, daß ein übermäßiger Genuß des Kaffees der Gesundheit nicht zuträglich ist, und jedermann kennt auch die Anzeichen der Vergiftung durch Kaffee. Man wird matt, unlustig zur Arbeit, leidet an Kopfdruck und Schlaflosigkeit; die Hände zittern, das Herz schlägt schnell, unregelmäßig und schwach; der Puls ist dementsprechend klein und weich; der Appetit fehlt und man verspürt Angstgefühle. Das kommt von dem vielen Kaffeetrinken, und es kommt vor bei Männern wie bei Frauen; bei letzteren entschieden häufiger, denn die Frauen ›kneipen‹ ja in Kaffee, wie man unhöflich zu sagen pflegt.« (Die Gartenlaube, 1890)

Kartoffeln à la Pückler

 35 min

Die Kartoffeln mit der Schale kochen, sogleich abschrecken, schälen und in Scheiben schneiden. Mit der Butter, etwas Salz, Pfeffer, gehackter Petersilie und Zwiebelwürfeln in einer großen Pfanne durchschütteln, bis sie sehr heiß geworden sind und eine Viertelstunde mit den Zutaten dämpfen. Hierauf einen tiefen Teller mit den Knoblauchzehen einreiben und die Eierdotter mit dem Apfelessig darauf verquirlen, bis eine dünnflüssige Sauce entstanden ist. Dieselbe über die heißen Kartoffelscheiben gießen, in der Pfanne noch einige Male durchschwenken und heiß anrichten. Kartoffeln sind der Küchenklassiker schlechthin. Interessanter werden die »Erdäpfel«, wenn schmackhafte Züchtungen aus dem 19. Jahrhundert, wie die französische Gourmetsorte Asparges, die Dänische Spargelkartoffel oder White Elefant aus den USA Verwendung finden. Kartoffeln in der Schale gekocht, bewahren die direkt darunter steckenden pflanzlichen Eiweiße, viele Vitamine und wichtige Mineralstoffe.

1,25 kg	mittelgroße festkochende Kartoffeln	
50–75 g	Butter	
	Salz	
	Pfeffer	
1 Bund	Petersilie	
1	große Zwiebel	
2	geschälte Knoblauchzehen	
3–4	Eidotter	
2–3 EL	Apfelessig	

Gebratene Tauben

 45 min

Die Tauben werden gerupft, gesengt, ausgenommen und gewaschen. Für die Füllung wird die Butter schaumig gerührt und mit der feingehackten Leber und dem Herz der Tauben, den Eiern, ein wenig Salz, ein wenig Muskatnuß und gehackter Petersilie, sowie vier Eßlöffeln geriebener Semmelbrösel vermischt. Der lockere Teig kommt in Kropf und Leib der Tauben. Mit einem durch die Keulen gezogenen Faden dressiert man die Vögel und schließt die Öffnungen. Anschließend werden die Bratstücke in einer Kasserolle oder einer Pfanne mit reichlich Butter gebraten und immer wieder mit dem buttrigen Saft begossen, bis sie gar und schön braun sind. Mit Kartoffeln oder Klößen serviert, empfehlen sich als Beilage Spargel, Blumenkohl oder junge Erbsen.

4	fette junge Tauben
70 g	Butter
2	Eier
	Salz
	geriebene Muskatnuß
1 Bund	Petersilie
4 EL	Semmelbrösel

Haushofmeistersoße zu Tauben

 25 min

Die Kräuter werden in siedendem Wasser einmal aufgekocht und zum Abkühlen und Abtropfen in ein Sieb gegeben und mit kaltem Wasser abgebraust. Sodann werden sie mit der Butter verknetet und in eine dicklichen Coulis gebracht, die mit mehreren Eidottern legiert, mit dem Saft einer halben Zitrone und der Sardellenbutter gewürzt und unter beständigem Umrühren eingekocht wird.

je 1 EL	gehackte Petersilie, Kerbel und Estragon
1	wallnußgroßes Stückchen Butter
3–4	Eidotter
	Saft einer ½ Zitrone
1 TL	Sardellenbutter

Arnstädter Eisbäumchen

30 min

4	kleine, buschige Zweige Rosmarin
3	Eiweiß
	Zucker

Die Rosmarinzweige trocken abschütteln, auf Unreinheiten absuchen und gegebenenfalls kurz abbrausen. Vor der Verwendung trocknen lassen. Die Eiweiß gut steif schlagen, die »Bäumchen« hindurchziehen und eine Viertelstunde stehend beiseite stellen. Abschließend reichlich mit Zucker bestreuen und im 50 Grad heißem Ofen ganz trocknen lassen. Die süß-würzigen »Bäumchen« sind nicht nur ein hübscher Augenschmaus, sondern überraschen mit ihrem leicht harzigen Aroma auch den Gaumen.

»Hochzeitskuchen sagten Sie? O ja, den kann ich schon backen – zwei Hände hoch und locker, daß er einem auf der Zunge zergeht ... Aber nun frage ich, für wen denn in unserem stillen Hirschwinkel? Wer soll ihn denn essen?« (E. Marlitt: Amtmanns Magd. 1881)

Thüringer Mohnkuchen

3 h

	Hefeteig für ein Kuchenblech
125 g	Gries
	Milch
500 g	gemahlener Mohn
125 g	Zucker
125 g	Rosinen
125 g	Korinthen
2	Eier

Der Hefeteig wird auf Backblechgröße ausgerollt und mit einem Rand versehen. Gries in heißer Milch dick aufquellen lassen und mit dem ebenfalls eingeweichten und aufgequollenen Mohn, Zucker, Rosinen und Korinthen vermengen. Auf den Teig geben und die mit etwas Zucker verquirlten Eier gleichmäßig darauf verstreichen. Bei 175 Grad (Ober-/Unterhitze) in 40–50 Minuten ausbacken.

Wiener Mohnnudeln

90 min

500 g	mehlig kochende Kartoffeln
125 g	Mehl
50 g	Butter
2	Eidotter
1 Prise	Salz
	Mehl zum Bestäuben
100 g	gemahlener Mohn
50 g	Staubzucker
50 g	Butter

Die Kartoffeln schälen, in kleine Stücke schneiden und in leicht gesalzenem, kochendem Wasser weich kochen. Anschließend die heißen Kartoffeln durch eine Presse drücken und auskühlen lassen. Mit Mehl, Butter, Eidotter und Salz gut vermischen und zu einem glatten Teig kneten. Diesen mit dem Mehl bestäuben, zu etwa 1,5 bis 2 cm dicken Stangen rollen und in kleine Stücke schneiden. Mit der flachen Hand zu runden Nudeln rollen, die an den Enden schmaler werden. Reichlich Salzwasser aufsetzen, bis zum Siedepunkt erhitzen und die Nudeln darin 6–8 Minuten gar ziehen lassen. Aus dem Wasser nehmen und abseihen. Die restliche Butter in einer Pfanne zerlassen, Nudeln dazugeben, Mohn und Zucker darüber streuen und durchschwenken. Heiß serviert reicht man traditionell in Österreich Marillen- oder Zwetschgenkompott dazu.

Fürstlicher Regisseur und Herrscher von Kloßheim
Georg II. von Sachsen-Meiningen (1826–1914)

Meiningen ist vieles! Der kleine Residenzort bildet die Pforte zu Thüringer Wald, Franken und Rhön. Vom engen Werratal eingeschlossen, erinnert die Altstadt in ihrer Form an eine Harfe. Weit weniger klangvoll bezeichnete einst Hans von Bülow das Städtchen als »Haltestelle für Bummelzüge«. Obgleich der Dirigent es selbst mit zur Musikstadt erhoben hatte. Zu diesem Ruhm und zum Titel Theaterstadt gelangte es hauptsächlich unter der Regentschaft von Georg II. von Sachsen-Meiningen. Noch im 18. Jahrhundert drohte die Linie auszusterben. Schuld war eine nicht standesgemäße Heirat des Urgroßvaters, der nie damit rechnete, an die Regierung zu kommen. Als ihm nach dem Tod seiner ersten Frau der Thron doch noch angeboten wurde, heiratete er mit 63 Jahren die 43 Jahre jüngere Tochter des hessischen Landgrafen und sicherte mit acht Kindern den Fortbestand seiner Linie.

Drei Trompetenstöße und lauter Trommelwirbel forderten am 23. März 1825 um 21:15 Uhr alle Bediensteten auf, ihren Posten zu besetzen. Eine Viertelstunde später wurden die Speisen aufgetragen und um 21:45 Uhr begann das Hochzeitsmahl von Herzog Bernhard II. von Sachsen-Meiningen und Marie von Hessen-Kassel. Gut ein Jahr später wurde am 2. April 1826 um 21:45 Uhr der Thronfolger Georg II. geboren. Bereits früh zeigten sich seine Neigungen und Fähigkeiten. Er spielte leidenschaftlich Kindertheater und unterhielt als Jugendlicher bei Tischgesprächen mit Künstlern und Gelehrten eine eigene Tafel. Gleichzeitig liebte der Erbprinz die vertrauliche Atmosphäre in der Familie seines Lehrers Moritz Seebeck, wo er das Schleckern von saurer Milch mit Schwarzbrot zelebrierte. Die Verbundenheit zur Heimat fand in seinen Wanderungen durch den Thüringer Wald Ausdruck. Schließlich verließ er sein Geburtsland, um ab 1844 in Bonn und Leipzig Geschichte, Volkswirtschaft, Kunstgeschichte und Malerei zu studieren. Kunstsinnig und musikverliebt inszenierte der Studiosus in der Messestadt eigene Bälle und Empfänge. Zur weiteren Ausbildung folgten Reisen in die großen Kunstmetropolen wie Paris und London. Diese Lust auf das Fremde sollte er zeitlebens behalten. Detailreich berichtete er dann in Briefen und Tagebuchaufzeichnungen von seinen Eindrücken in der Ferne, von Trink- und Eßgewohnheiten, Alltag und Kleidermode. Allein im geliebten Italien sollte er fünf Jahre seines Lebens verbringen. Anlaufpunkt dort wurde eine Villa am Comer See. Diese Brautgabe seiner Gemahlin war zugleich das Ziel ihrer Hochzeitsreise 1850. Als seine Frau, die preußische Prinzessin Charlotte, nach knapp fünf Ehejahren starb, blieben tiefe Trauer, drei Söhne und eine Tochter zurück. Aus diesem Kummer resultierten wohl die nun folgenden unsteten Jahre, die er mit Reisen zu füllen versuchte. Eine anvisierte Heirat ins englische Königshaus schlug fehl, weil sich bei näherer Begutachtung die Kandidatin als »enorm dick, ganz kolossal dick« herausstellte, wenig Kultur und keine Tischsitten zeigte und rein gar »nichts anziehendes« hatte. Schließlich fand Georg II. mit Feodora zu Hohenlohe-Langenburg 1858 seine zweite Ehefrau. Näher kennengelernt hatten sie sich am Tisch des späteren Kaisers Wilhelm I. in Berlin. »Ich glaube, sie könnte mir gefährlich sein«, berichtete er damals an die Eltern in Meiningen.

Als der amtierende Herzog Bernhard II. nach einem Konflikt mit Preußen unverhofft zurücktrat, gelangte Georg 1866 an die Regierung. Im eskalierten Streit wurde Meiningen sogar kurzzeitig preußisch besetzt. Erst die Anbindung an den »Feind« und der Beitritt zum Norddeutschen Bund brachte die Entspannung und schließlich die Beteiligung am Deutsch-Französischen Krieg 1870/71. Ruhmreich nahm Georg II. am Feldzug teil und wohnte der Kaiserproklamation in Paris bei.

Zu Hause reformierte der Landesherr das Schulwesen, versuchte die Heimarbeit im Thüringer Wald anzuheben und gab seiner Residenzstadt nach dem großen Meininger Stadtbrand von 1874 ein neues Antlitz. Der Tod seiner zweiten Frau Feodora, die 1872 am Scharlachfieber verstarb, erwies sich zunächst als Unglück, eröffnete Georg II. aber die Möglichkeit, seine heimliche Geliebte, die Hofschauspielerin Ellen Franz zu ehelichen. Der Skandal war perfekt! In aller Eile heirateten die beiden am 18. März 1873 auf Schloss Altenstein, das Brautkleid mußte ein Theaterkostüm ersetzen und das Adelsprivileg »Freifrau von Heldburg« die ersten Wogen der Empörung glätten. Georg II. bot mit dieser Heirat sowohl dem deutschen Hochadel die Stirn, als auch der eigenen bestürzten Familie. Nicht nur, daß der Vater fortan kein Wort mehr mit ihm wechselte, nein, er sprach seinem Sohn sogar die Regierungsfähigkeit ab und bat seinen »Erbfeind« Kaiser Wilhelm I., die Ehe zu annullieren. Doch allen Anfeindungen und Intrigen zum Trotz, die Liebe zu seiner »herzlieben Mumimunnie« überdauerte die Zeiten. Noch 1912 schrieb Georg: »Munele, liebes, wie bin ich nur zu dem unverdienten Glück gekommen, daß Du meine Frau wurdest. Das Glück ist gar nicht auszudenken.« Eine wohlgemeinte kulinarische »Intrige« überliefern die Meininger Archivalien. Als Georg II. in späteren Jahren auf Diät gesetzt worden war, intrigierte das »geliebte Munele« mit Arzt und Hofmarschall und ließ die zwar geliebten, aber ungesunden Speckflundern von der Speisekarte ihres Mannes heimlich tilgen. Seiner Gesundheit willen und aus Liebe! Doch es ist nicht nur die Liebe, sondern auch die Leidenschaft zu Theater und Musik, die beide verband.

Der Qualität der berühmt gewordenen Meininger Theateraufführungen kamen die herzogliche Hartnäckigkeit, der historische Kenntnisreichtum und die Detailverliebtheit für die Requisiten zu Gute. Der Ehrentitel »Theaterherzog« kam schließlich nicht von ungefähr. Mit seiner Frau ließ er es sich nicht nehmen, Schauspieler von Hand zu verlesen und nächtlichem Einstudieren der Texte beizuwohnen: »Auch die längste Probe wurde nie durch eine Souperpause der Herrschaften unterbrochen. Der Herzog wickelte gut bürgerlich ein Butterbrot aus dem Papier, später nötigte ihm seine Gemahlin wohl etwas Schokolade auf. Erst nach der Probe nahm das fürstliche Paar sein Abendessen im Schloß ein und blieb gewöhnlich noch lange auf, die Arbeit des Abends besprechend«, überliefert der Schauspieler Max Grube. Ebenfalls großen Wert legte Georg II. auf ein illusionistisches Bühnenbild, bei dem seine historisch und kunstgeschichtlich geschulten Augen zur qualitätsvollen Ausführung beitrugen. Oft lieferte er die Entwürfe für Bühnenbild und Kostüme selbst. Sein außergewöhnliches Zeichentalent soll der berühmte Maler Kaulbach mit den Worten kommentiert haben: »Schade, daß Sie ein kleiner Fürst sind, Sie hätten ein großer Maler werden können!« Und die Meininger gingen mit ihrer Kunst auf Reisen. Europaweit begeisterten sie mit Gastspielen. Von Moskau bis Stockholm galt die simple Ankündigung »Die Meininger kommen!« als Garant für modernes Regietheater vom Feinsten.

»Spar dir deinen Odem und koch dir lieber eine Suppe damit!«
Meininger Spruchweisheit

Auch zu Hause konnte Georg neue Maßstäbe setzen und den Bühnenraum samt seiner Maschinerien zum Gesamtkunstwerk ausbauen. Nach dem Brand des Meininger Theaters 1908 war mit der Wiedereinweihung im Folgejahr auch die modernste Technik verfügbar. Eine Vorrichtung zur Erzeugung von künstlichem Dampf und Rauchwolken samt elektrischem Licht durch einen »60pferdigen Gasmotor« sorgten für spektakuläre Effekte. Und draußen prangten in großen Lettern die Worte: »Dem Volke zur Freude und Erhebung.«

Wie im Theater fand Georg II. auch in der Musik sein ureigenes Betätigungsfeld und schöpferische Entspannung. Die Liste jener Musiker, die mit dem Regenten in Verbindung standen, liest sich wie ein Lexikon der Musikgeschichte des 19. Jahrhunderts.

Allen voran Hans von Bülow, der als Hofkapellmeister vom Herzog mit Worten und den besten Weinen geehrt wurde. Gleichermaßen Max Reger, den wiederum die Freifrau von Heldburg mit Pößnecker Schokolade verwöhnte. Im Werrastädtchen ergriffen ferner der junge Richard Strauss, Franz Liszt und Richard Wagner den Taktstock. Die Meininger Hofkapelle wurde gelegentlich sogar nach Bayreuth ausgeliehen. Und letztendlich wäre noch Johannes Brahms zu nennen, der maßgeblich durch Aufführung seiner Werke und die freundschaftliche Zuneigung des Herzogpaares gefördert wurde.

So wie Georgs Herz für Musik und Theater schlug, konnte er sich auch für opulente Gerichte, wie Steinbutt mit Champagner oder Kalbsmilch mit Edelpilzen begeistern. Neben erlesenen Weinen bei Tafelmusik, nahm sein Magen auch einfache Kost und Wasser wohlwollend entgegen, je nachdem ob er als Fürst repräsentierte oder als Privatmann pausierte. Auf einer Almhütte nahe Berchtesgaden genügten ihm in der stillen Abgeschiedenheit eine Schwarzbrotsuppe mit Speck oder Linsensuppe mit Rotwurst. Der leidenschaftliche Jäger ging dort auf Gamsjagd und schoß bei Regenwetter das Wildpret auch mal vom Fenster aus. Waren die kredenzten Gerichte nicht nach seinem Geschmack, so wanderten gelegentlich Beschwerdezettel in die Meininger Hofküche, wie dieser vom Dezember 1888: »Heute verlange ich zum letzten Mal mit Worten, u[nd] zwar durch Vermittlung des Hofmarschallamt's, daß das Geflügel Hausmanskostmäßig zubereitet werde, wen[n] nicht Diners stattfinden. Die Köche brauchen nur bei ihren Frauen in die Lehre zu gehen. Ich bin zu Ende mit meiner Geduld!«

Zwar war Herzog Georg II. mit vielen Lebensjahren gesegnet und nach 1900 der älteste regierende Monarch Europas, jedoch gesellten sich zum hohen Alter auch die Gebrechlichkeiten. Beispielsweise verleidete ihm seine Schwerhörigkeit manche Aufführung und manchen Musikgenuß. Und die schlechte Zahngesundheit erforderte nahezu die Hälfte seines Lebens das Tragen eines Gebisses. Insgesamt erfreute er sich aber einer robusten Natur, die er mit Wanderungen und mancherlei Diäten sowie starkem Willen zu kräftigen wußte. Plagten ihn Rheuma und Asthma stärker, suchte der Herzog Linderung im Heilwasser, durch Moorbäder und Massagen diverser Kurstädte. Bezeichnenderweise verbrachte er seine letzten Lebenstage in Bad Wildungen. Die asthmatischen Anfälle waren dort so stark geworden, daß er im Dämmerzustand nur Tee und Milch trinken konnte und etwas Weingelee seine einzige Nahrung bildete. Am 25. Juni 1914 verschied ein großer Visionär des Theaters, ein volksnaher Monarch und geachteter Förderer der Musik. Schon viele Jahre zuvor hatte Richard Wagner ihn mit zwei prägnanten Sätzen zu ehren gewußt: »Es giebt viele Meinungen – aber nur ein Meiningen. Wie viele über mich herzogen, ich kenne nur Einen Herzog.«

Aufgelesenes und Auserlesenes

Ohne Zweifel, die Bratwurst ist Thüringens kulinarischer Exportschlager. Landauf, landab zelebrieren Genießer Zubereitung und Verzehr des würzigen Grillgutes. Schon Georg II. wußte um deren Bedeutung für Völkerverständigung. Seine dritte Frau berichtete von der Landwirtschaftsausstellung in Heldburg 1886: »Nachher ist dann ein Volksfest im Hain mit obligaten Bratwurstständen, von denen der Duft, gleich Opfergerüchen, ein leichtes Gewölke aufsteigen wird. Der Herzog und sein Jüngstgeborener behaupten, das sei der schönste Parfüm, den man sich denken könne [...]«. Ganz so poetisch hielt es der Meininger Hofmetzgermeister Luther nicht. Als eine Kundin sich einmal über den hohen Knochenanteil seines Fleisches beschwerte, gab er die derbe Antwort: »Ja, Frau Müller, wenn die Ochsen erst auf Bratwürsten statt auf Knochen gehen, bekommen Sie Bratwürste!«

Nationalgut

Neben Rhabarberkompott waren Preiselbeeren eine geschätzte Nachspeise des Herzogs. Bereits in der Kindheit liebte er die eingekochten Beeren mit Plinsen vom Herd seines Lehrers Moritz Seebeck. Beim Studium in Bonn sammelte Professor Dahlmann höchstpersönlich die roten Beeren, um den Studenten mit einer Marmelade zu überraschen. Als der Herzog 1894 in Bad Gastein weilte, schickte er aus seinem Kurhotel ein Telegramm samt Kochanleitung in die Heimat: »Nach diesem Recepte sollen die diesjährigen noch einzumachenden Beeren behandelt werden. Ich schicke demnächst einen Topf mit Preißelbeeren an's Hofmarschall-Amt, der in der Speisekammer ungeöffnet [sic!] aufzubewahren ist, bis ich komme!« Und 1899 verfügte er, daß die Preiselbeeren aus Norwegen und Schweden im rohen Zustand zu beschaffen seien, um das geliebte Kompott zu sichern.

Mehr davon!

Er wird in Thüringen heiß geliebt, hat sogar ein eigenes Museum und wurde einst vom Meininger Dichter Rudolf Baumbach im »Lied vom Hütes« (1887) verewigt. Der Thüringer Kloß muß am besten handtellergroß und von fester bis zugleich weicher Konsistenz sein. Erst dann zaubert das Thüringer Magenpflaster ein seliges Lächeln auf das Gesicht eines jeden Kenners. Stirnrunzelnd machte deshalb Georg II. als oberster Verkoster der Nationalspeise am 10. Januar 1908 folgende Eingabe an die Hofküche: »Peters, der aus keinem Hütesland gebürtig, hat die Bereitung der Hütes nicht weg, wie heute Mittag zu merken.« Daß das Südthüringer Herzogtum das erklärte Geburtsland der Klöße ist – auch Kloßheim genannt – beweist zudem ein Meininger Original des 19. Jahrhunderts. Die Lieblingsmahlzeit des Hutmachers Heinrich Bohlig war natürlich der Kloß. So kam es nicht von ungefähr, daß er voller Gier und Ungeduld die begehrten Rundobjekte mit der bloßen Hand aus dem kochend heißen Wasser angelte. Sonntags war kein Kloß vor ihm sicher. Letztendlich soll er sogar an einer Überdosis der Meininger Spezialität verstorben sein.

Runde Sache

Der Herzog hatte eine Reihe von Landtagsabgeordneten zur Tafel geladen. Wie üblich bei Hofe, wurde auch eine Kristallschale mit parfümiertem Wasser für die Hände her-

Magenhygiene

umgereicht. Unkundig der Sitten, setzte der Bürgermeister vom Dörfchen Eckardts die Schale beherzt an und trank daraus. Räuspernd fragte Georg II. den Abgeordneten, ob es geschmeckt habe. Dieser, sich noch immer keiner Schuld bewußt, entgegnete im breiten Thüringer Dialekt: »Das war aber ein dünnes Pünschle.« Seit diesem Tag waren die Netzwasserschalen am Meininger Hof abgeschafft.

Köstlich

Der Komponist Johannes Brahms wurde von Herzog Georg II. und Helene von Heldburg stark gefördert und stand zeitlebens mit ihnen in freundschaftlicher Verbindung. Einst war dieser bei einem Bewunderer geladen, der einen kredenzten Wein besonders hervorhob, indem er meinte, daß es der Brahms unter seinen Weinen sei. Der Musiker kostete, nickte anerkennend und entgegnete: »Und jetzt würde ich gerne Ihren Beethoven kosten!«

Reger rigoros

Der Meininger Hofkapellmeister Max Reger war für seinen feinsinnigen Humor bekannt. In jungen, weniger erfolgreichen Jahren provozierte er gern mit seiner Unterschrift »Rex Mager«. Als der Erfolg ihn bereits eingeholt hatte, dirigierte er einmal das Forellenquintett von Schubert, worauf ihm ein Verehrer nach dem Konzert einen Korb fangfrischer Forellen schenkte. Regers Dank las sich wie folgt: »Vielen Dank für Ihr liebenswürdiges Geschenk – und darf ich Sie bei dieser Gelegenheit darauf aufmerksam machen, daß in meinem nächsten Konzert Haydns Ochsenmenuett geplant ist.«

Donnerwetter und Kopfwäsche

Die Meininger Hofküche konnte nicht immer mit der Gunst des Herzogs rechnen. Wenn etwas seinem Geschmack nicht entsprach, und dies im wahrsten Sinne des Wortes, schlug es sich auch in der Korrespondenz mit der Küche nieder. Daß er im Temperament sehr aufbrausend sein konnte, spiegelt seine Kritik wegen eines zähen Hähnchens wieder. »Es war für die Hofküche eine Affenschande! Bitte, einmal drein zu fahren mit Don[n]erwetter.« Und wegen eines Brotes, welches beim Rösten steinhart geworden war, beschwert er sich 1908 über die Lehrköche: »[Sie] scheinen nichts lernen zu wollen, wen[n] es nicht Schabernack ist, den sie treiben. [...] Ich bitte einmal eine Kopfwäsche dieser Schlingel vornehmen zu wollen, unter deren Anwesenheit zu leiden ich keine Lust habe. Ich leide insofern darunter, weil ich mich über die Jungens ärgere.«

Es geht um die Wurst

Der Meininger Landesrabbiner Moses Dreyfuß (1807–1879) wurde einmal von einem Religionsbruder befragt, ob der Genuß einer Wurst vom Schwein wirklich der Sünde zuzurechnen sei. Seine Antwort entsprach der Glaubenspolitik und verwies auf die strengen Regeln des Talmuds. Kurz darauf erwischte der Fragesteller den Rabbiner, wie er sich die Gaumenfreude einer Bratwurst gönnte. Empört stellte er ihn zur Rede, wie er einerseits das Verbot aussprechen und andererseits sich an der Wurst erfreuen könne. Verschmitzt entgegnete der jüdische Gemeindevorsteher: »Ja, ich habe auch nicht erst gefragt!«

Meininger Hütes

Das Brötchen in gleichgroße Würfel schneiden und in reichlich heißem Öl oder Butter knusprig braun braten. Beiseite stellen und abkühlen lassen. Kartoffeln schälen, drei gar kochen und die restlichen zehn Kartoffeln im elektrischen Entsafter reiben. Auf die gut trockene Masse in einer separaten Schüssel etwas Salz geben und nach und nach die gekochten Kartoffeln gut untermengen, bis eine gebundene Kloßmasse entsteht, die sich vom Schüsselrand löst. Gegebenenfalls sind nicht alle gekochten Kartoffeln notwendig, aber vielleicht etwas vom ausgepreßten Stärkewasser. Mit nassen Händen gleichgroße Klöße formen, in die Mitte 4–6 Brötchenwürfel geben, zwischendurch die Hände immer wieder in kaltes Wasser tauchen. Klöße in reichlich kochendes Wasser geben, damit sie frei schwimmen können und die Hitzezufuhr klein stellen. Ohne Deckel, die Klöße dürfen nicht mehr kochen!

Die Klöße sind gar, wenn sie an die Oberfläche steigen. Dauert es mit dem Aufsteigen länger, leicht am Topf rütteln. In Thüringen heißt es aber: »Klöße und junge Mädchen müssen allein aufstehen.« Der Kartoffelklassiker paßt hervorragend zu Wild, Geflügel oder Rouladen.

1	Brötchen	2 h
13	große, festkochende Kartoffeln	
	Salz	

»Huste, bos duste?
Koch Lense!
Wu sense?
Im Döpfe,
sie höpfe.
In der Gelle,
sie quelle.
Sie koche
vier Woche.
Sen doch wie Knoche.«
Kindervers aus dem Meininger Land

Feine Jägersuppe

In der Bouillon die Rebhühner langsam weich köcheln lassen. Sie werden sodann herausgenommen und zur späteren Verwendung beiseite gestellt. Anschließend wird die Brühe mit einer Mehlschwitze und einem Sträußchen aus Petersilienblättern, Thymian und einem Zweig Basilikum aufgekocht. Dazu kommen die fein geschnittenen Schalotten, das Lorbeerblatt und der Madeira. Das Fett und den Schaum abschöpfen, die Brühe über die Linsen gießen und das fein zerlegte Fleisch der Rebhühner und den gewürfelten Schinken dazugeben. Warm halten! Zuletzt die Würstchen braten und ebenfalls in kleine Würfel geschnitten untermischen.

3 l	kräftige Rindsbouillon	4 h
3	küchenfertige Rebhühner	
	Petersilie, Thymian Basilikum	
5	Schalotten	
1	Lorbeerblatt	
250 ml	Madeira	
250 g	weichgekochte Linsen	
500 g	gekochter Schinken	
6	kleine Bratwürste	

Meininger Linsensuppe mit Rotwurst

120 min

	250 g	Linsen
	1	Lorbeerblatt
	1 Stück	Pökelfleisch
	4–6	kleine Rotwürste
		Salz
		Pfeffer
	wenig	Nelken
		Piment
		Rübensirup
		Gurkenwasser
	250 g	Mehl
		Milch
	2	Eier

Trockene Linsen verlesen und über Nacht mit Wasser bedeckt quellen lassen. Mit dem Einweichwasser, Lorbeerblatt und Pökelfleisch aufsetzen und langsam weich kochen. Zusätzlich kleine, harte Rotwürstchen zugeben und kurz mitgaren. Die Suppe mit Salz, Pfeffer, etwas Nelken, Piment und etwas Rübensirup sowie Brühe von Gewürzgurken abschmecken. Das Pökelfleisch entnehmen und die Rotwürstchen klein schneiden und separat dazu servieren. Zusätzlich aus dem Mehl, etwas Milch und Eiern einen dicken Brei für Spätzle verrühren. Die Masse auf ein nasses Brett streichen und stückchenweise in siedendes Salzwasser schaben. Gar ziehen lassen. Wenn die Spätzle oben schwimmen, sind sie gar. Mit dem Schaumlöffel entnehmen und zur fertigen Suppe geben.

Thüringer Bratwurst

45 min

	1 kg	Kalb- und Schweinefleisch (Schulter und Eisbein)
	16 g	Salz
	4 g	Pfeffer
		Muskatnuß
	1–2	Knoblauchzehen
	3–4	Eier
		Kümmel
		Milch
		Schweinedärme

Das Fleisch durch den Fleischwolf geben und zu einer feinen Masse verarbeiten. Diese mit Salz, frisch gemahlenem Pfeffer, etwas frisch geriebener Muskatnuß, fein gepreßtem Knoblauch, Eiern und eventuell fein gemahlenem Kümmel würzen und sehr gut vermengen. Etwas Milch hinzugefügt ergibt saftigere Bratwürste. Die Masse wird mit der Maschine gleichmäßig in gewässerte Därme gefüllt, gut zugedreht und verschlossen. Die Menge reicht für ungefähr zehn Würste.
Mit der Milch halten die Bratwürste zwei Tage frisch. Vor dem Braten eine Stunde in kaltes Wasser legen. Den Rost sorgsam mit Speck einreiben und eine gleichmäßig heiße Glut erzeugen. Die Würste nach Wunsch braun braten und gelegentlich mit Wurstwasser oder Bier bespritzen.

Preiselbeerkompott

30 min

	1	Zitrone
	250 g	Zucker
	1 kg	Preiselbeeren
	1	Zimtstange
	½	Vanilleschote
	1 EL	Mehl

Die Zitrone unter heißem Wasser abreiben, um diese zu säubern und das Aroma zu aktivieren. Die Schale fein auf den Zucker abreiben. Wenig Wasser in einen Topf geben, die Preiselbeeren und den Zitronenzucker hinzufügen. Zimtstange und aufgeschlitzte Vanilleschote einlegen, alles mischen und bei kleiner Hitze langsam köcheln lassen, bis die Beeren weich, aber nicht breiig sind. Diese etwas drücken und mit dem Schaumlöffel entnehmen, die Flüssigkeit dicklich einkochen, gegebenenfalls etwas gesiebtes Mehl einrühren. Anschließend wieder über die vorbereiteten Preiselbeeren geben. In Kombination mit Vanilleeis entsteht ein wunderbares Geschmackserlebnis aus kalt und warm, süß und herb.

Brehms Tischleben
ALFRED EDMUND BREHM (1829–1884)

»Im grünen Thüringerlande liegt ein Kirchdorf; unweit der Kirche steht das Pfarrhaus. Neben ihm erhebt sich eine uralte Linde. In dem Pfarrhause bin ich geboren; unter der Linde habe ich die Spiele der Kindheit begonnen.« Wer könnte seine Wurzeln besser schildern, als der Protagonist selbst? Bereits früh begann für Alfred Brehm der Naturkundeunterricht durch seinen berühmten Vater Christian Ludwig Brehm, den Vogelpastor. Dabei lagen Leben und Sterben dicht beieinander. Als im April 1837 ein überraschender Wintereinbruch die Renthendorfer Vogelwelt dezimierte, streute der Pfarrer mit seinen Kindern Mehlwürmer, Ameiseneier, Semmelkrumen, Käsequark, gemahlenen Hanf und Sämereien aus, um die Verluste gering zu halten. Im gleichen Jahr bekam der achtjährige Alfred ein Gewehr geschenkt, mit dem es in die Wälder auf Jagd ging. Zu Hause angekommen stand die Auswertung an, anhand des Mageninhaltes der geschossenen Vögel wurden Aussagen über deren Zugzeiten getroffen oder die Länge der Därme vermessen. Alles mit wissenschaftlicher Leidenschaft und Akribie, die in eine ungeheure Zahl von Vogelbälgen mündete. Der Pfarrhof muß ein einziges Mausoleum gewesen sein. Obwohl er die Tier- und Pflanzennamen seiner Thüringer Heimat noch vor dem ABC kannte, tauschte Alfred Brehm nach der Grundschule Gewehr und Fangstricke gegen Zollstock und Senklot und begann eine Maurerlehre in Altenburg. Ein Architekturstudium in Dresden sollte folgen. Doch das Schicksal, in Gestalt eines Barons mit Fernweh, wollte es anders. Gegen die Elbstrände bot Johann Wilhelm von Müller die Ufer des Nils. Auf ins Abenteuer! Der achtzehnjährige Alfred Brehm war überwältigt, als er das erste Mal das Meer sah, war beeindruckt von den ägyptischen Pyramiden und fasziniert von den fremden Lebenswelten und ihren Tieren. Aber die Reise geriet auch zum gefährlichen Spiel: eine kräftigende Hühnersuppe mußte ihn nach den Fieberschüben in der Tropenhitze kurieren, ein Löwenbiß hinterließ Narben, doch trotz wiederkehrender Malariaanfälle blieb er in der Fremde. Aber gelegentlich überfiel ihn die Sehnsucht nach Thüringen. Er schrieb an den Renthendorfer Müller: »Wenn ich dann heim komme dann werde ich wieder mit Euch Kaffee trinken und Pulze essen, und deiner Christel Geschichten von den Schwarzen erzählen, daß ihr der Mund und die Nase aufstehen sollen [...]«. Und den Eltern klagte der verlorene Sohn, daß er bereits »vom idealen Genuß einiger Flaschen Köstritzer Doppelbiers« träume und sich »bei den ewigen Einerleigerichten zur Abwechslung einmal Kardoffelbrei mit Bratwürsten« wünsche. Die ägyptischen Tagesrationen waren aber wirklich nicht exquisit, allemal sättigend: »Morgens Kaffee mit Milch und Zucker und trockenes Brot. Mittags [...] Suppe! Fleisch und Gemüse, von dem es drei Sorten gibt, mit sehr viel Nilwasser. Abends die aufgewärmten Gerichte von Mittag und abermals viel, viel Nilwasser.« Nach fünf Jahren kehrte er mit reicher Beute – bestehend aus lebenden und präparierten Tieren und einer immens großen Ausbeute an Wissen – nach Deutschland zurück.

Es stand nun außer Frage, daß Baukunst gegen ein Studium der Naturwissenschaften eingetauscht werden sollte. Seine Universitätslaufbahn in Jena, mit Karzerhaft, Sauftouren und Burschenschaftszugehörigkeit geriet zeittypisch, aber kurz. Der »Pharao«, wie seine Korpsbrüder ihn nannten, lernte nur vier Semester, dann wurde sein Buch »Reiseskizzen aus Nordostafrika« als Abschlußarbeit anerkannt und der Autor promoviert entlassen. Was sollte der Naturbursche mit Doktorgrad in der Tasche mit sich und der Welt anfangen? Nach einer Spanientour lag sein nächstes Reiseziel näher: Leipzig. In Ernst Keil, dem Verleger der legendären »Gartenlaube«, fand er 1856 einen Gönner und Auftraggeber. Brehms tierisch gute Aufsätze in der Familienzeitschrift fanden den Beifall zahlloser Leser. Der Wechsel in den Schuldienst 1861 war nur eine kurze Episode, aber man kann sich gut vorstellen, daß die jungen Mädchen der Höheren Töchterschule wie gebannt an den Lippen ihres Naturkundelehrers gehangen haben müssen. Im gleichen Jahr war eine berufliche Konsolidierung von Nöten, da er seine Greizer Cousine Mathilde Reiz heiratete.

Bereits im Jahr darauf bot man ihm den Posten eines Zoodirektors in Hamburg an. Was für eine Herausforderung! Zunächst ließ man Brehm freie Hand und gewährte eine ausreichend hohe Geldsumme. Doch die »Hamburger Kaffeesäcke«, wie der Tierparkleiter seine Finanziers titulierte, waren drei Jahre später nicht mehr mit seiner

Tatkraft und den Plänen einverstanden. Es kam zum Bruch zwischen Brehm und den Kaffeesäcken – die Alster wurde gegen die Spree eingetauscht. In Berlin wagte er einen Neuanfang und hatte die Vision eines ganz neuartigen Aquariums mit Schlangenhaus und Volieren bereits vor dem inneren Auge. Sein Konzept vom sinnlichen Zoo mit Licht- und Schattenspielen, einer geologischen Grotte, in der die Schichtenfolge der Erdkruste im Kleinmaßstab nachgebildet war, bis hin zum angeschlossenen Restaurant, ging auf. Die Besucherströme ebbten nicht ab. Doch auch hier setzte man nach sieben Jahren den Rotstift an und es kam zur Vertragsauflösung.

Seit seiner Afrikareise packte Brehm immer wieder der Forscherdrang. Auf einer Vielzahl von Expeditionen studierte er nicht nur ausführlich die Tierwelt, sondern lenkte seine Beobachtungen genauso auf die kulinarischen Gebräuche seines Gastlandes. So empörte er sich in seinen Tagebüchern aus Spanien über Berge von Vögeln, die auf den Märkten als tägliche Nahrung angeboten wurden. Und bei seinen Forschungen in Westsibirien konstatierte er, daß das Köstritzer Bier ersetzbar sei, denn nicht nur das Essen sei gut, sondern es sei auch ein »sehr mundendes Bier vorhanden«.

In all den rastlosen Jahren zog es ihn immer wieder an den elterlichen Herd und in die Renthendorfer Arbeitseinsamkeit. Dort ging er der geliebten Rosenzucht nach und arbeitete an der zweiten Ausgabe seines erfolgreichsten Werkes. Hermann Julius Meyer aus Hildburghausen war 1863 auf den jungen Reisenden aufmerksam geworden. Mit dem Vorschlag für eine mehrbändige Tierenzyklopädie rannte er offene Türen ein. Fortan machte es sich Brehm zur Aufgabe, die Tiere nicht nur zu beschreiben, sondern detailliert in ihren Verhaltensweisen, Gewohnheiten und Eigenarten facettenreich zu skizzieren. Voller Erfolg! »Brehms Tierleben« wurde zum Kassenschlager, zur zoologischen Bibel und zur Einstiegslektüre für nachfolgende Brehms, wie Heinrich Dathe oder Bernhard Grzimek.

Nach den Niederlagen in Hamburg und Berlin wollte Brehm sein eigener Herr sein und schlug sich als freier Schriftsteller und Vortragsreisender durch, wußte er doch Leser und Hörer gleichermaßen zu fesseln. Als er 1883 zu Vorträgen in die USA abreisen wollte, stand das Leben seiner Kinder auf dem Spiel, sie waren an Diphtherie erkrankt. Mit Sorgen und Zweifeln reiste er von Berlin ab und kam 1884 als gebrochener Mann zurück. Sein jüngster Sohn war zu Grabe getragen worden. Alfred Brehm, selbst krank, folgte mit nur 55 Jahren im selben Jahr nach. Vielleicht sein Ende ahnend, hatte er noch in aller Eile den Umzug von Berlin nach Renthendorf realisiert. Über die letzte Lebenszeit ihres Vaters schrieb die Tochter: »Bis spät in die Nacht saß er vor der Pfarrscheune und verfolgte den aufgehenden Mond über den Ahörnern. Er war so ganz mit der Natur verwachsen.«

Dieses wunderbare Fleckchen Erde gibt es immer noch: von der alten Pfarrscheune, über das Wohnhaus aus rotem Backstein mit den Originalmöbeln, bis hin zum Reisebesteck aus Afrika. Und über allem liegt eine Atmosphäre, als ob der große Tiervater nur mal eben in den Wald gegangen wäre.

Aufgelesenes und Auserlesenes

Affengeil — Von seiner Afrikareise hatte Brehm ein munteres Affenpärchen mitgebracht und in seiner Thüringer Heimat »ausgewildert«. Das Renthendorfer Pfarrhaus erklärten Hassan und Atile kurzerhand zum Abenteuerspielplatz. Im ganzen Dorf hörte man die Klagen über ihr gaunerhaftes Benehmen. Bonnie und Clyde hatten eine Vorliebe für Rahm, Milch und Eier entwickelt. Kein Versteck war vor ihnen sicher. Ertappte sie Mutter Brehm mit verschmiertem, dottergelbem Maul, half nur die Maßregelung. Am nächsten Tag legte der Täter ein unversehrtes Ei direkt vor die Füße der Hauspolizei und zog sich reumütig zurück.

Löwenstark — Im Sudan bekam Brehm eine pudelgroße Löwin geschenkt, die schnell über Hundegröße hinauswuchs. Bachida liebte die Spiele mit ihren tierischen und menschlichen Mitbewohnern. Als einmal zur Regenzeit der Hof in Karthum einer Schlammwüste glich, legte sich die Löwin auf die Lauer. Soeben trat ein griechischer Kaufmann, ganz in weiße Tücher gekleidet und ja darauf bedacht nicht den Schmutz oder Kot zu berühren, zur Tür heraus. Bachida wagte den Sprung, der Kaufmann, »halb ohnmächtig vor Schreck« stolperte, fiel und mit einem weiteren Sprung war das Kätzchen über ihm, umarmte ihr weißes Opfer zärtlich und wälzte sich mit dem laut Schreienden in der braunen Brühe.

Straußenmagen — »Meiner Ansicht nach gehört der Strauß zu den dümmsten, geistlosesten Vögeln, welche es gibt.« Dies konstatierte Brehm und fügte zum Beweis den unersättlichen Magen des großen Laufvogels an, welchen er in Karthum manches Mal verfluchte: »Er scheint einen unwiderstehlichen Hang zu besitzen, nach allem, was nicht niet- und nagelfest ist, zu hacken und es wohlmöglich aufzunehmen und in den Magen zu befördern. Wenn wir etwas verloren hatten, welches nicht zu umfangreich war, suchten wir regelmäßig zuerst im Straußenkot nach dem vermißten Gegenstande und sehr oft mit Glück. Mein ziemlich umfangreicher Schlüsselbund hat den angegebenen Weg, wenn ich nicht irre, mehr als einmal gemacht.«

Entengang — Alfred Brehms Reiseabenteuer reichten von der afrikanischen Wüste bis hinauf zu den norwegischen Schärengärten. Hoch im Norden gehörte zu seinen zahllosen Tierbeobachtungen das besitzergreifende Wesen der Eiderente: »Eigenwillig wie sie ist, begnügt sie sich keineswegs mit dem ersten Tanghaufen, [sondern] nähert sich auch furchtlos, als wenn sie ein Haustier wäre, der Wohnung des Besitzers, tritt in das Innere derselben, durchmißt die Flur, beengt die Hausfrau in Küche und Gemach, ersieht, launenhaft und starrsinnig, vielleicht gerade das Innere des Backofens zu ihrer Niststelle und zwingt dadurch die Hausfrau, monatelang ihr Brot auf einer anderen Insel zu backen.«

Eingelegter Kürbis

Den Kürbis säubern, schälen und in mundgerechte Würfel schneiden. In einem großen Topf mit dem säurearmen Essig übergießen und für 24 Stunden durchziehen lassen. Am Folgetag in einem Durchschlag abtropfen lassen und kurz mit Wasser abspülen. Zucker, Essig und den geschälten Ingwer in einem Topf erhitzen und den Kürbis hinzugeben, der so lange kochen muß, bis er glasig ist. Von der Zitrone mit dem Zestenreißer kurze Stücke abschaben und die Schale dem Kochgut zugeben. Den Kürbis heiß, mit der Flüssigkeit bedeckt in Gläser füllen und fest verschließen.

2 kg	Kürbis	26 h
	leichter, säurearmer Essig	
1,5 kg	Zucker	
1 l	Weinessig	
1	daumengroßes Stück Ingwer	
1	Zitrone	

Renthendorfer Pulze

Die Kartoffeln schälen, weich kochen und durch eine Kartoffelquetsche pressen. Die Masse mit Ei und Salz vermengen und dann so viel Mehl dazu kneten, daß der Teig nicht mehr klebt. Dünn ausrollen, handliche Stücke ausschneiden und auf der heißen Herdplatte von beiden Seiten backen. Die heißen Teilchen mit Marmelade bestreichen, aufrollen und mit einer Tasse starkem Kaffee genießen.

12	große Kartoffeln	45 min
1	Ei	
	Mehl nach Bedarf	
1 Prise	Salz	
	Marmelade	

Senfsoße mit den Eiern, die der Affe übrig gelassen hat

Essig, Wein, Fleischbrühe in einem Topf erhitzen, den Zucker darin auflösen, die Eier unterquirlen und zuletzt den Senf zufügen. Zur Soße passen hart gekochte Eier und Kartoffelbrei.

2 EL	Weinessig	45 min
1 EL	Weißwein	
2 Tassen	Fleischbrühe	
1 EL	Zucker	
2	Eier	
2 EL	Senf	

Champagner vom Rodabach

Für das prickelnde Vergnügen den Zucker, Natron und die Weinsteinsäure im Wein gut auflösen.

1 Flasche	Würzburger oder Laubenheimer Wein	10 min
90 g	Zucker	
etwa 2 g	kohlensaures Natron	
1,2 g	Weinsteinsäure	

Sandkuchen nach Familie Brehm

90 min

10	Eier
375 g	Butter
250 g	Zucker
500 g	Mehl
etwas	geriebene Muskatnuß
1	Zitrone

Die Eier trennen und das Eiweiß zu steifem Schnee schlagen. Die Butter schaumig rühren und den Zucker einrieseln lassen, bis eine cremige Masse entstanden ist. Nach und nach die Eigelb unterziehen, eßlöffelweise das Mehl zugeben, sowie Muskat und die fein abgeriebene Schale der Zitrone. Zuletzt den Eischnee vorsichtig unterheben. Den Teig in eine gut gefettete und mit Paniermehl ausgestreute Kranzform geben. Im vorgeheizten Backofen bei 180 Grad etwa 50–60 Minuten backen. Noch warm aus der Form lösen und ganz abkühlen lassen.

Orangenmarmelade von Leila Brehm

55 h

400 g	Bitterorangen
100 g	Apfelsinen
	Wasser
625 g	Zucker

Die Orangen und Apfelsinen mit heißem Wasser gut abreiben. Mit der Schale in ganz feine, papierdünne Scheiben schneiden und dabei die Kerne entfernen. In einem Topf die Früchte knapp mit Wasser bedecken und 24 Stunden kühl stellen. Am nächsten Tag etwa 1,5 Stunden zugedeckt kochen und erneut 24 Stunden ruhen lassen. Am dritten Tag den Sud mit dem Zucker dicklich einkochen, bis er wie heller Bernstein aussieht. In gut verschlossenen und sterilisierten Gläsern hält sich die Marmelade jahrelang.

Süße Lerchen

26 h

150 g	Mehl
150 g	Butter
1	Ei
1 TL	Weißwein
100 g	Zucker
	Bittermandelöl
250 g	geriebene Mandeln
125 g	Zucker
1 Prise	Zimt
200 g	Aprikosenkonfitüre

Mehl, Butter, Ei, Wein, Zucker und einige Tropfen Bittermandelöl zu einem Mürbeteig verarbeiten. Über Nacht kühl stellen, dann 1/2 cm dick ausrollen und kleine, gefettete Förmchen (6 cm Durchmesser) auskleiden. Etwas Teig für die abschließenden Streifen zurückhalten. Für eine Marzipanmasse die Mandeln mit dem Zucker gut vermischen, in einem Topf bei geringer Hitze erwärmen und mit Zimt abschmecken. Vor dem Marzipan die Konfitüre in die Förmchen füllen und kreuzweise mit Teigstreifen belegen. Die süßen Lerchen bei 180 Grad (Ober-/Unterhitze) im vorgeheizten Backofen etwa 30–40 Minuten goldgelb backen.

Ob gebraten, gedämpft oder geröstet, ungezählte Lerchen wanderten im 18./19. Jahrhundert in die heimischen Kochtöpfe oder wurden bis nach Rußland exportiert. Mit dem Fangverbot schufen die Bäcker den süßen Ersatz, der den mit Speckstreifen umwickelten Vogelbalg nachbildet.

Linsen extra scharf
Ernst Abbe (1840–1905)

Nach zwölf Jahren starb der geliebte Spielgefährte des jungen Ernst Abbe an Fettleibigkeit. Dem toten Vierbeiner – ein Hund – muß es zu Lebzeiten besser gegangen sein, als dem Rest seines menschlichen Rudels. Abbes Biograph – Felix Auerbach – ging bei der Familie eher von einer sparsamen und »volksüblichen Ernährung« mit Suppe, Kartoffeln, zuweilen Hering und selten Fleisch aus. – Zeitlebens wurde der spätere Wissenschaftler, Unternehmer und Sozialreformer mit den pechschwarzen Haaren als dürr und hager beschrieben.

Ernst Abbe erblickte am 23. Januar 1840 in Eisenach das Licht der Welt. Damals konnte er nicht ahnen, daß dieses Licht mit seinen Gesetzen einmal sein ganzes Leben bestimmen würde. Der Vater arbeitete hart in einer Kammgarnspinnerei für den Unterhalt der Familie, oft bis zu 16 Stunden täglich. Meistens brachten seine zwei Kinder ihm das Mittagessen ins Werk. Jahre später, immer noch tief bewegt von den Eindrücken der Kindheit, berichtete Abbe: »Und ich bin dabei gestanden, wie mein

Vater sein Mittagessen, an eine Maschine gelehnt oder auf eine Kiste gekauert, aus dem Henkeltopf mit aller Hast verzehrte, um mir dann den Topf geleert zurückzugeben und sofort wieder an seine Arbeit zu gehen.« Fleisch gab es in der Familie nur sonntags. Zurückblickend behauptete Abbe einmal, daß die geistige Nahrung für ihn die nahrhafteste war. Bereits während seiner Eisenacher Schullaufbahn zeigte sich die Neugier für alles Naturwissenschaftliche. Der Schulleiter erkannte den Lerneifer des Jungen und spendierte geistige Lektüre sowie regelmäßig samstags ein Mittagessen. Zudem war der kleine Ernst einem seiner Mitschüler dankbar, der ihn ebenfalls mit zu sich nach Hause nahm, wo er in Wurst und dem geliebten Kartoffelsalat schwelgen konnte. Oder war es der kulinarische Lohn für den erteilten Nachhilfeunterricht?

Mittlerweile wohnte die Familie in der abseits gelegenen Eisenacher Burgmühle. Zur Mühle gehörte ein Garten, in dem der Vater die Imkerei betrieb und Gemüse anbaute, der Sellerie gedieh besonders gut. Als nach der Revolution von 1848/49 politische Flüchtlinge an die Tür der Burgmühle klopften, gewährte ihnen Familie Abbe selbstlos Unterschlupf. Hinter einem Schrank verborgen lag der Zugang zu einem geheimen Zimmer. Durch die herausnehmbare Rückwand wurde das Essen hindurchgereicht und bei Hausdurchsuchungen stand der kleine Ernst Wache und warnte die Flüchtlinge in ihrem Versteck durch leises Pfeifen.

Die Abschlußprüfungen am Eisenacher Realgymnasium absolvierte er 1857 mit Erfolg und seine Mathematikarbeit wurde mit dem Kommentar »fehlerlos bis auf einen Schreibfehler« bewertet. Der hielt ihn jedoch nicht von einem Studium der Mathematik und Naturwissenschaften in Jena ab.

Zu seiner knappen finanziellen Ausstattung konnten die Eltern nur wenig beitragen. Auf Grund seiner Herkunft blieb auch weiterhin Sparsamkeit die Maxime. Er gab weiter Nachhilfeunterricht und ergatterte einen der begehrten Freitische für minderbegüterte Studenten. Teilweise verzichtete er dort auf das Essen, ließ sich das Geld auszahlen und finanzierte damit die wichtigsten Lehrbücher. Vom Gewinn einer wissenschaftlichen Preisaufgabe spendierte er sich und seinen Kommilitonen ein Fäßchen Lichtenhainer Bier, welches stehendes Fußes und Fasses ausgetrunken wurde. Auch mit der ersten Wohnung hatte er ein glückliches Los gezogen. Sie war sehr preiswert, inklusive Vesperkaffee, mußte aber mit zahllosen Mitbewohnern, den Bettwanzen, geteilt werden. In Abbes Notizbuch für das erste Studienjahr ist nachzulesen, daß er bei seiner Hauswirtin Licht, Butter, Brot, Kirschen, Zwetschgen und Äpfel abrechnete, sich also mit den einfachsten Sachen zufrieden gab.

Ab 1859 setzte er sein Studium in Göttingen fort. Er schrieb an seinen Freund Harald Schütz, daß er nicht nur die Vorlesungen, sondern auch die Bier- und Weinkneipen gut frequentiere, sich am Stadtbier gütlich tue und »5 Seidel habe trinken können, ohne am andern Morgen auch das geringste zu spüren.« Bei allem Durst verlor er sein Ziel nicht aus den Augen und vollendete zielstrebig seine Promotion über die »Äquivalenz zwischen Wärme und mechanischer Arbeit«. Wieder an Schütz berichtete er wohlgelaunt: »Mit dem Doktorschwindel bin ich endlich fertig geworden. Heute war ich zum letzten Male beim Dekan, um den Doktoreid zu unterschreiben und ihm den Handschlag zu geben (welches letztere er indessen unter lauter Gerede rein und schön vergessen hat), und darauf habe ich dann vom Pudel [Pedell] 20 riesige Diplome erhalten, von denen Du eines bekommen wirst, während ich die übrigen meinem Vater übermachen werde, um damit die Hundehütte, den Abtritt usw. zu tapezieren.« Nach einer Zwischenstation als Lehrer in Frankfurt am Main kehrte Abbe an die Saale zurück und habilitierte sich dort 1863. Es galt als ungeschriebenes Gesetz, daß auf die bestandene Prüfung ein üppiges Mahl für den Dekan, Kollegen und Prüfer auszugeben war. Währenddessen leerten auf seiner Bude sieben Pedelle sieben Flaschen Wein und verdrückten ungezählte Stücke Kuchen. Zwar war nun die »verdammte Hundekomödie«, wie Ernst Abbe seine Habilitation bezeichnete, vorüber, aber als Privatdozent mußte er sich weiterhin durch Bedürfnislosigkeit auszeichnen, da seine Einkünfte niedrig blieben. Dieses Problem sollten die Zeit, sein Forscherdrang und Carl Zeiß lösen. Mittlerweile hatte sich mit dem Universitätsmechaniker eine intensive Zusammenarbeit angebahnt. Dessen Spezialwerkstatt für Feinmechanik und Optik benötigte dringend Unterstützung im Mikroskopbau, um sich gegen die Konkurrenz durchzusetzen. Tatsächlich stellte Abbe mit seiner Theorie der Bildentstehung im Mikroskop die Fertigung ab 1870 erstmalig auf eine wissenschaftliche Basis und löste das Arbeiten mit Erfahrungswerten und »Pröbeln« ab. Dadurch war der Wettbewerbsvorsprung erreicht und Zeiß honorierte den Beitrag des Physikprofessors 1875 durch eine stille Teilhaberschaft. Zu den vielfältigen »Nebenprodukten« von Abbes Forschungen zählten sein Beleuchtungsapparat, der Entfernungsmesser oder das Refraktometer, die den Patentbürokraten einiges an Arbeit bescherten. Aber ein Problem blieb bislang ungeklärt, die unzureichende Qualität des optischen Glases. Das sollte der geniale Glaschemiker Otto Schott lösen und damit war das erfolgreiche Jenaer Triumvirat komplett. Abbes Ehefrau Elise übernahm schließlich 1884 die ehrenvolle Aufgabe, das »Glastechnische Laboratorium Schott & Gen.« mit dem Anbrennen des ersten Schmelzofens einzuweihen und die Wirtin zu spielen. Zur feierlichen Eröffnung gab es Thüringer Rostbratwürste und Kartoffelsalat.

Bevor Carl Zeiß 1888 starb, konnte man noch gemeinsam das 10.000ste Mikroskop feiern. Die kleinen und qualitativ hochwertigen Linsen hatten zum unaufhaltsamen Wachstum des Unternehmens beigetragen. Aus einer regionalen Werkstatt mit drei Mitarbeitern um 1850 war mittlerweile ein international agierendes Unternehmen geworden. Fortan bildete mit Zeiss und Schott die optische Industrie in Jena eine feste Größe und prägte das Stadtbild. Um auch weiterhin das Wohlergehen der Firma zu sichern, gründete Abbe die Carl Zeiß-Stiftung, die das Unternehmen übernahm. Nachdem die juristischen und politischen Hürden genommen waren, fand man in den Stiftungsstatuten zu jener Zeit beispiellose Sozialleistungen. Noch das Bild seines von der Arbeit gebeugten Vaters im Hinterkopf, zählten dazu Urlaubs-, Kranken- oder Pensionsgelder, die sich unter seiner Hand in einklagbare Rechte und Paragraphen verwandelt hatten und für jedermann schwarz auf weiß nachzulesen waren. Zudem übertrug er bereits zu Lebzeiten große Teile seines Privatvermögens und sein Eigentum an Produktionsmitteln am Unternehmen an die Stiftung. So wie seine Arbeiter von den Gesetzen und Geldern profitierten, flossen zahlreiche Mittel an Stadt und Hochschule zurück, die noch heute mit Volkshaus oder Universitätsgebäude sichtbar sind. Zusätzlich wurde auf Abbes Initiative hin am 1. April 1900 der Acht-Stunden-Tag eingeführt. In der neuen Arbeitszeit war auch eine zweistündige Mittagspause enthalten, in der die Mitarbeiter das Essen zu Hause oder in der Werkskantine einnehmen konnten. Dafür fielen die Frühstücks- und Vesperpausen weg. Höchstpersönlich gab der Chef in einem Aushang Hinweise, wie man ohne Zeitverlust bei der Arbeit essen konnte. Frühstücksbrote sollten mundgerecht zugeschnitten sein, sodaß mit einer Gabel die Stücken aufgenommen werden konnten und dabei Papiere oder Maschinen nicht beschmutzt und bekleckert wurden.

Der erworbene Wohlstand, Abbe war nach heutigen Maßstäben Millionär geworden, änderte an seiner bescheidenen Lebensführung wenig. Jedoch gute Speisen, die Leidenschaft für starke Zigarren und ausgesuchte Weine gönnte er sich. Eine ganz bestimmte österreichische Rotweinmarke durfte in den Vorräten nicht fehlen und wurde regelmäßig aus Wien nachbestellt. Wenn er sich in sein Arbeitszimmer zurückzog, genoß er literweise Tee, rauchte dazu Zigarren und irgendwo hinter den Papierbergen schnurrte das Hauskätzchen. Urlaub und Ruhe waren Abbe Synonyme für seine geliebte Schweiz. Von den dortigen kulinarischen Anziehungspunkten berichtete sein Biograph Felix Auerbach: »Er liebte die Schweizer Gasthaus-Mahlzeiten von vielen Gängen, nicht, weil er gern viel aß, sondern, weil er gern auswählte.«

Im letzten Lebensjahr brachten die Reisen nicht mehr die erhoffte Erholung. Abbes Gesundheitszustand verschlechterte sich rapide. Der Körper wehrte sich gegen exzessiven Tabakkonsum und die zahllosen am Schreibtisch verbrachten Nächte forderten ihren Tribut. Wie sollte da ein Übermaß an Medikamenten den gesunden Schlaf erzwingen? Was er einst postuliert hatte: Acht Stunden Arbeit, acht Stunden Schlaf, acht Stunden Menschsein! mißachtete er selbst sträflich. Völlig abgemagert starb wenige Tage vor seinem 65. Geburtstag ein großartiger Mensch.

Eine späte Ehrung für sein Lebenswerk blieb ihm verwehrt. In den Jahren 1904 und 1905 für den Nobelpreis vorgeschlagen, entging den Schweden, was bereits lange zuvor der Engländer John Ware Stephenson erkannt hatte: »Objectives and their laws lay hid in night; God said: Let Abbe be, and all was light.« – Objektive und deren Gesetze waren im Dunklen verborgen und Gott sagte: Laß Abbe sein, und es wurde Licht.

Aufgelesenes und Auserlesenes

Es hatte sich menschlich gelohnt, daß der Privatdozent Ernst Abbe beim Ehepaar Donat eine Wohnung fand. Der Fleischermeister und seine Frau waren ihrem Untermieter sehr zugetan und kümmerten sich liebevoll um seine Belange. Während Donat beim Schachspiel mit obligatorischem Kaffee und Zigarre aufwartete, schob seine Ehefrau ihrem »Großgehungerten« immer wieder eine Extraportion Essen zu. – Aus dieser Zeit hat sich eines der vielen Notizbücher Abbes erhalten. Voll mit wertvollen Berechnungen, Gedanken und Konstruktionsskizzen instruierte ein Eingangsvermerk den möglichen Finder: »Verloren von Dr. Ernst Abbe. Jena – Saalgasse bei Donat – Der Ueberbringer erhält Einen Taler.«

Finderlohn

Mit Freundlichkeit und zugleich die Genauigkeit liebend war Abbe seinen Arbeitern stets zugetan. Besonders bei den Lehrlingen war der Hüne von fast zwei Metern eine Respektsperson, zu der man aufblickte. Einmal kamen ein paar junge Männer satt und wohlgemut aus der Kantine, die auch laut und höflich mit »Guten Tag!« grüßten. Lediglich eine vorlaute Stimme posaunte ein »Mahlzeit!« heraus. Den ersten Gruß erwiderte Abbe freundlich nickend, wobei er den Rufer zu sich bat und belehrte: »Du kannst wohl Mahlzeit sagen, denn Du hast schon gegessen, ich habe noch nicht gegessen. Man kann nur Mahlzeit sagen, wenn man gegessen hat.«

Mahlzeit Herr Abbe!

Schon lange ist der Fuchsturm ein beliebtes Jenaer Ausflugsziel. Zusätzliche Attraktion war der sogenannte »Volksrost«. Allen frei zugänglich bot dieser die Möglichkeit, Thüringer Bratwürste und Rostbrätchen zur Stärkung zuzubereiten. Als im Frühjahr 1902 der Zeissianer und Vorsitzende der Fuchsturmgesellschaft – Fritz Müller – zeitgleich mit Abbe in der Schweiz weilte, erhielt er von seinen Vereinsmitgliedern einen besonderen Gruß. Kunst- und fachgerecht verpackt, erreichte Müller an der Seepromenade von Lugano die Post aus der Heimat: Bratwürste vom Fuchsturm. Beim Auspacken trat zufällig Abbe hinzu, bekam eine Wurst angeboten und schwärmte: »Herr Müller, so gut hat mir eine Bratwurst noch nie geschmeckt.«

Heimatpost

Eine große Glocke kündigte bei Zeiss im 19. Jahrhundert Arbeitsbeginn und -ende an. Konnte diese bei Brandgefahr nicht auch die Feuerwehr alarmieren? Dies dachte sich der Löschmeister Wiedemann und erprobte seine Idee bei einem unangekündigten Alarm. Alles funktionierte famos und innerhalb von fünf Minuten war die komplette Belegschaft, samt Zeiß und Abbe auf dem Hof. Natürlich herrschte große Aufregung und während in der Stadt das Gerücht kursierte, daß die Zeiss-Werke brennen, löschten ein Teil der Arbeiter und die arbeitslosen Feuerwehrmänner ihren Brand im nahen Gasthaus »Zum Löwen«. Abbe verbot die Glocke für künftige Feueralarme.

Mordsbrand

Zu den Schätzen der Jenaer Universität zählt eine Sammlung von Gipsabgüssen antiker Plastiken. Einst im Archäologischen Museum präsentiert, bewunderte dort um 1928 eine Dame den Göttervater Zeus. »Was ist das für ein Mann?« richtete sie die Frage an

Göttervater

den Museumsführer. Dieser antwortete schlicht: »Das ist Zeus!«. Ein ehrfurchtsvolles »Ah!« entfuhr der Dame, die der Figur mehr Aufmerksamkeit schenkte und hinzufügte: »Das ist wohl der Mann, der die Fabrik erbaut hat.«

Wer hat´s erfunden?

Auf der Suche nach Kristallen für spezielle Optiken entdeckte Ernst Abbe die Schweiz als Reiseland, besonders Lugano hatte es ihm angetan. Als er eines Tages den nahegelegen Monte San Salvatore bestieg, traf er einen anderen Wanderer. Dieser genoß soeben die Aussicht mit dem neuen Zeiss-Feldstecher, reichte ihn unvermittelt weiter, erläuterte den technischen Aufbau und pries die Güte des Glases. Abbe nickte jedes Mal, gab dankend das Fernglas zurück und verabschiedete sich höflich. Es blieb sein Geheimnis, daß er seine eigene Erfindung erklärt und geliehen bekommen hatte.

Minimalistisch

Als 1902 das Gerücht kursierte, Abbe wende sich von Jena ab und plane den Umzug in die Schweiz, witterte ein Spediteur die Gelegenheit für ein kleines Geschäft. Auf die Frage zum Umfang des Transportgutes, erhielt er vom erhofften Kunden die Gegenfrage, was wohl die Frachtkosten für zwei deutsche Federbetten, eine Kaffeemaschine und eine lebendige Katze seien.

Aalglatt

Seit 1878 bewohnte Ernst Abbe mit seiner Familie das ehemalige Gartenhaus von Friedrich Schiller. Da er im Jahr zuvor Direktor der nahegelegenen Sternwarte geworden war, hatte er die geschichtsträchtige Stätte gleich als Dienstwohnung mit übernommen. Am Sonntagnachmittag versammelten sich dort Freunde, man trank im Garten Kaffee und startete zu Ausflügen in die nähere Umgebung. Nachdem der Plan gescheitert war, in Schillers Garten ein zweites und größeres Haus zu bauen, bezog Familie Abbe ab 1886 eine Villa in unmittelbarer Werksnähe. So wie der Ehemann für seine Genauigkeit bekannt war, liebte die Ehe- und Hausfrau die Gründlichkeit. Die blitzblanken, gut durchgebohnerten und glatten Böden gehörten dazu. Abbe selbst sah dies als unnötige Arbeit an und schimpfte: »Wenn du wieder die Fußböden so glatt machst, da ich neulich schon ausgerutscht bin, dann lasse ich eine Fuhre Sand anfahren!«

Biergelage

Ein überaus dankbarer Geschäftsfreund schickte mehrmals stattliche Fässer Münchner Bieres nach Jena. Der süffige Gruß aus Bayern lagerte in der Winterzeit am Ofen, um die Flaschen zu temperieren und sorgte anschließend für feuchtfröhliche Stunden in der Werkskantine. Diese befand sich in den 1880er Jahren noch halb versteckt im Keller der ersten Backsteinbauten. Wenn die Zusammenkünfte gar zu toll wurden, soll Ernst Abbe gelegentlich gemeint haben: »Ach meine Herren, übernehmen Sie sich ja nicht!«

Delikateß-Kartoffelsalat

45 min

In einer großen Schüssel die heiße Brühe mit den feingewürfelten Zwiebeln mischen, sowie 3 EL Öl, den Senf, Salz, Pfeffer, Essig und Zucker dazugeben. Die in Scheiben geschnittenen Kartoffeln untermischen, schwenken und die ebenfalls in Scheiben geschnittenen Möhren mit Gurkenscheiben dazugeben und alles gut durchziehen lassen. Kleine dünne Scheiben von der Kochsalami im restlichen Öl schnell anbraten, noch warm mit dem Bratfett an den Salat geben. Zum Schluss die in Scheiben geschnittenen Eier und die gehackte Petersilie bzw. den Schnittlauch untermischen, nochmals mit Senf, Pfeffer, Essig, Salz, Zucker oder auch Knoblauch abschmecken.

Reichlich Rapunzelblätter, kleingeschnittene rohe Spinatblätter oder auch die ersten zarten Löwenzahnblätter untergemischt ergibt eine schöne Frische und Farbe.

250 ml	Brühe
2	Zwiebeln
5 EL	Öl
1 EL	Senf
	Salz, Pfeffer
	Essig, Zucker
750 g	gekochte Kartoffeln
2	gekochte Möhren
3	Salz- oder Gewürzgurken
125 g	Kochsalami
2	hartgekochte Eier
1 Bund	Petersilie oder Schnittlauch
	Knoblauch

Aal mit Sardellensauce nach Clara Kraft, Köchin im Hause Zeiß

60 min

Der Aal wird gereinigt, in Portionen geschnitten und gekocht, danach im Zwieback gewendet und gebacken. Für die Sauce werden die fein gehackten Sardellen, die hartgekochten Eier und das rohe Eigelb unter tropfenweiser Zugabe von Olivenöl passiert. Zuletzt wird sie mit etwas Senf, Essig, Bouillon und feingehacktem Estragon geschmeidig gerührt. Dazu passen Kartoffeln oder Reis.

3,5 kg	Aal
	fein geriebener Zwieback
	Bratöl
500 g	Sardellen
5	hartgekochte Eier
5	Eigelb
	Olivenöl, Senf
	Essig, Bouillon

Nußkugeln

20 min

Nußkerne mit Zucker und Schokolade verrühren. Zuletzt das ungeschlagene Eiweiß untermengen und aus der Masse kleine Kugeln formen, die in grobem Zucker gerollt mehrere Tage an der Luft getrocknet werden.

160 g	gemahlene Nußkerne
200 g	Zucker
300 g	weiche Schokolade
1	Eiweiß

Prophetenkuchen nach Grete Unrein

30 min

9 EL	weiche Butter
7 EL	Zucker
9	Eier
ca. 500 g	Mehl
	Zitrone
3 EL	Rum
	Butter zum Bestreichen
	Zucker zum Bestreuen

Aus Butter und Zucker eine cremige Masse herstellen. Nach und nach die Eier unterziehen und das Mehl, mit der abgeriebenen Schale der Zitrone und dem Rum hinzugeben. Den Teig auf ein mit Backpapier ausgelegtes Blech geben und bei größtmöglicher Hitze im vorgeheizten Backofen ausbacken, bis der Kuchen braun wird und Blasen wirft. Wie er aus dem Ofen kommt sogleich mit Butter bestreichen und zuckern.

»In dieses Büchlein, meine Lieben,
Findet Ihr Säuberlich geschrieben,
Was eine Hausfrau wohlerfahren
Gesammelt hat in vielen Jahren:
Rezepte für manches gute Brätlein,
Für Suppe, Gemüse und manch Salätlein,
Für Fische und Klöße, für Obst und Kuchen,
Die möget Ihr nun getrost versuchen
Zu Eurem und Eurer Kinder Frommen, –
Hoff`, es soll allen wohl bekommen!«
(Leitspruch aus dem Rezeptbuch von
Margarete Unrein, geb. Abbe)

Überbackene Stachelbeercreme

50 min

1 kg	Stachelbeeren
50 g	Butter
150 g	Zucker
3	Eier
1	Biskuitboden

Stachelbeeren säubern, waschen und in einem Topf mit wenig Wasser unter fleißigem Rühren langsam einkochen, bis sie zerfallen sind. Die heiße Masse pürieren und 500 g abwiegen. Das Mus mit der Butter, Zucker und den Eiern anrühren. Den Biskuitboden zerbröseln, unter die Masse heben und alles in eine gefettete Form geben. Etwa 30 Minuten im vorgeheizten Ofen bei 175 Grad (Ober-/Unterhitze) überbacken. Mit warmer Vanillesauce servieren.

Mohrrüben-Johannisbeer-Marmelade

45 min

750 g	Mohrrüben
625 g	rote Johannisbeeren
1,25 kg	Einmachzucker (1:1)
1 Pck.	Zitronensäure

Die Mohrrüben werden gewaschen, geschabt und fein gerieben. Entstielte und gesäuberte Johannisbeeren mit dem Zucker und Zitronensäure vermischen und mit den Karotten mischen. Die Masse in einem Topf so lange aufkochen, bis die Gelierprobe gelingt. Noch heiß in sterilisierte Gläser füllen und fest verschließen.

Bauhäusler mit Vorbehalten
Gerhard Marcks (1889–1981)

Der Lieblingsautor des fünfzehnjährigen Gerhard Marcks war Alfred Brehm. Immer wieder las er seine Aufsätze über Reisen und Tierbeobachtungen, betrachtete die wunderbaren Abbildungen in »Brehms Tierleben« und fühlte sich in das Wesen der Tiere ein. Wahrscheinlich gelangen ihm deshalb Tierskulpturen, die so selbstverständlich in ihrem Ausdruck sind und die Endlichkeit in der Natur mit der Ewigkeit zu verbinden scheinen. Sein Großvater riß mit zwölf Jahren aus der pommerschen Heimat aus, verdingte sich als Schreiber in Berlin, wurde Geheimrat, Meister vom Stuhl der Freimaurer und heiratete eine märkische Bauerntochter. Seinen Vater beschreibt Marcks als »Mann von Verstand, kunstliebend nach Berliner Art«. Er war Kaufmann. Die Mutter nannte er eine »Schön-Gute«, der »alles Rechnen hart« war. Sie stammte »aus einer großagrarischen Sippe des deutschen Ostens«. Als Gymnasiast in Berlin schrieb Gerhard Marcks in sein Tagebuch: »Gleich sofort möchte ich aus dieser zeitraubenden Penne hinaus auf die Akademie und schaffen, schaffen!« Er wollte Maler werden. Schon bald erkannten Künstler wie Walter Gropius und Georg Kolbe sein Talent und rieten ihm zu plastischen Arbeiten. Fünf Jahre arbeitete er im Atelier von Richard Scheibe in Berlin-Friedenau und fand in ihm nicht nur einen väterlichen Freund, sondern auch einen wertvollen Berater und Lehrer. Marcks konnte erste Werke auf Ausstellungen präsentieren. 1908 erwarb Gerhard Hauptmann als erster prominenter Käufer seine »Schreitende Löwin«. Er bekam Aufträge für Skulpturen und Reliefs und seine wirtschaftliche Lage war vorerst beruhigend. Für die Schwarzburger Porzellanwerkstätten in Unterweißbach fertigte er Tierplastiken und beteiligte sich in der Abteilung Modernes deutsches Porzellan an der großen Berliner Kunstausstellung. 1913 schrieb er an seinen Bruder Herbert: »Die Arbeitsrichtung ist schon etwas klarer geworden, wenn ich auch auf Jahre hinaus mit kleinen Resultaten rechnen kann.« Er heiratete die Arzttochter Maria Schmidtlein und rückte noch am selben Tag zum Militär ein. 1916 wurde er nach Kämpfen in Flandern schwer krank vom Militärdienst entlassen. Er brauchte lange, um gesund zu werden. Walter Gropius berief 1919 den jungen Familienvater – inzwischen waren zwei Kinder geboren – an das Bauhaus nach Weimar. Marcks notierte: »Am Bauhaus war Abstraktion die Parole. Ich nahm mir nur soviel davon, als ich zur Organisation der Fläche, des Bretts nämlich brauchen konnte: Schwarze, graue, weiße Flecken an die ihnen zukommenden Stellen zu setzen, ein Liniennetz sinngemäß zu ordnen, aber alles im Dienste einer Darstellung, nicht als Selbstzweck«. Weimar nannte er eine »abgestorbene Rentiersstadt«. Die Thüringer empfand er als »sehr entgegenkommend, wahrscheinlich sind sie kunstliebend gewesen.« Walter Gropius hatte das Bauhaus mit dem großen Ziel gegründet, einen neuen Menschen zu schaffen, der mit seiner Umwelt verbunden ist und menschenwürdig leben kann. Viele seiner Studierenden nagten am Hungertuche und wohnten erbärmlich. Die finanzielle Absicherung des Bauhauses war längst nicht in trockenen Tüchern, als Gropius die Einrichtung einer Kantine als Grundvoraussetzung für kreatives Arbeiten in Angriff nahm. Die Umsetzung war eine enorme logistische Leistung. Schon im Oktober 1919 war der Tisch bereitet, aber beileibe noch nicht gedeckt. Für 3,50 Mark sollten die Bauhäusler eine Ganztagsversorgung bekommen. Das hieß erstes und zweites Frühstück, Mittagessen, Nachmittagskaffee und Abendbrot. Für besonders Bedürftige sollten Spenden für Freitische eingetrieben werden. Die Bauhäusler genossen es, mit Künstlern wie Paul Klee oder Lyonel Feininger gemeinsam in der Kantine zu essen. Gerhard Marcks war trotzdem froh, als er 1920 gemeinsam mit Max Krehan die Leitung der Dornburger Bauhaus-Töpferei übertragen bekam. Die Distanz zu Gropius kam ihm nicht ungelegen, da ihm die Bauhausideen immer fremder wurden. Die Dornburger Jahre waren eine gute Zeit für ihn, künstlerisch und familiär. Lehrer und Studenten lebten und arbeiteten in schöner Gemeinschaft. Reihum kochten die Mädchen für alle. Die Gemeinde hatte Land für Gemüseanbau zur Verfügung gestellt. Gegessen wurde aus selbst getöpfertem Geschirr. Seiner Frau Maria widmete er das »Dornburger Skizzenbuch« mit dem vorangestellten Vers: »Was das Auge sah und das Herz empfand zeichnete die Hand und nun hast du's da!« Den Bauhausanspruch nach Kunst in Serienfertigung verwirklichte er zusammen mit Krehan, indem er von der Töpferscheibe zur Gußtechnik überging. 1924 mehrten sich die Querelen innerhalb des Bauhauses, und als die neue konservativ geprägte Thüringer Regierung allen Form- und Handwerksmeistern kündigte, blieb Gropius nur die Auflösung des Bauhauses übrig. Kurz danach wurde Gerhard Marcks als Bildhauer an die Staatliche Kunstgewerbeschule Burg Giebichenstein in Halle berufen. Seine Schülerin Marguerite Friedländer konnte er als Leiterin der Keramikwerkstatt unterbringen. Inzwischen hatten Gerhard und Maria Marcks drei Kinder und sich ein Ferienhaus in Niehagen auf dem Darß zugelegt. Unvermittelt traf Marcks 1933 die politische Entwicklung in Deutschland. Marguerite Friedländer wurde entlassen, sie war Jüdin. Marcks protestierte und wurde ebenfalls entlassen. In einem Brief schrieb er: »Hier ist unseres Bleibens nicht mehr. Die Burg ist aufgeflogen, 10 Mann abgebaut (›eingespart‹). Auch dieses Stückchen Hellas zerkloppt. Wir gehen in 1 Woche nach Niehagen und bestellen dort unseren Kohl. So ein bißchen habe ich die Lust am Leben verloren.« Das Villa-Romana-Stipendium ermöglichte Marcks Reisen nach Griechenland. Stark beeindruckt schrieb er: »Griechenland ist der Modellfall für Europa [...] Im Weltorchester gibt es eine Reihe hoher Kulturen. Jede ist in ihrer Art vollendet wie eine Blume. Uns aber steht nach Herkunft und Befruchtung die griechische am nächsten«. Nur an wenigen Ausstellungen konnte er sich noch beteiligen. Bei seinem Freund, dem Industriellen Felix Weise, lagerte er schließlich 17 Kisten mit Plastiken ein. Sie überstanden das Kriegsende nicht. Einen zeitweiligen Lichtblick erlebte die inzwischen sechsköpfige Familie Marcks durch den Galeristen Karl Buchholz in der Leipziger Straße in Berlin, der geheime Ausstellungen veranstaltete und durch Zahlungen verfemte Künstler wie Ernst Barlach, Käthe Kollwitz, Carl Hofer, Karl Schmitt-Rottluff und einige mehr unterstützte. 1937 wurden Marcks' Werke von den Nazis als entartete Kunst eingestuft, beschlagnahmt und teilweise für Rüstungszwecke eingeschmolzen. Er erhielt Ausstellungsverbot. In dieser schweren Zeit beauftragte ihn das thüringische Kali-Bergwerk Bleicherode mit dem Mahnmal »Krieg und Frieden«, das am 1.Mai 1939 feierlich enthüllt wurde. Nur kurz erwog er, nach Amerika auszuwandern und schrieb an einen Freund: »Ich warte erst mein Todesurteil ab, ehe ich solche Schritte unternehme.« Er arbeitete weiter, konnte sogar hin und wieder etwas verkaufen. 1944 schrieb Käthe Kollwitz über ihn: »Die Kraft, die Gerhard Marcks aufbringt, bleibt mir fast unbegreiflich. Nicht nur, daß sein Sohn gefallen, seine ganze Arbeit ist vernichtet, alles hin, und doch fängt der Mensch ein neues Leben an. Wo kommt all diese Kraft her?« Mit dem Kriegsende kam die Wende für Gerhard Marcks. Mehrere Kunsthochschulen bemühten sich um ihn, er bekam Aufträge und hohe Ehrungen, stellte in mehreren Ländern aus. Bis ins hohe Alter arbeitete er. Seine Werke sind eindeutig, sparsam in der Bewegung und beeindrucken den Betrachter durch Spannung und Kraft, und doch ruhen sie im Einklang mit der Natur in sich selbst.

Aufgelesenes und Auserlesenes

Schmalhans Küchenmeister Die Bauhauskantine wurde ein Gemeinschaftsprojekt aller Bauhäusler. 7000 qm Ackerland wurden urbar gemacht und zunächst nur Kartoffeln angebaut, weil für weiteres Pflanz- und Saatgut kein Geld da war. Doch Gropius fand immer wieder Mittel und Wege für Sach- und Geldspenden und organisierte auf abenteuerliche Weise Heizmaterial für die Küche. Der Jenaer Verleger Eugen Diederichs bot dem Bauhaus 20 kg Fett an, die er aus der Schweiz erhalten sollte. Die Europäische Studentenhilfe spendete 70 Dollar. Davon wurden je ein Zentner Bohnen, Reis, Weizenmehl, Nudeln und Erbsen, 20 Dosen Kondensmilch, je 25 Kilo Margarine, Speck und Backpflaumen, 15 Kilo Palmin und 8 kg Schmalz gekauft. Für Haferflocken und Kakao reichte das Geld auch noch.

Kultobjekt Es war ein Volltreffer, als im Jenaer Glaswerk Schott & Gen. 1926 ein Filtriergerät zur Kaffeemaschine wurde. Die Frau eines Ingenieurs soll die Idee dazu gehabt haben. Erich Schott empfand den werksintern gestalteten Prototyp als zu schwülstig. Die Gestalter hatten unbedingt den Eindruck eines Laborgerätes vermeiden wollen. Er bevorzugte jedoch den klaren, funktionalen Bauhausstil und beauftragte Gerhard Marcks mit einem neuen Designentwurf. Der ging noch im gleichen Jahr in Serienproduktion und wurde zum Umsatzschlager. Der Markenname SINTRAX klingt wie aus Tausendundeiner Nacht und so zauberhaft arbeitet die Kaffeemaschine auch. Das Kaffeepulver kommt bei dem abenteuerlichen Kochvorgang nur mit Glas in Berührung, und der Kaffee schmeckt genauso, wie er duftet. Später haben weitere namhafte Designer Entwürfe geliefert. Besonders das Wilhelm-Wagenfeld-Modell ist ein Kultobjekt und bis heute bei Sammlern auch in Übersee heiß begehrt.

Mazdaznan Der Bauhauslehrer Johannes Itten vertrat diese religiöse Lehre und machte mit den streng vegetarischen Ernährungsvorschriften aus dem Nahrungsmittelnotstand der Bauhäusler eine Tugend. Er gewann zahlreiche neue Anhänger, denen Askese aus Überzeugung den Hunger vielleicht erträglicher machte. Gerhard Marcks kam in Dornburg glimpflich davon. Aus Max Krehans Stall kam so mancher Karnickel auf den Tisch und wurde als Festessen gefeiert.

Sauftour »Sonst ist aber Juni, d.h. es ist eigentlich so wunderschön, daß zu Klagen oder zum Arbeiten kein Anlaß vorhanden. Unsere Sauftour ist sehr harmonisch verlaufen und endete um 5 Uhr in Jalowitzens Bett (sie war aber abgereist). Ich konnte nicht mehr über die Saale finden. Wir haben die ganze Nacht in einem baumbeschatteten Tälchen gesessen, an einem murmelnden Bach, der den Weinkühler abgab, ein Feuerchen gemacht und erzählt, während der Mond schräge durch die Bäume schien.« (Brief an Maria, 17. Juni 1932)

Pommersche Obstsuppe mit Grießklößen

Das Obst zerkleinern, mit Zucker, Zimt und Wasser weich kochen und mit in kaltem Wasser angerührtem Kartoffelmehl binden.
Grieß, Milch und 1 Prise Salz unter Rühren solange köcheln, bis sich die Masse vom Topf löst. Etwas abkühlen lassen, ein Ei unterrühren, mit zwei Löffeln Klößchen formen, in die leicht siedende Suppe geben und 10 min ziehen lassen.

500 g	Äpfel oder Pflaumen oder Birnen	45 min
1 l	Wasser	
150 g	Zucker	
1 Msp.	Zimt	
1 EL	Kartoffelmehl	
½ l	Milch	
250 g	Grieß	
1	Ei	
	Salz	

Kalbsleber Berliner Art

Die Kalbsleber von Haut und Sehnen befreien, in Mehl wälzen und in Butter braten. Mit Pfeffer und Salz erst nach dem Braten würzen. Zwiebelscheiben in Butter goldgelb anschwitzen, Apfelscheiben in Butter kurz braten. Die Leber mit Zwiebel und je drei Apfelringen garnieren. Mit einer Gabel die Leber in der Pfanne einstechen, tritt kein Blut mehr aus, ist die Leber gar. Zu langes Braten macht die Leber hart und trocken.

4	Scheiben Kalbsleber	20 min
2	Zwiebeln	
12	Apfelscheiben	
	Mehl	
	Salz, Pfeffer	
100 g	Butter	

Klöße von gestern

Die Klöße in fingerdicke Scheiben schneiden und von beiden Seiten goldgelb braten. Mit Zucker und Zimt bestreuen und heiß essen. Dazu schmeckt Kaffee.

	übrig gebliebene Klöße	10 min
	Zucker	
	Zimt	
	Butterschmalz zum Braten	

Mazdaznan Nudelauflauf mit Spinat

Nudeln in Salzwasser 10 min kochen und abtropfen lassen, Spinat gründlich waschen und mit kochendem Wasser blanchieren, Tomaten in Scheiben schneiden, Eier, Milch und Gewürze verquirlen, die Form einfetten. Nun zuerst die Nudeln, dann den Spinat und die Tomatenscheiben einschichten, den Schafskäse darüber zerbröseln und mit der Eiermilch begießen.
Im vorgeheizten Ofen bei 200° ca. 45 min backen.
Mazdaznan empfiehlt zu den Mahlzeiten in Maßen Wein, Kaffee oder Tee, außerhalb der Mahlzeiten destilliertes Wasser.

250 g	Vollkornnudeln	75 min
500 g	Tomaten	
500 g	Spinat	
250 g	Schafskäse	
4	Eier	
¼ l	Milch	
	Pfeffer, Salz	
	geriebene Muskatnuß	
	Pflanzenfett für die Form	

Nervenbrot für Bauhäusler

7 h

5 Pfd.	Haferflocken
5 l	Wasser
2 Pfd.	Grünkernmehl
75 g	Zucker
15 g	Salz
35 g	Kümmel
200 g	Leinsamen
1 ½ Pfd.	Weizenkleie

Haferflocken im Wasser 6 Stunden einweichen, mit allen übrigen Zutaten zu einem Teig kneten, in keksförmigen Stücken goldgelb backen.

Dieses Brot reinigt das Blut, regt die Drüsen an und beruhigt die Nerven.

Vorschlag der Bauhäusler: Eignet sich für den Großvertrieb, alle fortschrittlichen Keksfabriken sollten es in ihr Programm aufnehmen.

Möhrenkuchen

90 min

200 g	weiche Butter
200 g	Zucker
2 Pck.	Vanillezucker
3	Eier
300 g	Mehl
3 TL	Backpulver
1 TL	Zimt
1 Prise	Salz
1 TL	Zitronenabrieb
2 EL	Zitronensaft
125 ml	Möhrensaft
250 g	fein geriebene Möhren
200 g	gemahlene Mandeln
100 g	zerlassene Butter
2 EL	Rum
2 EL	Zitronensaft
	Staubzucker

Butter, Zucker und Eier schaumig schlagen, Möhren- und Zitronensaft dazu rühren und den ganzen Rest nach und nach unterrühren. Den Teig auf ein gut gefettetes Backblech streichen und bei 180° vorgeheizt ca. 30 min backen.

Für den Guß Zitronensaft und Rum in 100 g zerlassene Butter einrühren. Soviel Staubzucker dazu rühren, bis eine cremige Masse entsteht und diese auf den erkalteten Kuchen streichen.

Auch mit Schokoladenguß schmeckt dieser Kuchen sehr gut.

Gedünstete Birnen mit Weinkrem

30 min

8	Birnenhälften (gekocht)
30 g	gehackte Mandeln
¼ l	Birnensaft
	Zucker je nach Süße des Saftes
1 Prise	Salz
60 g	Stärkemehl
2	Eier
¼ l	Weißwein

Je zwei Birnenhälften mit der Wölbung nach oben auf Dessertschälchen legen und mit den Mandeln bestreuen. Den Birnensaft mit Salz und Zucker aufkochen und mit in kaltem Wasser angerührtem Stärkemehl binden. Die feste Masse etwas abkühlen lassen, die Eigelb flott und den Weißwein nach und nach unterrühren. Zuletzt den geschlagenen Eiweißschnee unterheben und die schaumige Krem um die Birnenhälften garnieren. Frische Minzeblättchen sind ein schönes Extra.

Berühmt oder berüchtigt?
OTTO DIX (1891–1969)

Ein Quentchen Glück gehört zum Leben. Otto Dix hatte es, als er in der reußischen Residenzstadt Gera in die Familie von Ernst Franz Dix hinein geboren wurde. Sein Vater war Eisengießereiarbeiter, Mitglied der SPD und des Arbeitergesangvereins Untermhaus. Die Mutter war Näherin und stammte aus einer süddeutschen Textilarbeiterfamilie. Ihr Bruder war Lithograph und der Neffe Landschaftsmaler. Vom Vater bekam der Junge Zähigkeit und die unwahrscheinlich hellen Augen. Die Mutter sorgte für ein gutes Familienleben. Im Haus des Onkels wurde schon früh sein Interesse für kreatives Gestalten geweckt. Glücklich und naturverbunden war seine Kindheit in Gera Untermhaus. In seiner Erinnerung sind aus dieser Zeit viele Gerüche hängen geblieben. Später schrieb er: »Der Onkel hatte einen Laden, wo es nach Petroleum, Kaffee, sauren Gurken und allem Möglichen roch. [...] Beim Bäcker, der Geruch von frischem Brot, auf dem Hofe, der Geruch der Schweineställe ...«. Er erinnerte sich auch an das rotblonde, mollige Kindermädchen und an sein Erstaunen, »was Mädchen doch für einen dicken Hintern haben.« Oft saß er Modell für seinen Cousin. Später wußte er, daß der »herrliche Duft aus Ölfarben und Tabakrauch« in ihm den Wunsch geweckt hatte, Maler zu werden. Die Schule war außer im Fach Turnen kein Problem für den Knaben. Lebenslang dachte er voll Dankbarkeit an seinen »alten Lehrer Schunke«, der sein zeichnerisches Talent erkannt und ihn zu »gestalterischer Freiheit« geführt hatte. Wenn Otto sich nicht in der Gegend um Schloß Osterstein herumtrieb, malte er. Sogar sonntags ging er mit seinem Lehrer in die Natur und zeichnete Landschaften und Pflanzen. Der Vater war stolz auf das Talent und den Arbeitseifer seines Ältesten und schenkte ihm zu Weihnachten eine selbst getischlerte Staffelei. Doch hartnäckig forderte er, daß erst ein »handfestes Handwerk« erlernt werden muß, denn Kunstmaler sei ein »brotloser Beruf«. Es folgten harte Lehrjahre zum Dekorationsmaler. Der Meister hatte kein Verständnis für künstlerische Ambitionen seiner Lehrlinge und zog ihnen bei jeder Gelegenheit die Ohren lang. Nach der Lehre beantragte Dix bei Fürst Heinrich XXVII. ein Stipendium für den Besuch der Kunstgewerbeschule Dresden. Es wurde abgelehnt. Sein ehemaliger Zeichenlehrer konnte es nicht fassen, stellte eine Mappe mit Zeichnungen seines Schülers zusammen und wurde persönlich beim Fürsten vorstellig. Heraus kamen 500 Mark Jahresstipendium und stolze Freude der ganzen Familie Dix. Die Eltern wußten, daß sich mit 40 Mark im Monat nur schlecht leben ließ. In regelmäßigen Abständen bekam Otto deshalb in Dresden Besuch von seinen zwei Schwestern und dem Bruder, die ihn mit Naturalien von zu Hause versorgten. Seine Schwester Toni berichtete später von den schönen Ausflügen in die Dresdner Umgebung. Sie hatten, weil sie »schwach bei Kasse waren«, immer Proviant im Rucksack und Otto nahm einen »Zierkrug mit Zitronenwasser gegen den Durst« mit.

1915 meldete sich Otto Dix freiwillig zum Krieg. Er sollte ja nicht lange dauern und wurde als eine Art »Hygiene der Welt« betrachtet. Die Ernüchterung kam schnell im Inferno der Schützengräben. Sein Entsetzen verarbeitete er in Bildern. Weltberühmt sind die gezeichneten Feldpostkarten und über 400 Zeichnungen, in denen Otto Dix von 1915 bis 1918 seine Kriegserlebnisse realistisch und in schonungsloser Häßlichkeit darstellte. »Ich zeichne, was ich sehe.« 1932 vollendete er sein wohl berühmtestes Werk, das Triptychon »Der Krieg«. Es wurde wegen »wehrkraftzersetzender Wirkung« nicht gezeigt.

Als 1921 der Düsseldorfer Kunstsammler, Dr. Hans Koch, ein Portrait bestellt hatte, verliebte sich Dix Hals über Kopf in dessen Ehefrau Martha und umgekehrt. Der Herr Doktor pflegte gerade ein Verhältnis mit Marthas Schwester, und man wurde sich schnell einig. Martha Koch lebte fortan mit Dix in Dresden. Ihre zwei Kinder blieben bei der Schwester und Koch. Trotz der verzwickten Situation herrschte Eintracht zwischen beiden Familien. Otto und Martha Dix bekamen drei gemeinsame Kinder. Dix zeichnete im Laufe der Jahre Bilderbücher für jedes der insgesamt fünf Kinder. Das erste bekam Martin Koch mit der Widmung »Onkel Jimmy für Muggeli Ostern 1922«. Den Spitznamen Jimmy hatte Dix wegen seiner Begeisterung für den amerikanischen Modetanz Shimmy. Der aus großbürgerlichem Hause stammenden Martha hätte man nicht zugetraut, wie sie die Wohnung renovierte, kochte, nähte und den Garten besorgte. Sie lebte mit Dix fröhlich und leidenschaftlich. Diskrepanzen wurden zwischen den zwei anspruchsvollen Geistern stürmisch ausgetragen. »Man mußte schon Humor haben«, sagte sie.

Beide stürzten sich in das Nachtleben der »Goldenen Zwanziger« und träumten sogar davon, Profitänzer zu werden. Auf ihre äußere Erscheinung legten sie großen Wert. Otto trug Lackschuhe, Pomade im Haar, Parfüm und amerikanischen Anzugschnitt. Martha war stets mit den modischsten Accessoires gekleidet und genoß den großen Auftritt.

1927 wurde Dix Professor an der Dresdner Kunstakademie und 1933 als einer der ersten Künstler von den Nazis entlassen und diffamiert. Den traurigen Höhepunkt erlebte er 1939, als 260 seiner Werke beschlagnahmt und teilweise als »unverwertbare Reste entarteter Kunst« öffentlich verbrannt wurden. Zu dieser Zeit lebte er schon drei Jahre in Hemmenhofen am Bodensee. Täglich ging er morgens zur Post und brachte auf dem Rückweg Brötchen mit. Das Frühstück bestand meist aus Marmeladenbrötchen. »Es ist zum Kotzen schön«, soll Dix gesagt haben. In dem großen Garten baute die Familie Obst und Gemüse an. Da aus Bilderverkäufen kaum noch Einnahmen zu erwarten waren, wurde jede Menge eingeweckt und auf Vorrat gewirtschaftet. Dix selbst kümmerte sich besonders um ein großes Kräuterbeet. Sein spezieller Kräutersalat war berühmt. Auf die Frage, warum er nicht auch nach Amerika gegangen sei, antwortete er: »Ich habe Landschaften gemalt, das war doch Emigration«. Seine erste Ausstellung nach dem Krieg hatte er 1949 in Dresden. Als deutsch-deutscher Grenzgänger zwischen Abstraktion westlicher Prägung und Sozialistischem Realismus fand er seinen eigenen neoexpressiven Stil und verweigerte sich jeglichem Dogma. »Dresden und Gera sind meine alte Liebe«, sagte Otto Dix und hat den »Gerschen Dialekt« nie ganz abgelegt. Nach dem II. Weltkrieg ließ er seine Lithographien in Dresden drucken und lebte dort während der Aufenthalte unverblümt mit seiner Geliebten, Käthe König, und der gemeinsamen Tochter ein zweites Leben. Martha Dix tolerierte oder verdrängte diese Tatsache. Bis zum Tode seiner Mutter 1953 besuchte er regelmäßig seine Heimatstadt. Es folgten Ausstellungen in Gera. Die Stadt begann, Werke von ihm anzukaufen, um eine Dix-Sammlung aufzubauen. Große Anerkennung erfuhr Dix nach dem Krieg zunächst nicht. Dem Westen war er zu realistisch, dem Osten zu formalistisch. Diskussionen über seine Werke lehnte er ab. Der langjährige Leiter der Geraer Museen, Clement Toepel, war freundschaftlich mit Otto Dix verbunden. Bei Treffen in seinem Haus mit Dix und alten Freunden wurde so manche Flasche Pinot Noir, Dix' Lieblingswein, geleert.

1966 beschloß die Stadt Gera, Otto Dix die Ehrenbürgerwürde anzutragen. Toepel wurde als Privatmann vom damaligen Oberbürgermeister mit der Vermittlerrolle zwischen Dix und der Stadt beauftragt. Verhandlungen offizieller Institutionen aus Ost und West waren von zu vielen politischen und bürokratischen Hürden erschwert. Zu Ehren seines 75. Geburtstages wurde der Künstler Ehrenbürger seiner Heimatstadt. In jungen Jahren hatte er zu seinem Freund Conrad Felixmüller gesagt: »Entweder ich werde berühmt oder berüchtigt.« Er war beides im Lauf seines Lebens.

Aufgelesenes und Auserlesenes

Die erste Orgie

Was ist das für ein schmerzender Klumpen auf meinen Schultern, wer ist der schlafende Junge unterm Tisch und wo bin ich überhaupt? Das fragte sich Otto Dix beim Aufwachen. Er mußte die Augen vor dem grellen Morgenlicht schützen. Und übel war ihm. Ganz langsam dämmerte die Erinnerung auf, er hatte mit seinen Freunden Kurt Günthers 14. Geburtstag gefeiert und gleich noch in seinen eigenen 16. hinein. Bier und Schnaps gab es, und geraucht hatte er auch. Keiner konnte mehr nach Hause gehen. Inzwischen hatte er in den umher liegenden schlafenden Gestalten seine Freunde erkannt. Plötzlich fiel sein Blick auf die Uhr. Der Schreck brachte seinen Kreislauf auf Trab. Seit zwei Stunden schon würde man ihn bei der Arbeit vermissen. Er rappelte sich auf und wollte nie mehr im Leben so über die Stränge schlagen.

Jetzt geht's los

Eine festliche Kaffeetafel war gedeckt. Seine Schwestern Toni und Heddel hatten Kuchen gebacken. Erwartungsfrohe Aufregung sprühte Otto förmlich entgegen. Da muß ja etwas ganz Besonderes drin stehen, dachte er, als ihm sein Vater ein bereits geöffnetes Kuvert überreichte. Die Familie kannte also den Inhalt und wartete nun freudig erregt auf seine Reaktion. Übertrieben umständlich, um die Spannung auf die Spitze zu treiben, entfaltete Otto das Papier und las. Er konnte nichts sagen. Überwältigt umarmte er zuerst seine Mutter, dann den Vater, die Schwestern gleich alle beide, und sein Bruder Fritz verbiß sich den Schmerz, so heftig wurde er gedrückt. Der fürstliche Mäzen hatte ein Stipendium für das Studium an der Königlichen Kunstgewerbeschule in Dresden bewilligt.

Kunsthandel

Das Triptychon »Der Krieg« von Otto Dix ist das wohl bedeutendste Werk der europäischen Kunstgeschichte zur Urkatastrophe des 20. Jahrhunderts. Es wurde vor 1933 nur einmal öffentlich gezeigt und danach versteckt. Sonst würde es heute nicht im Albertinum in Dresden Betrachter aus aller Welt erschüttern. Nach 20 Jahren als Dauerleihgabe wollte die Kunstsammlung Dresden das Triptychon kaufen. Otto Dix verlangte 500.000 Westmark. Besonders passend verkaufte man Waffen des 16. bis 18. Jahrhunderts aus dem Museumsbestand, um die Summe aufzutreiben. Dix bedankte sich und schenkte den Dresdner Museen 44 Zeichnungen.

Eisbein statt harte Eier

Zur großen Dix-Austellung in Berlin 1963 kam Otto Dix mit seiner Frau Martha, genannt Mutzli.
Die Schriftstellerin Ursula Ziebarth schrieb über einen Abend im Restaurant »Giraffe« am Tiergarten: »Die Speisekarte war exotisch, bot als Gipfel Eier, die 24 Stunden in Kaffee gekocht waren. Dix lachte Tränen. Mutzli wurde (wie immer) konkret und mutig, bestellte die überkochten Eier. ›Na wie sind se?‹ Auf die Antwort musste Dix warten, denn Mutzli hätte nie mit vollem Mund gesprochen. Dann sagte sie: ›Grauenvoll.‹ [...] Dix fiel fast vom Stuhl vor Lachen. Andertags gingen wir hin, wo es ein ordentliches Eisbein gab. Dazu gehörte für Dix, Bier und Korn zu trinken.«

Geraer Schneckchen

Für den Teig das Mehl in eine Schüssel sieben und in die Mitte eine Vertiefung eindrücken. Die zerbröckelte Hefe, 1 TL Zucker und etwas Milch verrühren und in die Mitte des Mehls gießen. Die Schüssel zugedeckt 30 Minuten warm stellen. Die restliche Milch mit Zucker, Salz, Ei, Kardamom und zerlassener Butter zugeben, von der Mitte aus verrühren und zu einem Teig kneten, der sich vom Schüsselrand ablöst. Nochmals zugedeckt 1 Stunde gehen lassen. Dann den Teig zu einem Rechteck ausrollen, mit der weichen Butter bestreichen, mit Zucker bestreuen, Haselnüsse, Korinthen und kleingeschnittene Trockenfrüchte darauf verteilen und dabei 2 cm Rand freilassen. Teig mit beiden Händen fest aufrollen und in 1 cm dicke Scheiben schneiden. Die Schnecken etwas flach drücken, auf ein gut gefettetes Blech setzen, nochmals 20 Minuten gehen lassen und mit zerlassener Butter bestreichen. Im vorgeheizten Ofen bei 200° etwa 20 Minuten backen.

500 g	Mehl	3 h
30 g	Hefe	
¼ l	lauwarme Milch	
50 g	Zucker	
1	Ei	
50 g	Butter	
1 Prise	Salz	
1 TL	Kardamom	
80 g	Butter	
40 g	Zucker	
80 g	gehackte Haselnüsse	
75 g	Korinthen	
200 g	getrocknete Früchte	
80 g	Butter zum Bestreichen	

Hausmachersülze nach Geraer Art

Den gut gewaschenen Schweinekopf mit 1 ½ l Wasser und ½ TL Salz kalt ansetzen, langsam zum Kochen bringen und 2 ½ Stunden auf kleiner Flamme kochen. Achtung: Darf nicht sprudeln, sonst wird die Brühe trüb. Dann die Brühe abgießen, erkalten lassen und die Fettschicht wegnehmen. Das Fleisch auslösen, in kleine Würfel schneiden und mit dem kleingeschnittenen Gemüse, Salz, Pfeffer und Essig nach Geschmack in der Brühe 10 Minuten köcheln. Alles kalt stellen bis eine gallertartige Masse zu entstehen beginnt, in eine Form gießen, schnittfest werden lassen und die fertige Sülze auf eine Platte stürzen. Wenn die Form vorher mit Kräutern, Eier- oder Radieschenscheiben ausgelegt wird, entstehen schöne Verzierungen. Dazu schmecken Bratkartoffeln.

½	Schweinekopf mit Ohren, Schnauze und Fettbacke	3 ½ h
1	große Zwiebel	
1	Möhre	
½	Kopf Sellerie	
1	Stange Lauch	
2	Lorbeerblätter	
	Salz, Pfeffer, Essig	

Sehr gut gelingt die Sülze auch mit Kalbfleisch statt Schweinekopf.

Graupen mit Backpflaumen

Die Pflaumen am Vorabend einweichen. Graupen zweimal in Wasser aufkochen und abgießen, Butter einrühren, Salz hinzufügen, ½ l kochendes Wasser aufgießen und bei schwacher Hitze ausquellen lassen. Die Pflaumen werden mit 375 ml Wasser und Zucker knapp zum Kochen gebracht und nicht mehr kochend ausgequollen. Graupen und Pflaumen mischen und nach Belieben mit Zucker und Zimt bestreuen.

250 g	Graupen	90 min
1 EL	Butter	
½ TL	Salz	
½ l	kochendes Wasser	
250 g	Backpflaumen	
4 EL	Zucker	
375 ml	Wasser	

»Reis lieferte uns das Ausland, dafür kochen wir jetzt Hirse, Graupen, Haferflocken, Hafergrütze.« Kriegskochbuch, 1915

Kräutersalat

20 min

150 g	Brunnenkresse
30 g	Basilikum
30 g	grüner Koriander
30 g	Dill
20 g	Estragon
5 EL	Olivenöl
	Pfeffer, Salz
1 Prise	Zucker
	Zitronensaft

Die gut gewaschenen Kräuter klein hacken, Öl, Pfeffer, Salz, Zucker und Zitronensaft zu einem Dressing verrühren, mit den Kräutern mischen und sofort servieren.

Besonders delikat ist der Salat mit gerösteten Sesamkernen bestreut.

Für seinen geliebten Kräutersalat sammelte Otto Dix eigenhändig auf den umliegenden Wiesen Salbei, Thymian und Pimpinelle.

Gefüllte Forelle auf Hirse und Erbsen

60 min

4	Forellen
	Salz, Pfeffer
1	Zitrone
	Butterschmalz zum Braten
1	Zwiebel
40 g	Butter
300 ml	Fleischbrühe
250 g	Hirse
250 g	Erbsen

Die ausgenommenen und gut gewaschenen Forellen mit Salz, Pfeffer und Zitronensaft würzen und zart anbraten, damit beim Füllen die Haut nicht reißt. Zwiebelwürfel in der Butter glasig anschwitzen, Hirse dazu geben, mit der Brühe auffüllen und etwa 20 min bei schwacher Hitze garen. In den letzten 5 Minuten die Erbsen zugeben, alles durchschwenken und mit Salz und Pfeffer würzen. Die Forellen mit der Masse füllen, in eine gefettete Form legen und vorgeheizt 5 Minuten bei 200° erhitzen. Mit dem restlichen Hirse-Erbsenbrei anrichten. Dazu schmecken Petersilienkartoffeln.

Das Rezept ist der handgeschriebenen Sammlung von Elsa Raedler entnommen, die um 1900 einen gutbürgerlichen Haushalt in Gera führte. Zu der Zeit gehörte Gera zu den reichsten Städten Deutschlands.

Geraer Brotpudding

90 min

5	altbackene Brötchen
80 g	geriebenen Pumpernickel
50 g	Butter
3	geriebene bittere Mandeln
¾ l	Milch
80 g	Zucker
1 Msp.	Zimt
2	Eier
500 g	entsteinte Kirschen

Die Brötchen in fingerdicke Scheiben schneiden. Pumpernickel, Butter und Mandeln zu einer Paste verarbeiten, die Brötchenscheiben damit bestreichen und eine gefettete Form damit auslegen.

Milch, Zucker, Zimt und Eier verquirlen und die Brötchen mäßig durchtränken, jedoch nicht aufweichen. Darauf eine Schicht gut abgetropfte Kirschen und obenauf noch eine Lage der bestrichenen Brötchen legen. Nun den Rest der süßen Eiermilch über allem verteilen und im Wasserbad eine Stunde köcheln. Dazu schmeckt Vanillesoße.

Hoch drohm, auf dem Berg ...
Herbert Roth (1926–1983)

Er hätte auch ein berühmter Friseur werden können. Seine Phantasie und sein Sinn für alles Schöne waren beste Voraussetzungen für schwungvolle Haarkreationen. Die Thüringer Damenwelt hätte ihm zu Füßen gelegen. Aber glücklicherweise hat die Liebe zur Musik die Oberhand gewonnen, denn Frisuren verwehen im Wind, seine Lieder bleiben im Herzen.

Kindheit und Jugend erlebte Herbert Roth in einem liebevollen und harmonischen Elternhaus. Der Friseursalon am Steinweg in Suhl war einträglich und die Eltern übertrugen ihre Liebe zur Heimat auf den Sohn. Die größte Freude der Familie waren Wanderungen im herrlichen Thüringer Wald, möglichst mit Freunden, Picknick im Rucksack und einem Lied auf den Lippen. Von Kind an hatte es die Musik dem Jungen angetan, seine Begabung war unüberhörbar. Trotzdem war klar, das Friseurhandwerk mußte gelernt werden, Geschäftsübernahme war das Ziel. 1948 legte Herbert Roth die Meisterprüfung ab und gründete mit seiner Frau Edelgard eine Familie. Doch seine

Karriere als Komponist und Sänger war bereits in vollem Gange. Die Gruppe »Suhler Volksmusik« bestand aus dem Friseurmeister Herbert Roth als Komponist und Sänger mit Akkordeon, dem Fleischer Willi Kiesewetter am Kontrabaß, dem Mechaniker Paul Schulz mit der Gitarre, dem Werkzeugmacher Emil Lampert als Zithersolist, der Verkäuferin Waltraut Schulz als Sängerin mit Akkordeon und Karl Müller als Textdichter und Sprecher. Herbert Roth hatte ein angenehmes Timbre in seinem »fast baritonalen, lyrischen Tenor«, wie sein engster Freund Karl Müller es beschrieb. Dazu ergab »der frische, quicklebendige Mezzosopran von Waltraut Schulz« eine aparte Klangfarbe. Der Erfolg des Ensembles begann mehr und mehr auch Musikwissenschaftler zu interessieren. Wie kam die Begeisterung bei jedem Auftritt der Gruppe zustande, fragten sich die ratlosen Theoretiker. Dabei war das Geheimnis ganz einfach. Hier waren Vollblutmusiker in ihrem Element, die mit Liebe zu ihrer Heimat von der Schönheit der Natur sangen. Das lebten sie selbst und das Publikum verstand es. Sitten und Gebräuche Thüringens wurden in Ehren gehalten und Schnärzchen über Bratwurst und Klöße überall verstanden. In einem Radiointerview sagte Herbert Roth einmal scherzhaft den Satz: »Ein Sonntag ohne Klöße, verlöre viel von seiner Größe.« Das wurde ein geflügeltes Wort und sprach nicht nur seinen Fans aus dem Herzen. Doch Gegner hatte er lange Zeit mehr als genug. Es war erstaunlich, in welchen Kreisen und wie kontrovers über Herbert Roth und seine Musik gestritten wurde. In Weimar fand 1956 die bis 1989 einzige unangemeldete Demonstration statt, als Studenten gegen die Musik von Herbert Roth protestierten. In der Presse waren heute kaum nachvollziehbare Verlautbarungen zu lesen, wie zum Beispiel: »Schlimmer wird es, [...] wenn der Schnulzenheini kein Schnulzenheini sein will, sich krachledern gibt, holdrioh schreit und als Volkskünstler echtester Prägung patriotisch-heimatliebende Bedeutsamkeit fordert. Damit kommt zum Kitsch als erschwerender Umstand der Betrug, und hat der Betrüger noch große und einflußreiche Hehler, dann ist das Riesengeschäft perfekt und der Geschmack volkskunstliebender Menschen [...] restlos verdorben.« Jahrelang trieb die Diskussion um das »Phänomen Roth« aberwitzige Blüten. Währenddessen feierte das Ensemble in ganz Deutschland Riesenerfolge. Auch in Essen und Recklinghausen sang das Publikum begeistert das Rennsteig-Lied mit. Es wurde zum Exportschlager von Österreich über Frankreich bis nach Übersee. Trotzdem ließen die Anfeindungen nicht nach. Worte wie formalistisch, unverantwortlich, Heimatkitsch, Schmachtfetzen, Filzlatschen-Tarandei nagten an Herbert Roth, während er vor ausverkauften Häusern sang. Abhilfe kam von unerwarteter Seite. Nach einer Oberhofer Veranstaltung soll Walter Ulbricht gesagt haben: »Das gefällt mir eigentlich.« Seine Kritiker tolerierten Herbert Roths Musik noch immer nicht, aber sie trauten sich nicht mehr, es so unverschämt hinauszuposaunen. Jahre später gab es hohe staatliche Auszeichnungen für das Herbert-Roth-Ensemble.

Einen empfindlichen Magen hatte Herbert Roth schon lange, er mochte weder Schweres und Fettes, noch allzu Scharfes essen. Die jahrelangen Schmähungen hatten Spuren hinterlassen. Nur mühsam überstand er 1961 eine schwere Magenoperation. Vielleicht war es das von einem Mitglied des Rennsteigvereins gespendete »Wanderblut«, das ihm neue Kraft gab.

Matthias Wendt, wer ist denn das? Kaum jemand wußte vom Pseudonym Herbert Roths, wenn er Schlager und Unterhaltungsmusik komponierte. Er liebte die alten Musik- und Revuefilme und Komponisten wie Werner Bochmann – wer möchte da nicht gleich »Du und ich im Mondenschein …« trällern oder von Michael Jary »Kauf Dir einen bunten Luftballon …« sehnsuchtsvoll singen. Er komponierte unter diesem Namen zum Beispiel für Roland Neudert, Julia Axen und Günter Gollasch. So viele Melodien hatte er im Kopf, daß er nie Zeit fand für seinen heimlichen Traum, Filmmusik oder ein Musical zu schreiben. Einige Libretti lagen in der Schublade. Bei den vielen Auftritten im In- und Ausland, Aufnahmen für Kurzfilme bei der DEFA und für Fernsehproduktionen ist die Fülle seiner Kompositionen schier unglaublich. Herbert Roth und sein Ensemble gehörten längst als Markenzeichen zu Thüringen, als es trotzdem in Musikwissenschaftlerkreisen immer noch grummelte: »Thüringen von Schnulzen bedroht«. Ein Varieté-Leiter hatte über Jahre in jedem Programm eine Herbert-Roth-Persiflage. Eines Tages fragte er den damaligen »Guru der Unterhaltungsmusik« der DDR, Heinz Quermann, ob er in sein neues Programm den mitreißenden Chortitel von einem gewissen Matthias Wendt aufnehmen könnte, da der wahrscheinlich aus dem Westen sei. Genüßlich klärte Quermann ihn auf. Nach dem verblüfften »Donnerwetter« waren die Herbert-Roth-Witze ab dem nächsten Programm passé und der Michaelis-Chor schmetterte »Reisen, reisen in die weite Ferne …« in jedermanns Ohr.

Für Herbert Roth war sein Jugendfreund Karl Müller ein Fels in der Brandung. Begeistert hatten sie zusammen musiziert und träumten schon in ihrer Jugend von einer Musikkarriere. Müller spielte Geige und Trompete. Doch aus dem Krieg kam er mit nur einem Arm zurück und aus war der Traum. Von der Musik kam er dennoch nicht los, schrieb fortan die Texte und Roth erfand die Melodien dazu. Beim »Rennsteiglied« war es umgekehrt. Der Musikredakteur des Senders Weimar ließ Herbert Roth lange warten auf eine Besprechung zu Rundfunkaufnahmen. Statt sich darüber zu ärgern, träumte er sich in seinen geliebten Thüringer Wald und erfand die berühmte Melodie.

Edelgard Roth hielt ihrem Mann den Rücken frei, so gut sie konnte. Sie bearbeitete körbeweise Fanpost aus aller Herren Länder, umsorgte ihn, wenn er nach anstrengenden Konzertreisen nach Hause kam, kochte ihm seine geliebten Klöße und sorgte für Ruhe, wenn er komponierte.

Die Tochter, Karin Roth, trat immer öfter gemeinsam mit ihrem Vater auf und pflegt heute liebevoll sein Andenken. Kam er nach Auftritten erschöpft nach Hause, waren es oft ihre köstlichen Windbeutel, die ihn wieder aufrichteten. Ein kräftezehrendes Magenleiden führte schließlich zu seinem viel zu frühen Tod. Mit seinen Liedern lebt er in den Herzen seiner Anhänger weiter und gewinnt neue Fans. Die Schwemme volkstümelnder Schlager von heute wird vergehen. Die Lieder von Herbert Roth gehören für immer zu Thüringen.

Aufgelesenes und Auserlesenes

Musik macht satt

Als Marinesoldat hatte Herbert Roth 1944 in einem niedersächsischen Dorf mit zwei Kameraden einen Munitionswagen zu bewachen. Hungrig und verschmutzt kamen sie bei einer Bauernfamilie unter. Groß war das Erstaunen über Herberts Akkordeon, das er trotz aller Strapazen mit sich führte.

Noch größer war die Freude über die mitreißende Musik auf dem Bauernhof, die kurzzeitig vom Kriegsgeschehen ablenkte. Als die drei nach einigen Tagen das Dorf verlassen mußten, waren sie satt, hatten saubere Wäsche und Proviant für unterwegs. Das Akkordeon ließen sie zurück. Herbert wollte es nach dem Krieg wieder abholen, aber es wurde in den Wirren der letzten Kriegstage gestohlen.

Bei jedem Wetter

Auftritte an vielen Orten standen das ganze Jahr über an. In den Wintern der 1950er Jahre war das eine echte Herausforderung. Der Wagen, ein Holzvergaser aus der Vorkriegszeit mit runderneuerten Reifen, und die verschneiten Berge standen auf Kriegsfuß. Mußte man in dem für sechs Personen zugelassenen Gefährt doch nicht nur sieben Menschen und mindestens fünf raumgreifende Instrumente unterbringen, sondern auch noch eine Ladung Brennholz, Säcke mit Streusand und Schaufeln. Die Säcke mit dem Holz wurden auf die vorderen Kotflügel geschnallt, die Instrumente auf dem Dach verzurrt und im Wagen lagerten zwischen den Sitzen Gepäckstücke, kleine Säcke mit Sand und Schaufeln. Wenn der letzte eingestiegen war, mußte jemand von außen die Tür zudrücken. Nicht selten verwandelte sich die »Suhler Volksmusik« in ein »Schiebe- und Schaufelkommando«.

Obst ist gesund

Herbert Roth war nach seiner lebensbedrohlichen Magenerkrankung dem Suhler Krankenhaus für Rettung und aufwendige Betreuung zutiefst dankbar. Als er 1963 von einem Engpaß der Patientenversorgung mit frischem Obst erfuhr, musizierte er kurzerhand mit seiner Gruppe in einer Erfurter Kleingartenanlage. Als Honorar verlangte er eine LKW-Ladung Äpfel, die gleich danach in die Klinik geliefert wurde.

Mysterium Kloß

Auf einer Tournee durchs schöne Sachsenland wurden die Musikanten von einem Gastwirt eingeladen, der besonders stolz auf seine »Thüringer Klöße« war und Herbert Roth damit erfreuen wollte. Die grauen Klumpen, die dann auf den Tellern lagen, hatten keine Ähnlichkeit mit den lockeren, schneeweißen »Hütes« der Suhler Hausfrauen. Doch die Musiker brachten es nicht übers Herz, die Begeisterung ihres Wirtes zu stören und würgten sie tapfer hinunter. Als der Wirt dann jedoch damit prahlte, daß sein Küchenchef schon den Kaiser bekocht hätte, meinte Waltraut Schulz trocken: »Daran dürfte Majestät wahrscheinlich gestorben sein!«

Nudelsuppe wie Herbert Roth sie mochte

Das Fleisch in 2 l Wasser mit Salz, Zwiebel und Knoblauch ca. 2 h weich kochen.

Die Nudeln zubereiten während das Fleisch kocht: Mehl, Grieß und Salz auf ein Brett geben und eine Mulde hinein drücken, Eier und Öl dazu und vorsichtig von der Mitte aus verrühren, zu einem festen Teig kneten und 30 min ruhen lassen. Den Teig dünn ausrollen, in Streifen schneiden und leicht bemehlt etwas antrocknen lassen, dann Nudeln in gewünschter Form und Größe zuschneiden.

Das fertig gekochte Fleisch aus der Brühe nehmen und das geputzte und geschnittene Wurzelgemüse ca. 15 min in der Brühe köcheln. Danach kommt das geschnittene Fleisch in die Suppe. Nudeln in reichlich sprudelndem, leicht gesalzenem Wasser ca. 7 min kochen lassen, durch ein Sieb abgießen und nach gründlichem Abtropfen in die Suppe geben. Frische gehackte Petersilie rundet den Geschmack ab.

1 kg	Rinderbrust	2 ½ h
1	Zwiebel	
1	Knoblauchzehe	
2 TL	Salz	
150 g	Weizenmehl	
150 g	Hartweizengrieß	
3	Eier	
1 EL	Öl	
½ TL	Salz	
2	Möhren	
1	Kohlrabi	
½	Sellerieknolle	
	Pfeffer	
1	Lorbeerblatt	

Huller mit Speck

Die Kartoffeln mit Salz und Wasser weich kochen, abgießen und zu Brei stampfen. 1 Ei und das Stärkemehl gut einarbeiten. Aus der Masse walnußgroße Stücke formen und in eine gefettete Auflaufform setzen. Zwiebeln und Speck in Würfel schneiden, gleichmäßig über die Huller verteilen und im vorgeheizten Ofen goldgelb backen.

Grüner Salat paßt sehr gut dazu.

2 kg	mehlig kochende Kartoffeln	45 min
1 TL	Salz	
1 EL	Kartoffelstärke	
1	Ei	
2	Zwiebeln	
80 g	Speck	

Zwetschgenkuchen (nach Herbert Roth)

Mehl in eine Schüssel geben und in die Mitte eine Vertiefung drücken. Hefe mit Wasser und Zucker verquirlen, in die Kuhle gießen und leicht mit Mehl bestäuben. Die Schüssel mit einem Tuch bedeckt ½ h ruhen lassen. Danach alles mit der lauwarmen Butter und Salz zu einem weichen Teig kneten, etwas bemehlen und wieder in der Schüssel zugedeckt an einem warmen Ort etwa 1 h gehen lassen. Den Teig dünn ausgerollt aufs Blech geben, mit den entsteinten und in jeder Hälfte noch einmal eingeschnittenen Zwetschgen belegen, mit Zucker und Vanillezucker reichlich bestreuen und nochmals ½ h gehen lassen. Im vorgeheizten Backofen bei 180° Umluft ca. 20 min backen.

Unter den Zwetschgen eine Schicht Vanillepudding oder Quarkcreme und obenauf Streusel ist auch beliebt, aber Herbert Roth mochte das nicht, wie Tochter Karin erzählte.

1 kg	Zwetschgen	3 ½ h
400 g	Mehl	
30 g	Hefe	
1 geh.TL	Zucker	
¼ l	lauwarmes Wasser	
1 Prise	Salz	
2 EL	zerlassene Butter	
	Zucker und Vanillezucker zum Bestreuen	

Thüringer Klöße mit Kaninchenkeulen und Rotkohl

2 ½ h

4		Kaninchenkeulen
50 g		Speck
40 g		Butterschmalz
1		Zwiebel
5		Wacholderbeeren
200 ml		saure Sahne
2 kg		Kartoffeln
2		Weißbrotscheiben
		Salz
etwas		Butter
1 kg		Rotkohl
1 kleine		Zwiebel
50 g		Speck
1 EL		Butterschmalz
3		Gewürznelken
		Salz
		Pfeffer
		Essig
		Zucker

Fleisch waschen und trocken tupfen, mit Salz und Pfeffer einreiben und Speck in spitze Dreiecke schneiden. Das Muskelfleisch mit spitzem Messer mehrfach einstechen und Speckstücke einschieben. Das Fleisch in Butterschmalz mit der Zwiebel gut anbraten, dann saure Sahne einschmoren lassen, Wasser aufgießen, Wacholderbeeren dazu geben und etwa 1 h köcheln lassen. Die Soße mit Salz und Pfeffer abschmecken.

Zwei Drittel der Kartoffeln reiben und trocken pressen oder schleudern, in eine Schüssel geben und mit 2 TL Salz vermischen. Ein Drittel Kartoffeln weich kochen, in dem Kochwasser zu einem dünnen Brei zerstampfen, kochend (!) über den trockenen Kartoffelrieb gießen und schnell und kräftig rühren, bis eine formbare Masse entsteht, die schön locker sein muß, evtl. noch etwas kochendes Wasser unterrühren, dann Klöße formen, in die Mitte geröstete Weißbrotwürfel eindrücken und die Klöße in nicht mehr kochendem Wasser 20 min ziehen lassen.

Für die Klöße den Kartoffelrieb vor dem Auspressen mit Essigwasser spülen, die Klöße bleiben dadurch schön weiß.

Speckwürfel und Zwiebel in Butterschmalz kräftig anschwitzen, den kleingeschnittenen Rotkohl, Nelken, Salz, Pfeffer und etwas Wasser hinzufügen und weich dämpfen bis zur gewünschten Bißfestigkeit, etwas Mehl darüber stäuben und kurz durchkochen lassen. Zum Schluß mit Essig und Zucker abschmecken und 10 min ziehen lassen.

Apfel- oder Ananasstücke mit dem Rotkohl gekocht, sind eine delikate Variante.

Windbeutel

60 min

¼ l		Wasser
1 TL		Zucker
1 Prise		Salz
150 g		Mehl
100 g		Butter
4		Eier
½ l		Schlagsahne
1 Pck.		Sahnesteif
2 Pck.		Vanillezucker
		Staubzucker

Wasser, 1 TL Zucker, Salz und Butter aufkochen. Fein gesiebtes Mehl zugeben und rühren, bis sich der Teig vom Topfboden löst, an dem sich ein weißer Film bilden wird. Vom Herd nehmen, 1 Ei unterrühren, 10 min abkühlen lassen, dann 3 Eier einzeln (!) dazu rühren. Die Masse in einen Spritzbeutel mit großer Sterntülle füllen. 10 Windbeutel auf 2 mit Backpapier ausgelegte Backbleche spritzen und nacheinander (!) im gut vorgeheizten Ofen bei 225° Umluft knapp 30 min backen. Die fertigen Windbeutel aufschneiden und auskühlen lassen.

Sahne mit Sahnesteif und Vanillezucker steif schlagen, auf die Unterteile der Windbeutel verteilen, die Oberteile leicht aufsetzen und mit Staubzucker bestreuen.

Adler der Lüfte
HELMUT RECKNAGEL (GEB. 1937)

Rastelli war schon sechs Jahre tot, als Helmut Recknagel in Steinbach-Hallenberg geboren wurde. Doch spielte dieser geniale Jongleur in der Phantasie des Jungen eine große Rolle.

Fußballer wollte er werden. War es doch das größte Lob der Fans, wenn sie einen Spieler wegen seines überragenden Ballgefühls mit Rastelli verglichen. 1927 schrieb das Berliner Tageblatt: »Es ist unerhört, wie er – oft mit kindlichem Vergnügen – die Bälle meistert wie kein zweiter, wie sie diesem großen Künstler gehorchen, und wie er graziös und leicht, als ob es ein Kinderspiel wäre, Kunststücke vollbringt, die man bisher nicht für menschenmöglich gehalten hat.« Helmut Recknagel wurde kein Fußballer, aber eine Parallele zu Rastelli gibt es doch: Beide wurden zur Legende.

Recknagels gibt es viele im Thüringer Wald. Die meisten sind nicht miteinander verwandt. Oskar Recknagel, heiratete eine Anna Recknagel. Er arbeitete als Werkzeugmacher, und Sohn Helmut sollte auch diesen Beruf ergreifen. So wurden Ausdauer und Genauigkeit prägende Eigenschaften des jungen Mannes. In seinen Erinnerungen schreibt er: »Bei mir muß alles akkurat zugehen: Ordnung ist das halbe Leben.«

Das verlangte schon in seiner Kindheit die recht beengte Wohnung seiner Eltern. Wie damals üblich wurde neben dem Beruf eine kleine Landwirtschaft betrieben mit Hühnern, Enten, Gänsen, Schweinen und Ziegen. Die Ackerfläche für die Futtermittel wollte auch besorgt sein. So war das Familienleben naturbedingt strukturiert und mußte zuverlässig funktionieren. Für ausreichende Ernährung war mit Milch, Eiern, Fleisch und hausgemachter Wurst gesorgt. Helmut Recknagel ist sich sicher, daß er den tausenden Litern Ziegenmilch, mit denen er aufwuchs, seine bis heute beschwerdefreie Gesundheit verdankt.

Sportbegeistert, vom Vater immer dazu angeregt, betrieb er Leichtathletik, Turnen, Radfahren, im Winter Skilaufen und am liebsten spielte er Fußball. Die 100 m lief er immerhin in 11,4 sec. Sein Traum war, auf dem Betzenberg des 1. FC Kaiserslautern mit Fritz Walter aufzulaufen. Doch sein Vater ließ ihn nicht ziehen.

1954 gab es ein einschneidendes Ereignis: Hans Renner, ein in Thüringen bekannter Trainer, warb den Jungen vom Fußball ab zum Skispringen. Er ging sofort zur Sache mit der Zielvorgabe: In vier Jahren soll Recknagel unter den ersten 10 bis 12 Plätzen in der Weltspitze zu finden sein. Ihn hatten die gute Körperbeherrschung und Kühnheit des Jungen beeindruckt. Diese Eigenschaften wollte er zusammen mit Zähigkeit und Siegeswillen vervollkommnen und sah gute Chancen für die Entwicklung zu einem großen Sportler. Er bot ihm konzentriertes Training im Wintersportzentrum Zella-Mehlis und monatlich 200 Mark Taschengeld an. Recknagel konnte jedoch als Facharbeiter bei der Werkzeug-Union etwa 700 Mark brutto erwarten. »Komm Jungchen, wir sind hier nicht auf einem arabischen Basar«, konterte Renner. Oskar Recknagel überzeugte schließlich seinen Sohn. Er hatte von der Einrichtung gehört und wußte, daß im Sommerhalbjahr täglich nach der Arbeitszeit zwei bis drei Stunden trainiert wird und im Winterhalbjahr ganztägig bei Freistellung von der Arbeit. Sein Fazit: »Wenn du was werden willst auf der Schanze, dann mußt du zu Renner.« Der galt als harter Hund. Nach dem Krieg war er fünf Jahre Kriegsgefangener in Sibirien bei schwerer Arbeit und »dünner Krautsuppe«. Er redete nicht viel, traf jedoch das Maß zwischen Strenge und väterlicher Güte genau. Seine Schützlinge respektierten ihn und vergessen ihn ihr Lebtag nicht. Helmut Recknagel hat die 15 km bis nach Hause oft mit dem Fahrrad zurückgelegt, wenn er Heimweh nach Mutters Küche hatte oder wegen ungenügender Trainingsergebnisse das Gespräch mit dem Vater suchte. Diese Freiheit konnte er sich meist nur durch eine Notlüge verschaffen, wie zum Beispiel vermeintliche Zahnarztbesuche. Damit konnte er Renner zwar nicht hinters Licht führen, doch der schwieg dazu und stachelte dadurch seinen Schüler zu noch größerem Trainingsfleiß an. Im März 1955 durfte er mit zur Skiflugwoche nach Oberstdorf. Er war 17 Jahre alt, und es war dort nicht nur sein erster internationaler Auftritt, sondern auch der erste einer ostdeutschen Mannschaft überhaupt.

In seinen Erinnerungen heißt es: »Ich war [...] nur von einem Gedanken beseelt: nur nicht Letzter werden und wenigstens einen Sprung stehen. Noch nie war ich über einen 100m-Bakken gegangen.« Alles ging gut, Feuertaufe bestanden. Trotzdem zog er sich wie immer gegen 22 Uhr zum Schlafen zurück, während die Sportkameraden noch beim Bierchen den Tag ausklingen ließen.

1955 erkannte das IOC das NOK der DDR an und der Weg für eine gesamtdeutsche Mannschaft war frei. Beim ersten gemeinsamen Training in Oberstdorf passierte es: Recknagel, der Hoffnungsträger, war blockiert. Er fühlte sich nicht wohl und so sprang er auch. Schlimmer als alle Selbstzweifel empfand er das Schweigen seines Trainers. Er wurde aus dem Trainingslager nach Hause geschickt. Das Schlimmste aber stand noch bevor. Im »Deutschen Sportecho« erschien als Antwort Renners auf die Frage der Journalisten nach der plötzlichen Abreise seines Schützlings: »Recknagel hat Angst vor hohen Anläufen.« In der Öffentlichkeit als Feigling bezeichnet zu werden, war unerträglich und der Bruch mit Renner die Folge. Einen Neuanfang gab es mit Hugo Peter aus Brotterode. Er war ein ganz anderer Trainertyp, der neue Bewegungsabläufe und vor allem Freude in das harte Training brachte. Von nun an ging es wieder bergauf. Harry Glaß hatte in Cortina d'Ampezzo die erste olympische Medaille für die DDR geholt, Werner Lesser wurde Achter. 1956 kamen zu den DDR-Skimeisterschaften in Oberhof 50.000 Menschen an die Schanze. Helmut Recknagel wurde Dritter und stand mit Harry Glaß und Werner Lesser auf dem Podest. Von da an waren »die Ketten um die Brust« gesprungen, nicht zuletzt wegen des ungläubigen Staunens in Renners Augen. 1957 fuhr Recknagel in das Mekka des Skisports, an den Holmenkollen. Das Training mit Glaß und Lesser verlief gut, Recknagel brachte den weitesten Sprung und fühlte sich wohl. Zur Überraschung aller genehmigte er sich zum Abendbrot ein Bier. »Es gab Tatar mit Sardellen und feines Vollkornbrot«, erinnert er sich. Auf den sonnigen Trainingstag folgte ein total vernebelter Wettkampftag mit Sichtweite bis 20 Meter. Trotzdem waren 80.000 Menschen an der Schanze und Recknagel flog in der grauen Suppe mit den weitesten Sprüngen zum Sieg. Als erster »Ausländer« siegte er am Holmenkollen. Noch fünf Jahre lang dominierte er die Weltspitze im Skispringen und Skifliegen bei Weltmeisterschaften, Olympiade und Vierschanzentourneen. Sein eleganter Flugstil mit den nach vorn gestreckten Armen bleibt unvergessen.

Nach der aktiven Sportlerkarriere schien ein Studium zum Diplomsportlehrer und Trainer naheliegend. Er erwarb die Hochschulreife und merkte rechtzeitig, daß er als Trainer nicht glücklich würde. Mit Tieren aufgewachsen, beschloß er, an der Humboldt-Universität Berlin Veterinärmedizin zu studieren. Dabei kamen ihm antrainierte Eigenschaften wie Zähigkeit und Durchhaltevermögen zugute. Mit seinen 27 Jahren fand er schwer in den Studienalltag. Er hatte Latein zu büffeln und auch Basiswissenslücken zu schließen. Als er die ersten Prüfungen in Physik und Chemie verhaute, trieben ihn diese »Niederlagen« nur an. Rückhalt fand er bei seiner Frau Eva-Maria, die aus Schmalkalden stammt, und bei der ganzen Thüringer Familie. 1973 promovierte er, absolvierte die schweren Anfangsjahre als Tierarzt mit gewohnter Zielstrebigkeit und leitete schließlich die Veterinärhygiene-Inspektion des Kreises Fürstenwalde. Die Wende in Deutschland erlebte er wie viele, er verlor seine Arbeit. Mit 60 Jahren machte er sich mit einem Sanitätshaus selbständig, das er bis 2009 erfolgreich leitete.

Wo immer er heute mit seinen Lesungen und Vorträgen erscheint, erlebt er Freude, Bewunderung und Dankbarkeit. In seiner Heimatstadt Steinbach-Hallenberg und in Zella-Mehlis ist er Ehrenbürger und Thüringen ist stolz auf seinen großen Sohn.

Aufgelesenes und Auserlesenes

Fehlinvestition

An die ersten Schuljahre hat Helmut Recknagel keine guten Erinnerungen. Der erste Klassenlehrer war »ein ziemlich übler Kerl«, der seine Schüler mit zwei Rohrstöcken beim geringsten Vergehen züchtigte. Darauf folgte eine Lehrerin, ein sogenanntes »spätes Mädchen«. »Streng, mit straff gekämmtem Haar, das sie am Hinterkopf knotete, und kräftigem Bartwuchs. Sie mußte sich rasieren.« Helmut war ein sehr geschickter Heidelbeerpflücker. An guten Tagen sammelte er bis zu 18 Liter. Um die freudlose Lehrerin etwas milder zu stimmen, brachte Helmut ihr eines Tages mit großer Überwindung zwei Liter selbstgepflückte Heidelbeeren. Das Ergebnis war gleich Null.

Selbstversorgung

Wenn keine Hufnägel und Werkzeuge bei den Bauern gegen Nahrung eingetauscht werden konnten, gab es oft nur Senf als Brotaufstrich. Vater Recknagel legte nach und nach eine kleine Bauernwirtschaft an. Im Winter wurden die Schweine geschlachtet und etwas Rindfleisch hinzugekauft. Richtige Salami und Zervelatwurst kamen in die Räucherkammer und ergaben einen schönen Vorrat. Das Schlachtfest wurde jedesmal mit Wurstsuppe und handgemachten Nudeln, gut gewürztem Gehackten und frischer Leberwurst gefeiert.

Bahnbrechende Idee

Der ehrgeizige Trainer Hans Renner konnte sich nicht damit abfinden, daß er für Sprungtraining vom Schnee abhängig war. Ihm kam eine Idee. Kunststoffbelag mit Wasser begossen stellte sich als machbar heraus. Er tüftelte und probierte und verbesserte den Belag solange, bis er haltbar wurde und die erforderlichen Geschwindigkeiten mühelos erreicht werden konnten. »Was, die springen ohne Schnee?« fragten sich die Skisprungexperten Europas und viele Besucher kamen nach Oberhof, um diese Erfindung zu bestaunen und selbst zu übernehmen.

Einige Fragen

Einige Fragen, die Helmut Recknagel oft beantworten muß:
»Wen würden Sie auf eine einsame Insel mitnehmen?
Meine Frau Eva Maria.
Und was?
Thüringer Rostbratwürste.
Sehen Sie einen Zusammenhang zwischen Sport und Sex?
Ich liebe Höhepunkte jeder Art.
Was essen Sie?
Leichte Kost, viel Obst und Gemüse, wenig Fleisch und Wurst. Bei Süßigkeiten und Kuchen übe ich Zurückhaltung. Generell halte ich Maß und esse mich nicht satt. [...]
Es gilt auch hier die Regel: Krankheit ist keine Sünde, Gesundheit ein Verdienst.«

Haferflockensuppe

Milch, Haferflocken und Zucker unter ständigem Rühren aufkochen lassen, mit Weizenin in etwas Milch verrührt leicht andicken, Honig unterrühren und auf die Teller verteilen.
Einige Butterflöckchen obenauf setzen.

Haferflocken sind ein bei Leistungssportlern beliebtes, hochwertiges Grundnahrungsmittel mit einem hohen Anteil an Kohlehydraten, Eiweiß und ungesättigten Fettsäuren. Sie enthalten Vitamin B1, B6 und E und Zink, Eisen und Kalzium. Sie können den Cholesterinspiegel und den Blutzuckerspiegel positiv beeinflussen.

2 l	Vollmilch
200 g	Haferflocken
3 EL	Zucker
1 EL	Weizenin
2 EL	Butter
1 EL	Waldblütenhonig

15 min

Rinderroulade mit Rotkohl und Kartoffeln

Rouladen ausbreiten, salzen, pfeffern und mit Senf bestreichen, an einem Ende des Fleisches eine Spalte Zwiebel, ¼ der Salzgurke und eine Scheibe Speck auflegen, alles fest einrollen und mit Holzstäbchen, Rouladenklammern oder Zwirn arretieren. Die Rouladen nun in dem Butterschmalz kräftig anbraten, einige Zwiebelstücke mit braun braten und mit der sauren Sahne ablöschen, diese ebenfalls schön braun einbraten lassen und erst dann Wasser auffüllen und weich köcheln lassen. Die Soße wird noch schmackhafter, wenn man 2 Stengel Schnittsellerie mit kocht.
Den Rotkohl wie z. B. auf Seite 132 zubereiten und Salzkartoffeln dazu reichen.

Butterschmalz ist geläuterte Butter, das heißt: ihr wurde das Wasser entzogen. Das so gewonnene reine Butterfett ist länger haltbar und verträgt höhere Temperaturen. Es ist schmackhaft und zum Kochen, Backen, Braten und Frittieren, eine gute Alternative zum Öl.

4	Rinderrouladen
2	Zwiebeln
1	Salzgurke
4	Speckscheiben
2 TL	Senf
	Salz, Pfeffer
50 g	Butterschmalz
200 ml	saure Sahne

2 ½ h

Heidelbeer-Eierkuchen mit Kristallzucker

Mehl, Soßenpulver und Backpulver mischen, 3 Eigelb mit der Milch, Salz und Zucker verquirlen und mit dem Mehl zu einem dickflüssigen Teig verrühren, zuletzt das zu Schnee geschlagene Eiweiß darunter heben. Im heißen Butterschmalz eine dünne Lage Teig kurz anbacken, dann die gut abgetropften Heidelbeeren in gewünschter Menge in den Teig einsinken lassen und von beiden Seiten knusprig backen. Den fertigen Eierkuchen mit Kristallzucker bestreuen!

In der Heidelbeererntezeit ist dieses Gericht in Thüringen sehr beliebt. Man kann es zu jeder Zeit auch mit anderem Obst genießen, z.B. Äpfel, Kirschen, Pflaumen oder auch Stachelbeeren mit etwas mehr Zucker.

200 g	Weizenmehl
1 Pck.	Vanillesoßenpulver
1 TL	Backpulver
3	Eier
500 ml	Milch
1 Prise	Salz
etwas	Zucker
	Butterschmalz
	Heidelbeeren
	Kristallzucker

20 min

Frischmänner

75 min

1 ½ kg	Kartoffeln mehlig kochend
5 EL	Buttermilch oder saure Sahne
	Salz
	Mehl nach Bedarf

1 kg Kartoffeln schälen und reiben, etwas Flüssigkeit abgießen. ½ kg Kartoffeln kochen, reiben und zur rohen Kartoffelmasse hinzufügen. Buttermilch, Salz und soviel Mehl, daß eine dickliche, aber gut feuchte Masse entsteht, unterrühren und in eine gut gefettete Form geben. Bei 180° vorgeheizt goldgelb backen, anschließend in Stücke schneiden und in Speckfett braten. Dazu schmeckt grüner Salat.

Das Gericht hat seinen Namen, weil es sehr gut sättigt und die Männer dadurch »frisch« bleiben.

Kartoffelbrei ist eine verbreitete und gut variierbare Mahlzeit und hat in Südthüringen so unterschiedliche Namen wie Ärdäpfelsbrei, Dullich oder Babs.

Kaiserschmarrn

20 min

100 g	Weizenmehl
4	Eier
250 ml	Schlagsahne
1 Prise	Salz
75 g	gemahlene Mandeln
75 g	Rosinen
	Butterschmalz
	Puderzucker

Das Gericht hat Helmut Recknagel in Österreich schätzen gelernt.

Die Eigelb mit Salz und Sahne verquirlen und mit dem Mehl zu einem klumpenfreien, dickflüssigen Teig verrühren, Rosinen und Mandeln untermischen und zuletzt das zu Eischnee geschlagene Eiweiß unterheben. In dem heißen Butterschmalz den etwa 1 cm dicken Teig am Boden hell anbacken, dann mit 2 Gabeln in kleinere Stücke zerreißen und von beiden Seiten goldgelb backen, mehrfach wenden. Schließlich mit Puderzucker bestreut servieren. Es soll luftig und locker sein!

Variationen mit Mirabellen- oder Erdbeerkompott sind auch delikat.

Butterkuchen

2 ½ h

500 g	Weizenmehl
1 TL	Zucker
1 Prise	Salz
250 ml	Milch
20 g	frische Hefe
3 Tropfen	Bittermandelöl
150 g	Butter
100 g	Zucker
50 g	gehackte Mandeln

Den Hefeteig wie auf Seite 42 zubereiten und auf ein gefettetes oder mit Backpapier belegtes Blech geben, den Teig mit vielen Butterflöckchen besetzen, Zucker, Vanillezucker und gehackte Mandeln mischen und über dem Kuchen verstreuen. Den Teig nun nochmals an einem warmen Ort mindestens ½ h gehen lassen, dann im vorgeheizten Backofen bei 180 ° Umluft ca. 15 min backen.

Schmeckt besonders gut, wenn er noch etwas warm gegessen wird.

Auf diesen Kuchen, in der Kindheit von Oma serviert, hat man ein Leben lang Appetit.

Hinterm Horizont geht's weiter …
ULF MERBOLD (GEB. 1941)

Zwei Vogtländer waren die ersten Deutschen im All, 1978 Sigmund Jähn aus dem Sächsischen und 1983 Ulf Merbold aus dem Thüringischen.

Mit einer Zeitungsannonce fing für Merbold das Abenteuer seines Lebens an. Gesucht wurden für das Europäische Weltraumlabor Spacelab Wissenschaftler, die Experimente vielfältigster Art an Bord eines amerikanischen Weltraumtransporters durchführen sollten. Er selbst sagt dazu, daß reine Neugier ihn zu einer Bewerbung verführt habe.

In einem Vorort von Greiz aufgewachsen, hatte Ulf Merbold eine unbeschwerte Kindheit und Schulzeit. Heute noch lobt er den modernen Unterricht an der Greizer Schule und erinnert sich der jungen Lehrer voller Ideale, die ihre Schüler für das Lernen begeisterten. Nach dem Abitur war sein sehnlichster Wunsch, Physik zu studieren. Doch die Jenaer Universität lehnte den Antrag ab. Wahrscheinlich weil er keinen Hehl aus seiner Ablehnung gegen jegliche politische Vereinnahmung machte. Das hatte tiefere Ursache in einem Schicksalsschlag, den er als Kind erlebte und nie hinter sich lassen konnte. Der Vater war nach dem Krieg aus amerikanischer Gefangenschaft noch nicht lange wieder bei seiner Familie, als er verhaftet und ins sowjetische Speziallager Buchenwald verschleppt wurde. Die Lagerhaft hat er nicht überlebt. Dem jungen Mann blieben die Möglichkeiten, der Physik zu entsagen und Automechaniker zu werden oder die Heimat zu verlassen und im Westen zu studieren. Er entschied sich schweren Herzens für West-Berlin. Nach dem Studium waren es nicht zuletzt die ihn ans Vogtland erinnernde liebliche Landschaft um Stuttgart und neue Freunde, die ihm das renommierte Max-Planck-Institut schmackhaft machten. Ohne Merbolds beharrliche Nachfrage bei der Raumfahrtbehörde nach dem Verbleib seiner Bewerbung wäre gar nichts passiert. Die Papiere waren nämlich vorübergehend unauffindbar und wurden erst nachträglich in das Verfahren aufgenommen. Die ESA sollte aus allen europäischen Bewerbungen am Ende eine Dreiergruppe auswählen und der NASA empfehlen. Allein aus Deutschland gab es 700 Anträge. Ein unglaublicher Testmarathon fing an. Die Teilnehmerzahl nahm rapide ab. Ausgeklügelte Prüfungen des logischen Denkvermögens, der schnellen Informationsaufnahme, Flexibilität, Psychomotorik, des Orientierungsvermögens, Streßverhaltens, der emotionalen Stabilität und Leistungsmotivation, um nur einige zu nennen, waren zu absolvieren. Kurzum, 30 deutsche Bewerber hatten bestanden. Nach den medizinischen Tests waren es nur noch zwölf Astronautenanwärter. Es folgten anspruchsvolle Belastungstests unter Raumfahrtbedingungen zum Beispiel in der Zentrifuge mit Belastungen über dem Dreifachen der Erdschwerkraft oder im sogenannten Schneewittchensarg. Dabei lag der Proband in einem geschlossenen gläsernen Kasten, in dem nur im unteren Bereich Unterdruck erzeugt wurde. Dadurch strömte etwa ein Liter mehr Blut in den Unterkörper, die Beine wurden dicker und der Kreislauf mußte damit fertig werden. Sehr genau wurde das Gleichgewichtsorgan erprobt. Es reagiert in der Schwerelosigkeit anders und kann zu Übelkeit, der sogenannten Raumfahrerkrankheit führen. Danach waren es nur noch acht. In der letzten Testphase standen Wissen und Fähigkeiten für Bewältigung und exakte Durchführung der Experimente im Weltraumlabor im Focus. Schließlich wurden fünf Deutsche an die ESA empfohlen, darunter Ulf Merbold. Aus ganz Europa waren 53 Bewerber übrig geblieben, und der Testmarathon begann von neuem. Am Schluß wurden drei Männer zur NASA delegiert, Merbold war dabei. Die Amerikaner führten nun selbst noch einmal sämtliche Tests durch. Dann erst begann das Training mit Originalapparaten und unter Weltraumbedingungen. Nach sechs Jahren endlich, am 28. November 1983, saß Ulf Merbold mit den Astronauten John Young, Bob Parker, Brewster Shaw, Owen Garriott und Byron Lichtenberg beim vorerst letzten irdischen Frühstück: »Steak mit Eiern, Toast, Marmelade – alles was wir wollten«, erinnert sich Ulf Merbold. In baumwollener Unterwäsche, mit einem am Bauch befestigten Gummibeutel für alle Fälle und im unbrennbaren Fliegeroverall ging es zum Startturm. Merbold hatte die schöne alte Taschenuhr seines Großvaters in der Brusttasche, sie ging immer noch auf die Minute genau und sollte ihm Glück bringen.

    Der Start verlief planmäßig und nach zwölf Minuten waren sie im Orbit. Atemlos und keines Wortes fähig blickte Merbold aus dem Cockpitfenster auf die Erde. Ehrfürchtiges Staunen erfüllte sein Herz ob der Schönheit und Zartheit unseres Planeten.

Als er später seinen deutschen Raumfahrtkollegen Sigmund Jähn traf, stimmte ab dem zweiten Bier die Chemie zwischen ihnen. Es wurde eine feste Freundschaft daraus. So unterschiedlich ihre Wege ins All waren, so gegensätzlich die politischen Systeme, aus denen sie kamen, beide haben beim Anblick unseres wunderschönen Planeten andächtig Frieden für die Erde ersehnt.

Doch jetzt mußten Alltägliches und Wissenschaftliches in der Schwerelosigkeit gemeistert werden. Essen und Trinken erforderten Umsicht und Geschicklichkeit. Nach den gepreßten Nahrungskonzentratwürfeln und Apfelmus in Tuben, mit denen es nach Juri Gagarin 1961 anfing, konnten sich die Raumfahrer inzwischen mehr als 70 unterschiedliche Gerichte und 20 verschiedene Getränke zubereiten. Das Geheimnis lag im totalen Wasserentzug nach der Zubereitung der Mahlzeiten in der irdischen Küche und der Zugabe von Flüssigkeit bei der Aufbereitung im All. Nachwürzen war mit Salz und Pfeffer möglich. Sogar beim Essen war in der Schwerelosigkeit Disziplin geboten, weil Hunger und Appetit nachlassen. Die Geschmacksnerven werden unsensibler. Calcium gegen den unausweichlichen Knochen- und Muskelabbau und Vitamin D, das nur durch UV-Strahlung im menschlichen Körper gebildet werden kann, mußten regelmäßig zugeführt werden. Zum »Küchendienst« kam jeder mal dran. »Am besten waren die frischen Dinge, wie Bananen, Karotten und Äpfel. An denen konnte schließlich nichts verdorben werden«, erinnert sich Ulf Merbold. Es gab »Shrimpscocktail, Hummer, Truthahn und Roastbeef, dazu verschiedene Gemüse wie grüne Bohnen, Erbsen oder Blumenkohl. Wir hatten sogar Spargel an Bord.« Fleisch und Soße waren in Folie eingeschweißt und mussten nur erhitzt werden. Alles Übrige befand sich gefriergetrocknet in kleinen Plastikschüsseln, wie Kartoffelpüree, Reis, Gemüse, Obstkonserven und Schokoladenpudding. Mit einer Kanüle wurde die Verpackung durchstochen und die nötige Wassermenge hineingepresst. Der »Weltraumgourmet« kocht also auch nur mit Wasser. Zum Erwärmen schob man die Behälter in eine elektrisch beheizte Backröhre. Zehn Minuten dauerte die Wasseraufnahme der Trockenspeisen. Die Essensbehälter arretierte jeder auf seinem Tablett. Merbold schreibt, daß die Tabletts mittels Klettverschluß am Oberschenkel befestigt wurden. »Um beim Essen nicht davonzuschweben, verankerte ich mich meist mit dem Fuß in einer Halteschleife [...] und klemmte meinen Rücken gegen die Raumschiffwand.« Die Handhabung des Bestecks war eine Herausforderung. Bei jeder zu hastigen Bewegung schwebte der Bissen davon und manchmal schnappte ihn sich der Nachbar.

Die Zeit für die wissenschaftlichen Experimente war fast bis auf die letzte Minute durchgeplant. Klappte ein Versuch nicht wie vorgesehen, wurde er abgebrochen und zum nächsten übergegangen. In den Zwölf-Stunden-Schichten der Astronauten war keine Zeit, die Erde zu bestaunen. Das konnte nur vorm Schlafengehen ausgekostet werden. Ulf Merbold dachte mit Stolz an den unbändigen Forscherdrang der Menschheit von Beginn an und genoß ganz bewußt das Glück, unsere herrliche Erde aus dem Weltall betrachten zu können. Gern hätte er einen Dichter in der Mannschaft gehabt, der für die atemberaubende Schönheit und gleichzeitige Verletzlichkeit unseres Planeten die richtigen Worte finden könnte. Er fühlte sich als Teil des Universums, in das Menschen wie er immer weiter und weiter vordringen und es verstehen werden.

Aufgelesenes und Auserlesenes

»Psycho«   Die künftigen Astronauten hatten monatelange Tests, erst bei der deutschen Raumfahrtbehörde, dann bei der ESA, dann alles nochmal bei der NASA zu absolvieren. Ulf Merbold fand die europäischen Untersuchungen wissenschaftlich fundierter. Besonders auffällig schien ihm der Unterschied bei den psychologischen Tests zu sein. Absurd, die amerikanischen Präsidenten der Reihenfolge nach aufzählen zu müssen, ebenso die Frage, welches Tier er gerne wäre. Einem Probanden hatte man ein weißes Blatt Papier vorgelegt mit der Frage, was er darauf sehe. Nach kurzer Bedenkzeit antwortete er trocken: »Das Blatt liegt verkehrt herum.«

Murmelspiele   Die Astronauten machten sich einen Spaß daraus, beim Trinken aus dem Halm etwas Flüssigkeit heraus zu drücken, die dann zum Beispiel als Orangensaftmurmel im Raum stand. Sie wurde hin und her geblasen, bis einer sie wie ein Karpfen mit dem Mund wegschnappte und seinerseits eine Tomaten- oder Apfelsaftmurmel auf die Reise schickte.

Profanes   Die Bordtoilette war ein technisches Meisterwerk. Sie funktionierte wie ein Staubsauger. Gebrauchsanweisung: Füße in Halteschlaufen verankern, Hose runter, Motor anstellen, Klappenventil öffnen, hinsetzen, Notdurft verrichten, ein starker Luftstrom reißt alles mit, auch das Papier, Ventil schließen, Hose hoch. Inzwischen wurden die »Produkte« in einem Tank vakuumgetrocknet, damit geruchs- und bakterienfrei gemacht und für die Entsorgung auf der Erde gelagert. Der »Staubsaugermotor« war sehr laut, deshalb war der diensthabende Teil der Besatzung bemüht, mit Rücksicht auf die Schlafenden allzu häufige Toilettengänge zu vermeiden.

Kaffee überirdisch   Auf ein schönes Täßchen Kaffee wollten die Raumfahrer nicht verzichten. Die geschlossenen Behälter mit dem Kaffeepulver wurden in einen Rahmen geklemmt und heißes Wasser mittels Kanüle aufgefüllt. Als die erste »Tasse« auf Ulf Merbold zuschwebte, fand er mehr braunen Schaum als Kaffee darin. Trinkwasser wurde an Bord in Brennstoffzellen hergestellt, die mit Wasserstoffüberschuß arbeiteten. Das überschüssige Gas bildete den Schaum, der in der Schwerelosigkeit beständig war. Da Wasserstoff geschmacksneutral ist, schmeckte der Schaum tatsächlich wie normaler Kaffee und die Astronauten akzeptierten ihn. Später wurde das Problem durch Zentrifugalkraft behoben.

Zodelsuppe

Die Kartoffeln reiben, in das kochende Wasser einrühren und kurz aufkochen lassen. Speck schmelzen, Zwiebelwürfel darin goldgelb anschwitzen und ebenfalls in die Suppe rühren.
Zum Schluß mit Salz und Pfeffer abschmecken.

Kartoffeln kommen in der vogtländischen Küche fast täglich auf den Tisch. Früher war es die Not, heute ist es Tradition, daß in vielen Privatgärten auch Kartoffeln angebaut werden.

1 ½ l	Wasser	50 min
3	große Kartoffeln, mehlig kochend	
50 g	Speck	
1	Zwiebel	
	Salz, Pfeffer	

Spalken – vogtländischer Eintopf

Fleisch mit Wasser, Salz, Zwiebel und Möhren 1 – 2 Stunden kochen. Das Fleisch entnehmen und in der Brühe Kartoffel- und Gurkenstücke bissfest köcheln. Das kleingeschnittene Fleisch wieder hinzufügen und mit Essig und Zucker abschmecken.

Vor dem Servieren nochmals süßsauer abschmecken, da die Kartoffeln viel Würze aufnehmen.

500 g	Rindfleisch zum Kochen	2 ½ h
1 l	Wasser	
1 ½ TL	Salz	
1	Zwiebel	
2	Möhren	
1	saure Gurke	
1 kg	Kartoffeln	
	Essig, Zucker	

Vogtländischer Sauerbraten

Zuerst wird die Beize hergestellt aus Wasser, Essig, Salz, einer Möhre, der Hälfte des Selleries, einer Zwiebel, Lorbeer, Piment, Wacholder, Nelken, Koriander. Alles 15 min köcheln und abkühlen lassen. Das gewaschene und trocken getupfte Fleisch in den kalten Sud einlegen und 3–4 Tage an einem kühlen Ort stehen lassen. Fleisch aus der Beize nehmen, wieder gut trocken tupfen und im Butterschmalz von allen Seiten braun braten zusammen mit einer Möhre, einer Zwiebel und dem restlichen Sellerie. Mit etwas Beize ablöschen und wieder einbraten lassen, kann noch zweimal wiederholt werden. Dann abwechselnd Wasser, Wein und Weinbrand für die gewünschte Soßenmenge zugeben und 2 ½ Stunden köcheln lassen. Fleisch aus der Soße nehmen und kalt werden lassen. Es ist butterweich und läßt sich kalt besser schneiden. Soßenkuchen entweder einweichen oder fein reiben. Soße durch ein Sieb gießen, Soßenkuchen einrühren und mit etwas angerührtem Kartoffelmehl aufkochen lassen.
Dazu schmecken auch Thüringer Klöße, Rezept S. 132.

Im Gegensatz zum Rheinischen Sauerbraten kommen in der vogtländischen Küche keine Rosinen dazu.

1 kg	Rindfleisch aus Hüfte oder Schulter	4 h
1 ½ l	Wasser	
2	Möhren	
2	Zwiebeln	
1	Sellerieknolle	
4	Lorbeerblätter	
5	Pimentkörner	
5	Wacholderbeeren	
5	Nelken	
1 TL	Koriander ungemahlen	
2 TL	Salz	
etwas	Zucker	
	Pfeffer	
200 ml	Essig	
200 ml	Rotwein	
30 ml	Weinbrand	
1 Pckg.	Soßenkuchen	
	Butterschmalz	

Greizer Semmelpudding

2 ½ h

10	Semmeln a 50 g
1 l	Milch
4 EL	Zucker
4	Eier
2 EL	gehackte Mandeln
1 Prise	Salz
	Butter für die Form

Die Semmeln kleinschneiden, in eine Schüssel geben und mit der Milch einweichen.

Die restlichen Zutaten hinzufügen und alles gut vermengen, in eine gebutterte Form füllen und zwei Stunden im Wasserbad leicht sieden. Portionen in Schälchen anrichten und Obstkompott dazu reichen.

Der Pudding fehlte früher bei keinem traditionellen Greizer Hochzeitsessen als krönender Abschluß.

Kartoffelkuchen

50 min

500 g	Pellkartoffeln
3	Eier
250 g	Butter
250 g	Mehl
50 g	Zucker
100 g	Rosinen eingeweicht
1 Pck.	Backpulver
	Zucker und Zimt

Die durchgepreßten Kartoffeln mit 150 g Butter und den übrigen Zutaten zu einem Teig kneten, ausrollen und auf ein gefettetes Backblech geben, mit 50 g zerlassener Butter bestreichen und vorgeheizt bei 200° 30 min backen. Den noch warmen Kuchen erneut mit 50 g Butter bestreichen und einer Zucker-Zimt-Mischung bestreuen. Solange der Kuchen warm ist, schmeckt er am besten.

Shrimps-Cocktail

10 min

2 EL	Sahne
2 EL	Tomatenketchup
4 EL	Mayonnaise
1 EL	Sherry
	Saft einer halben Zitrone
	Salz, Pfeffer, Tabasco
400 g	Krabben
1 Kopf	Eisbergsalat

Die Krabben auf den Eisbergsalatblättern anrichten. Aus den übrigen Zutaten die Cocktailsoße herstellen und darüber verteilen. Appetitlich ist eine Verzierung mit Dillstengeln oder der hübsch zugeschnittenen restlichen Zitrone.

Astronautennahrung

lange

	fast alles

Es eignen sich alle Speisen als Weltraumnahrung, sofern man sie gefriertrocknen und in geschlossenen Behältnissen aufbewahren kann. Beim Erwärmen sollen keine Düfte entstehen. Sie würden dauerhaft durch die Station wabern. Tunlichst ist deshalb auch alles, was bläht, zu vermeiden.

An einem Problem arbeiten die Wissenschaftler noch immer fieberhaft: Wie wird aus edlen Weinen Pulver und umgekehrt? Bis zur Mars-Mission muß eine Lösung her.

Nachwort

Eigentlich hätte Otto Schott (1851–1935) – der berühmte Jenaer Glaschemiker – in der Danksagung an erster Stelle stehen müssen! Denn ohne ihn wären unsere Freundschaft und dieses Buch nicht entstanden. Vor über zehn Jahren haben wir uns im Schott Unternehmensarchiv kennengelernt. Die daraus entstandene Freundschaft wurde gehegt und gepflegt (auch kulinarisch). Der Altersunterschied – uns trennen mehr als dreißig Jahre – bietet dabei immer ein interessantes Spannungsfeld.

Im vorliegenden Buch stellt sich die Generationenfrage lediglich bei der Auswahl von zwanzig Persönlichkeiten aus fünf Jahrhunderten. Nach der Publikation der »Jenaer Tischgeschichten« (2012) wagen wir den Blick über den lokalen Tellerrand hinaus und richten eine gemeinsame Liebeserklärung an Thüringen. So haben wir Ur- und Wahlthüringern, die mit ihrem Wirken die Welt berührten, in die Kochtöpfe geschaut. Bei den Recherchen sind in Archiven und Bibliotheken längst vergessene Rezeptbücher aufgetaucht, sowie Quellen zutage gefördert worden, die einen ganz anderen – einen kulinarischen Blick – auf die Protagonisten erlauben. Die historischen Rezepte sind in den Mengenangaben und Zubereitungsweisen für die heutige Zeit nachvollziehbar geschrieben und in der Regel für vier Personen berechnet. Daß durch diese schmackhafte Küche der Altvorderen beim Ausprobieren der zahlreichen Rezepte die ein oder andere gehaltvolle Zutat nicht nur im Kochtopf gelandet ist, sondern auch auf den Hüften, spricht für die Gerichte selbst!

Tauchen Sie ein in die Geschichten und vertiefen Sie sich vollends durch das Genießen der Gerichte nach authentischen Rezepten der jeweiligen Zeit und Region. Dafür wünschen wir den Lesern viel Spaß. Den werden Sie sicher auch beim Betrachten der von Julia Tripke so treffend und mit Humor ins Bild gesetzten Berühmtheiten haben. Ihnen rufen wir ein herzliches »Mahlzeit!« zu und für uns heißt es weitermachen, denn eins ist klar: Berühmte Thüringer gibt es noch viele! – »Nachschlag gefällig?«

Christian Hill und Barbara Kösling

Danksagung

Dieses Buch wäre nicht ohne vielfache Hilfe entstanden, wofür an dieser Stelle auch den nicht namentlich Genannten Dank gesagt sein soll.

Die Mitarbeiter der Thüringer Archive sind aufgrund ihrer wertvollen Recherchehinweise und Korrekturen zu nennen, namentlich Dr. Silke Henke (Goethe- und Schiller-Archiv), Dr. Katja Deinhardt (Hauptstaatsarchiv Weimar), Eva Horbas (Staatsarchiv Meiningen), Rosemarie Barthel (Staatsarchiv Gotha), Dr. Wolfgang Wimmer (Carl Zeiss Archiv), Margit Hartleb (Universitätsarchiv Jena), sowie Dr. Jochen Süß und Elvira Schröder (Brehm-Gedenkstätte Renthendorf). Auch die Thüringer Universitäts- und Landesbibliothek Jena hat mit zuverlässiger Bereitstellung der Lektüre die Arbeit gefördert.

Für Beratung und Hinweise danken die Autoren Dr. Ivonne Kamradt (Jena), Dr. Katja Mellmann (Göttingen), Ursula Stubenrauch (Jena), Christine Theml (Jena), Dr. Matthias Vöckler (Jena), Dr. Peer Kösling (Kahla) und Hans-Georg Fischer (Kahla).

Ein herzliches Dankeschön geht auch an Kati Wilhelm. Sie hat trotz vieler Verpflichtungen unserem Buch mit ihrem Geleitwort sportlich internationale Würze verliehen.

Nicht zuletzt ist den vielen »Versuchskaninchen« für die Verkostung der historischen Rezepte zu danken, wie Thomas Spreda und Carolin König, Ronny Schröer und Oliver Klüglein, sowie André Jannasch, Peer Kösling und Familie Fahlbusch.

Christian Hill dankt ausdrücklich Stefanie Müller und André Laudage für studentische Kochduelle, sowie Elke Werner und ihren Backkünsten und seinen Großeltern Günter (†) und Brigitte Hill für das Lieblingswaffelrezept.

Barbara Kösling dankt ganz herzlich Karin Roth für die Auskünfte zu den Lieblingsspeisen ihres Vaters, Heinz und Bärbel Arlitt für die wertvolle Rezeptsammlung, Christel Drebenstedt für Literaturleihgaben, Dr. Helmut Recknagel für den freundlichen Brief und die interessanten Details in einem erfrischenden Gespräch und Dr. Ulf Merbold für seine wertvollen Hinweise.

Verwendete Quellen und Literatur
A) Ungedruckte und gedruckte Quellen
Carl Zeiss Archiv

- NL 32/26: Rezeptbuch von Grete Unrein, 1900–1935
- BACZ 560: Rezeptbuch von Clara Kraft (Köchin im Hause Zeiß), um 1888
- BACZ 20319: Tage- und Notizbuch von Ernst Abbe, 1856/57
- Zeiss-Werkzeitung 1. Jahrgang, Heft 1, Oktober 1919
- Zeiss-Werkzeitung 1. Jahrgang, Heft 2, November 1919
- Zeiss-Werkzeitung (Neue Folge) 5. Jahrgang, Heft 1, Februar 1930
- Zeiss-Werkzeitung (Neue Folge) 7. Jahrgang, Heft 3, Oktober 1932

Universitätsarchiv Jena

- Bestand A, Nr. 1423/1, Bl.1–82: Acta academica das Convictorium betreffend, 1680–1726

Brehm-Gedenkstätte Renthendorf

- Rezeptbuch aus der Familie Christian Ludwig Brehms, um 1850
- Rezeptbuch von Leila Wanda Brehm (1866–1934), undatiert

Goethe- und Schiller-Archiv

- GSA 37/I,8: Kochbuch von Anna Margaretha Textor geb. Lindheimer (Goethes Großmutter)
- GSA 40/XXXI, 3: Entwurf für ein Nationalkochbuch von Ottilie von Goethe, undatiert
- GSA 83/618: Rezept für den kranken Friedrich von Schiller, 1805
- GSA 83/1956: Rezepte von Schillers Mutter, undatiert
- GSA 83/1957: Rezept von Amalie von Stein für Charlotte von Schiller, undatiert
- GSA 153/4: Aufgebots- und Heiratsschein von R.F. le Goullon und Johanna Ortelli, 1787
- GSA 153/6: Zeitungsaufsatz von Margareta von Kropff »Der Küchenmeister der Herzogin Anna Amalia von Weimar«, 27. August 1932

Thüringisches Hauptstaatsarchiv Weimar

- Hofmarschallamt I 1.11., Nr. 778: Inventarien der Hofkonditorei, 1761/1775
- Hofmarschallamt I 1.11., Nr. 780a: Gewährung eines Gnadengesuchs durch Anna Amalia, 1761

Thüringisches Staatsarchiv Gotha

- Geheimes Archiv E I Nr. 5: Fürstliches Beylager zu Halle und Heimführung Herzog Friedrichs I., 1669
- Geheimes Archiv E III Nr. 2: Herzog Ernsts des Frommen Instruktionen zur Kindererziehung, 1645–1648
- Geheimes Archiv E XIV Nr. 1: Briefe der Herzogin Elisabeth Sophia an ihren Gemahl Herzog Ernst den Frommen, 1636–1639
- Geheimes Archiv KKI VIII Nr. 3: Gothaische Hochzeitsordnungen mit einigen zugehörigen Schriften, 1640–1644
- Rudolphi von Bleichenstein: Gotha Diplomatica, Vierter Teil Sachsen-Gothaischer Historischen Beschreibung, Frankfurt am Main, Leipzig 1716. (Fürstlich Gothaische Hoff-Ordnung/ Stall-Ordnung/ Pagen-Ordnung/ Keller-Ordnung/ Küchen-Ordnung, 1648)

Thüringisches Staatsarchiv Meiningen

- Hofmarschallamt 132: Verwaltung der herzoglichen Hofküche, 1833/96
- Hofmarschallamt 140: Instruktionen für den Chefkoch und die herzoglichen Köche der Hofküche, 1888–1911
- Hofmarschallamt 143: Verwaltung der herzoglichen Hofküche
- Hofmarschallamt 1305: Sammlung Menükarten, 1878–1913

B) Literatur

- Ute Ackermann: Das Bauhaus ißt, Leipzig 2008.
- Veronika Albrecht-Birkner: Reformation des Lebens. Die Reformen Herzog Ernsts des Frommen von Sachsen-Gotha und ihre Auswirkungen auf Frömmigkeit, Schule und Alltag im ländlichen Raum (1640–1675), Leipzig 2002.
- Felix Auerbach: Ernst Abbe. Sein Leben, sein Wirken, seine Persönlichkeit nach den Quellen und aus eigener Erfahrung geschildert, Leipzig 1918.
- Sabine Becker (Hg.): Das Thüringer Koch- und Backbuch der Johanne Leonhard Arnstadt 1842, Arnstadt 2011.
- Gudrun Beckmann-Kircher, Burkhard Schork: Mit Schiller zu Tisch. Ein literarisches Kochbuch, Warendorf 2008.
- Martin Bender: Allein auf Gottes Wort. Johann Walter Kantor der Reformation, Berlin 1971.
- Werner Bockholt, Frank Buchholz: Goethes erotische Liebesspeisen. Ein literarisches Kochbuch, Warendorf 1997.
- Juliane Brandsch: »Es sind vortreffliche Italienische Sachen daselbst«: Louise von Göchhausens Tagebuch ihrer Reise mit Herzogin Anna Amalia nach Italien vom 15. August 1788 bis 18. Juni 1790, Göttingen 2008.
- Cornelia Brauer: Eugenie Marlitt – Bürgerliche, Christin, Liberale, Autorin. Eine Analyse ihres Werkes im Kontext der »Gartenlaube« und der Entwicklung des bürgerlichen Realismus, Leipzig 2006.
- Alfred Edmund Brehm: Brehm´s Illustrirtes Thierleben für Volk und Schule, (Bd. 2, Die Vögel), Hildburghausen 1873.
- Peter Brunner, Ernst Giese: Geschichte der medizinischen Fakultät der Friedrich-Schiller-Universität Jena, Jena 1958.
- Fritz Chemnitius: Die Chemie in Jena von Rolfinck bis Knorr 1629–1921, Jena 1929.
- Franzpaul Willy Damm: Zwischen Äquator und Nordkap. Brehms Reisen, Leipzig 1959.
- Deutscher Sparkassen- und Giroverband e.V. Bonn (Hg.): Wir alle gehören nicht uns selber. Ernst Abbe – ein Lebensbild, Stuttgart 1958.
- Alexandra Dapper: Zu Tisch bei Martin Luther, Halle 2008.
- Jan Dix: Erinnerungen, in: Kunstsammlung Gera (Hg.): Un-Verblümt: Otto Dix. Florale Motive im Werk des deutschen Meisters der Moderne [Katalog], Gera 2007.
- Volker Ebersbach, Andreas Siekmann: Anekdoten über Goethe und Schiller, Weimar 2005.
- Matthias Eichardt: Angst »gerolfinckt« zu werden, in: 07 Das Stadtmagazin 07 (Ausgabe 2), Jena 2008, S. 6–7.
- Matthias Eichardt: Das Leben einer Bücherschrank-Legende, in: 07 Das Stadtmagazin für Jena und Region (Ausgabe 56), Jena 2014, S. 28–31.
- Alfred Erck, Hannelore Schneider: Georg II. von Sachsen-Meiningen. Ein Leben zwischen ererbter Macht und künstlerischer Freiheit, Zella-Mehlis 1997.
- Rudolf Forberger: Vom künstlerisch gestalteten Hartporzellan Böttgers zum technischen Porzellan im 19. Jahrhundert, Berlin 1985.
- Kerstin Gerth, Wolfgang Wimmer: Ernst Abbe (1840–1905). Wissenschaftler, Unternehmer, Sozialreformer, Jena, Quedlinburg 2005.

- Conrad Gessner: Thierbuch. Das ist Ausführliche beschreibung und lebendige ja auch eigentliche Contrafactur und Abmahlung aller Vierfüssigen thieren so auff der Erden und in Wassern wohnen, Heidelberg 1606.
- Willi Goder, Klaus Hoffmann u.a.: Johann Friedrich Böttger. Die Erfindung des Europäischen Porzellans, Leipzig 1982.
- Sybil Gräfin Schönfeldt: »Gestern aß ich bei Goethe«. Bilder einer neuen Gastlichkeit, (2. Auflage) Hamburg, Zürich 2002.
- Erich Grasdorf, Peter Brunner: Zu Tisch mit Goethe. Rezepte aus der Zeit der deutschen Klassik, Aarau 1995.
- Inge Grohmann: Skandal und Liebe. Herzog Georg II. von Sachsen-Meiningen und die Freifrau von Heldburg. Zitate aus Dokumenten, Briefen und Erinnerungen, Norderstedt 2012.
- Max Grube: Geschichte der Meininger, Berlin, Leipzig 1926.
- Eberhard Grunsky, Nele Güntheroth: Von Mühlhausen in die Neue Welt – der Brückenbauer J. A. Röbling (1806 – 1869), in: Mühlhäuser Beiträge [Sonderheft 15], Mühlhausen 2006.
- Caroline Haas: Eugenie Marlitt – eine Erfolgsautorin des 19. Jahrhunderts, Leipzig 2009.
- Hans-Dietrich Haemmerlein: Der Sohn des Vogelpastors. Szenen, Bilder, Dokumente aus dem Leben von Alfred Edmund Brehm, (2. Auflage), Berlin 1987.
- Hans-Dietrich Haemmerlein: Thüringer Brehm Lesebuch, Jena 1996.
- Christian Hill, Barbara Kösling: Jenaer Tischgeschichten. Eine kulinarische Reise durch fünf Jahrhunderte, Erfurt 2012.
- Detlef Hamer: Gerhard Marcks Bilder aus Niehagen, Briefe nach Mecklenburg, Rostock 1989.
- Leopold Hartmann: Jenaer Weisheiten Goethes, o.J..
- Freifrau von Heldburg (Ellen Franz): Fünfzig Jahre Glück und Leid. Ein Leben in Briefen aus den Jahren 1873–1923, (4. Auflage), Leipzig 1926.
- Gunther Hirschfelder: Europäische Esskultur. Eine Geschichte der Ernährung von der Steinzeit bis heute, Frankfurt am Main, New York 2005.
- Cornelia Hobohm (Hg.): Ich kann nicht lachen, wenn ich weinen möchte. Die unveröffentlichten Briefe der E. Marlitt, Wandersleben 1996.
- Cornelia Hobohm: Die Bestsellerautorin Marlitt. Meine Geisteskinder, Erfurt 2010.
- Walter Hoyer: Friedrich Schillers Lebensgang, Leipzig 1956.
- Detlef Ignasiak: Ernst der Fromme Herzog von Sachsen-Gotha. Ein Zeit- und Lebensbild, Bucha bei Jena 2001.
- Detlef Ignasiak: Luther in Thüringen, Bucha bei Jena 2007.
- Roswitha Jacobsen, Hans-Jörg Ruge (Hg.): Ernst der Fromme (1601–1675). Staatsmann und Reformer, Bucha bei Jena 2002.
- Detlef Jena: Das Weimarer Quartett. Die Fürstinnen Anna Amalia, Louise, Maria Pawlowna, Sophie, Regensburg 2007.
- Peter Kaiser: Das außergewöhnliche Leben des Verlegers Carl Joseph Meyer, Leipzig, Hildburghausen 2007.
- Michael Kirchschlager: Ich will ein guter Koch sein. Küchengeheimnisse des Mittelalters und der Renaissance, Arnstadt 2004.
- Otto Kleinschmidt: Aus A. E. Brehms Tagebüchern, Wittenberg 1951.
- Otto Kleinschmidt: Der Zauber von Brehms Tierleben, (2. Auflage), Leipzig 1952.
- Eufemia von Kudriaffsky: Die historische Küche. Ein Culturbild, Wien, Pest, Leipzig 1880.
- Hendrik Lasch: Die Bannung des Krieges, in: »Neues Deutschland« vom 9.4.2014.
- Kurt Link (Hg.): Zöglingsbriefe aus der Erziehungsanstalt Schnepfenthal nach Freiburg, Gotha 2006.
- E. Marlitt: Thüringer Erzählungen, Stuttgart, Berlin, Leipzig (um 1917).
- Günter Merbach: E. Marlitt – Das Leben einer großen Schriftstellerin, Hamburg 1992.
- Ulf Merbold: Flug ins All, Bergisch Gladbach 1988.
- Otto Michaelis: Johann Walter (1496–1570) der Musiker-Dichter in Luthers Gefolgschaft, Leipzig, Hamburg 1939.

- Christoph Michel: Goethe. Der Dichter und der Wein, Frankfurt am Main, Leipzig 2000.
- Karl Müller: Erinnerungen an meinen Freund Herbert Roth, Suhl 1996.
- Klaus E. Müller: Kleine Geschichte des Essens und Trinkens. Vom offenen Feuer zur Haute Cuisine, München 2009.
- Sebastian Niemann: Der Frommen Friede-Fahrt ins Grab, vor bevorstehenden Unglück [...], [Leichenpredigt und Nachruf auf Werner Rolfinck], Jena 1673.
- Peter Peter: Kulturgeschichte der deutschen Küche, München 2008.
- Hermann Petrich: Herzog Ernst der Fromme. Nach seinem Leben und Wirken zum Gedächtnis seines 300jähr. Geburtstages am 25. Dezember 1901 dem deutschen Christenvolke aufs neue dargestellt, Hamburg 1901.
- Helmut Recknagel: Eine Frage der Haltung, Berlin 2012.
- Ingrid Reißland: Meiningen, Meininger, Meinungen oder Mäninger Sprüch` un anneres. Ein kurzweiliges Unterhaltungsbüchlein mit zahlreichen Illustrationen und gelehrten Anmerkungen, Hildburghausen o.J..
- Christa Maria Richter: Walter Dokumente, in: Matthias Herrmann (Hg.): Johann Walter, Torgau und die evangelische Kirchenmusik, Altenburg 2013.
- Iris Röbling (Hg.): Johann August Röbling. Tagebuch meiner Reise von Mühlhausen in Thüringen über Bremen nach den Vereinigten Staaten im Jahre 1831, Halle (Saale) 2006.
- Moritz von Rohr: Ernst Abbe, Jena 1940.
- Adolf Saager: Luther-Anekdoten. Lebensbilder, Anekdoten, Kernsprüche, (2. Auflage), Stuttgart 1917.
- Donald Sayenga (Hg.): Washington Roebling. Mein Vater John A. Roebling. Der deutsche Erbauer der Brooklyn Bridge, Halle (Saale) 2011.
- Dagmar Schäfer: Rezepte und Episoden aus Thüringen, Taucha 2002.
- Dagmar Schäfer: Anna Amalia lädt zur Tafelrunde, Hussum 2007.
- Christine Schaubs: Die Erziehungsanstalt in Schnepfenthal im Umfeld geheimer Sozietäten, Nordhausen 2005.
- Nina Simone Schepowski: Otto Dix – eine biografische Skizze, Hamburg 2007.
- Siegfried Schmitz: Tiervater Brehm. Seine Reisen, sein Leben, sein Werk, München 1984.
- Dieter Schrimpf: Joseph Meyer und die »Rebellion« der Gesellen des Bibliographischen Instituts vom 20. September 1830, in: Hildburghäuser Stadtgeschichten (Bd. 3), Hildburghausen 2003, S. 83–92.
- Ulla Spörl: Der Junge aus Untermhaus. Kindheit und Jugend des Otto Dix, Rudolstadt 2011.
- Erik Stephan: »Ich geh nach Dornburg, und wenn ich erst da sitze, dann prost!« Gerhard Marcks im Stadtmuseum Jena, in: Thüringer Museumshefte (Bd. 13), Gera 2004, S. 92–96.
- Ada Stützel: 100 berühmte Thüringer, Erfurt 2008.
- Mario Süßenguth: Aus einem traurigen Arsch fährt nie ein fröhlicher Furz. Anekdoten über Luther, (3. Auflage), Berlin 2010.
- Christine Theml: Friedrich Schillers Jenaer Jahre, (2. Auflage), Jena 2005.
- Lothar Toepel: Otto Dix in Gera, Gera 2008.
- Ilse Traeger: Magister Adrian Beiers Jehnische Chronika. Chronologus Jenensis 1600–1672, Halle 1989.
- Förderverein Museum Schloß Moyland e.V. (Hg.): Gerhard Marcks 1889–1981. Zeichnungen aus einer Privatsammlung, Bedburg-Hau 1991.
- Matthias Vöckler: Werner Rolfinck schlug den Ruf nach Padua aus und kam an die Salana, in: Klinik-Magazin. Zeitschrift des Universitätsklinikums Jena Nr. 78/2, Jena 2008, S. 32–33.
- Erich Wennig: Chronik des musikalischen Lebens der Stadt Jena, Jena 1937.
- Joachim Wittig: Ernst Abbe, Leipzig 1989.
- Ursula Winnington: Ein Leib- und Magenbuch. Kulinarische Notizen, Leipzig 1981.
- Manfred Wolf: Thesen und andere Anschläge. Anekdoten um Martin Luther, (2. Auflage), Leipzig 2008.
- Bruno Wolff-Beckh: Johann Friedrich Böttger, der deutsche Erfinder des Porzellans, Steglitz 1903.
- Ursula Ziebarth: »Trau deinen Augen!« Über Otto Dix, Göttingen 2003.

C) Kochbücher

- Allerley Speis' und Trank. So kochten die Deutschen im Mittelalter, Euskirchen 2009.
- Emma Allestein: Das beste bürgerliche Kochbuch vorzüglich für das Haus berechnet, Gera 1884.
- Sophie Albrecht: Thüringisches Kochbuch für die bürgerliche Küche, Erfurt 1839.
- Annemarie Arlitt: Handschriftliche Rezeptsammlung, Kahla
- Georg Andreas Böckler: Nützliche Hauß- und Feld-Schule, Frankfurt, Leipzig, Nürnberg 1699.
- Margarete Braungart: Gekocht und gebacken in Südthüringen, Leipzig 1989.
- Margarete Braungart: Und Mutter kocht die Klöß', Erfurt 1993.
- Henriette Davidis: Praktisches Kochbuch für die gewöhnliche und feinere Küche, (43. Auflage), Bielefeld, Leipzig 1907.
- Die 50 Pfennig-Küche oder die Kunst, billig und gut zu kochen. 182 Küchenzettel für den Mittagstisch von der Großmutter aus Thüringen, Erfurt o.J..
- Kurt Drummer, Käthe Muskewitz: Von Apfelkartoffeln bis Zwiebelkuchen. Volkstümliche Gerichte aus der DDR zwischen Thüringer Wald und Lausnitz, Ostsee und Erzgebirge, (4. Auflage), Leipzig 1985.
- Bartholomäus Hübner: New Speisebüchlein, Erfurt 1603.
- Gudrun Dietze: Die schönsten Gerichte aus Thüringen, (2. Auflage), Leipzig 1994.
- Johann Sigismund Elsholtz: Diaeteticon. Das ist Newes Tisch-Buch [...], Cölln an der Spree 1682.
- E. Chr. Eupel: Allgemeines Kochbuch für jetzige und künftige Hausmütter, Haushälterinnen und Köchinnen, Gotha 1842.
- H. Jürgen Fahrenkamp: Wie man eyn teutsches Mannsbild bey Kräfften hält, Hannover 1986.
- Lina Fiedler: Handschriftliche Rezeptsammlung, Kahla
- Gottlob Gerlach: Der elegante Kaffee- und Theetisch, Erfurt 1844.
- Thomas Gloning (Bearb.): Rheinfränkisches Kochbuch um 1445, Frankfurt am Main 1998.
- Richard Gollmer (Hg.): Universal-Lexikon der Kochkunst, (4. Auflage), Leipzig 1886.
- François le Goullon: Der elegante Theetisch oder die Kunst, einen glänzenden Zirkel auf eine geschmackvolle und anständige Art ohne Aufwand zu bewirthen, (4. Auflage), Weimar 1829.
- François le Goullon: Der neue Apicius oder Die Bewirthung vornehmer Gäste so wie es die feinere Kochkunst und der Geschmack des 19. Jahrhunderts gebietet, Weimar 1829.
- Friederike Luise Löffler: Oekonomisches Handbuch für Frauenzimmer, Stuttgart 1795.
- Louise Marezoll: Praktisches Kochbuch für Hausfrauen und solche, die sich zu diesem Stande vorzubereiten wünschen, Jena 1834.
- Museen der Stadt Gotha (Hg.), Jekaterina Vogel: Koch- und Backrezepte aus der alten Thüringer Küche, Gotha 1990.
- Nationaler Frauendienst Jena (Hg.): Jenaer Kriegskochbuch, (2. Auflage), Jena 1915.
- Harald Saul: Das Geraer Stadtkochbuch, Leipzig 1998.
- Harald Saul: Familienrezepte aus Ostthüringen. Geschichten und Rezepte aus alter Zeit, Leipzig 2006.
- Wilhelmine von Sydow: Koch- und Wirthschaftbuch für Haushaltungen jeder Art, Sondershausen 1840.
- Oda Tietz: Thüringische Küche. Rezepte, Bräuche und Geschichten im Jahreslauf, München 2009.

Alphabetisches Rezeptregister

A

Aal mit Sardellensoße nach Clara Kraft   113
Amerikaner Brod   86
Apfelgelee mit Rosenduft   66
Äpfel, gefüllt   24
Äpfel, Borsdorfer Äpfel in Wein   36
Arnstädter Eisbäumchen   92
Aromatisches Nußkonfekt   36
Artischockensalat nach Goethe   58
Astronautennahrung   144

B

Belebender Punsch   66
Biersuppe mit Roggenbrot   85
Bierzwieblein, gebackene   30
Birnen, gedünstet in Weinkrem   120
Blankenhainer Kirschtorte   65
Blätterteig, Fleischpastetchen mit Blätterteig   71
Borsdorfer Äpfel in Wein   36
Braunschweiger Kuchen   50
Brennesselbrot, grünes   29
Brotpudding, Geraer   126
Brunnenkressesuppe, Erfurter   16
Bunter Tagestee   49
Butterkuchen   138

C

Champagner vom Rodabach   105

D

Deftiger Weißkohl mit Speck   35
Delikateß-Kartoffelsalat   113
Dinkelbrei, süß   30

E

Eierkuchen, Heidelbeer-Eierkuchen   137
Eierstich   71
Eingelegter Kürbis   105
Erfurter Brunnenkressesuppe   16

F

Feine Jägersuppe   99
Feiner amerikanischer Toddy   85
Feines Extra   23
Fleischpastetchen mit einfachem Blätterteig   71
Forelle, gefüllt auf Hirse und Erbsen   126
Frischkäsegebäck   24
Frischmänner   138

G

Gans, gefüllt   42
Gebackene Bierzwieblein   30
Gebratene gefüllte Omeletts   78
Gebratene Tauben   91
Gedünstete Birnen mit Weinkrem   120
Gefüllte Äpfel   24

Gefüllte Forelle auf Hirse und Erbsen   126
Gefüllte Gans   42
Gefüllte Martinsgans   16
Gekirschter Gleichschwerkuchen   57
Geraer Brotpudding   126
Geraer Schneckchen   125
Gleichschwerkuchen, gekirschter   57
Graupen mit Backpflaumen   125
Greizer Semmelpudding   144
Grießklöße, Pommersche Obstsuppe   119
Grünes Brennesselbrot   29

H

Haferflockensuppe   137
Haushofmeistersoße zu Tauben   91
Hausmachersülze nach Geraer Art   125
Hefestriezel   42
Heidelbeer-Eierkuchen mit Kristallzucker   137
Heidelbeerkompott   72
Heringsklopse mit Petersilienkartoffeln   72
Heringssauce, kalt   65
Hirschrücken mit Kirschrotkohl   78
Hirse-Erbsenbrei, gefüllte Forelle   126
Hochzeitslachs mit Würzkräutern   35
Holundermus   23
Huller mit Speck   131
Hütes, Meininger   99

J

Jägerschnitten, kraus   66
Jägersuppe, fein   99
Jenaer Rosmarinwein   30
Johannisbeeren, Marmelade   126

K

Kaffee-Gefrorenes   50
Kaiserschmarrn   138
Kalbsleber Berliner Art   119
Kalte Heringssauce nach Amalie von Stein   65
Kandierte Rosenblätter   36
Kaninchenkeulen, gebraten   132
Karpfenragout, Winzerlaer   57
Karpfensuppe   41
Kartoffelgeschmink   85
Kartoffelkuchen   144
Kartoffeln à la Pückler   91
Kartoffelsalat, Delikateß-Kartoffelsalat   113
Kirschrotkohl, Hirschrücken mit Kirschrotkohl   78
Kirschtorte, Blankenhainer   65
Klare Rinderbrühe   78
Klöße von gestern   119
Knusprige Margeriten   29
Krause Jägerschnitten nach Mutter Schiller   66
Krautsalat mit Trauben   72
Kräuterelixier mit Edelsteinen   30
Kräutersalat   126
Kürbis, eingelegt   105

L

Lachs, Hochzeitslachs mit Würzkräutern   35
Laubfrösche   65
Lauchgemüse   23
Lebkuchen nach Großmutter Textor   58
Lerchen, süß   106
Linsensuppe, Meininger Linsensuppe mit Rotwurst   100
Luthers Lieblingsschmaus   17

M

Margeriten, knusprig   29
Mazdaznan Nudelauflauf mit Spinat   119
Meininger Hütes   99
Meininger Linsensuppe mit Rotwurst   100
Met – Honigwein   18
Milchschokolade, schaumig   49
Mohnkuchen, Thüringer   92
Mohnnudeln, Wiener   92
Mohrrüben-Johannisbeer-Marmelade   114
Möhrenkuchen   120
Mönch und Nonne   18
Mühlhäuser Süßkuchen   85
Muskräppel   86

N

Nervenbrot für Bauhäusler   120
Nudelauflauf mit Spinat, Mazdaznan   119
Nudeln   selbstgemacht   79
Nudelsuppe wie Herbert Roth sie mochte   131
Nußkonfekt, aromatisch   36
Nußkugeln   113

O

Omeletts, gefüllt und gebraten   78
Orangenmarmelade von Leila Brehm   106

P

Papst   18
Petersilienkartoffeln   72

Pflaumenmus   86
Pilzklößchen   80
Pommersche Obstsuppe mit Grießklößen   119
Preiselbeerkompott   100
Prinzessin-Törtchen   49
Prophetenkuchen nach Grete Unrein   114
Pulze, Renthendorfer   105
Punsch, belebend   66

Q

Quittenmarmelade und -gelee   80
Quittenschnee   80

R

Reformationsbrötchen   17
Renthendorfer Pulze   105
Rinderbrühe, klar   78
Rinderroulade mit Rotkohl und Kartoffeln   137
Rindfleischragout   41
Rosenblätter, kandiert   36
Rosmarinwein, Jenaer   30
Rotkohl   137
Rübchen, Teltower Rübchen in weiß   57

S

Sandkuchen nach Familie Brehm   106
Sandtörtchen   50
Sardellensoße, mit Aal   113
Sauerampfersuppe   71
Sauerbraten, vogtländisch   143
Sauerteig-Brot   79

Schaumige Milchschokolade   49
Semmelpudding, Greizer   144
Schmackhafte Soße   23
Schneckchen, Geraer   125
Schokoladenplätzchen   72
Schwarzwurzelgemüse   41
Semmelpudding, Greizer   144
Senfsoße mit Eiern   105
Shrimps-Cocktail   144
Soße, schmackhaft   23
Spalken   143
Spanferkel am Spieß   24
Stachelbeercreme, überbacken   126
Sülze, Hausmachersülze nach Geraer Art   125
Süße Lerchen   106
Süßer Dinkelbrei   30
Süßkuchen, Mühlhäuser   85

T

Tauben, gebraten   91
Tee, bunter Tagestee   49
Teltower Rübchen in weiß   57
Thüringer Bratwurst   100
Thüringer Klöße mit Kaninchenkeulen und Rotkohl   132
Thüringer Klöße, Meininger Hütes   99
Thüringer Mohnkuchen   92
Toddy, feiner amerikanischer   85

U

Überbackene Stachelbeercreme   114

V

Veilchen-Essig   79
Vogtländischer Sauerbraten   143

W

Weimarer Zwiebelkuchen   58
Weinkrem, gedünstete Birnen mit Weinkrem   120
Weißkohl mit Speck, deftig   35
Wiener Mohnnudeln   92
Windbeutel   132
Winzerlaer Karpfenragout mit polnischer Soße   57
Wurzelsuppe   29
Würzige Morgensuppe   35

Z

Zimtplätzchen   80
Zodelsuppe   143
Zwetschgenkuchen   131
Zwiebelkuchen, Weimarer   58

Das Standardwerk

Wilfried Warsitzka

Die Thüringer Landgrafen

Wer kennt nicht Hermann I. oder die heilige Elisabeth? Mit den Thüringer Landgrafen verknüpfen sich dramatische Ereignisse und fesselnde menschliche Schicksale – spielten sie doch eine gewichtige Rolle in der Geschichte Deutschlands.

»… lebhaft und fesselnder als ein Krimi …« Thüringische Landeszeitung
»… wie ein Historienkrimi…« Thüringer Allgemeine

398 Seiten, zahlreiche s/w-Abbildungen, Hardcover, geb., Schutzumschlag, 29,90 €